人民警察核心价值观基本问题研究

李宏 著

本书资助项目
·北京高校青年英才计划项目
·北京市马克思主义与全面依法治国协同创新中心专项资金

中国社会科学出版社

# 图书在版编目（CIP）数据

人民警察核心价值观基本问题研究／李宏著 . —北京：中国社会科学
出版社，2017. 5

ISBN 978 - 7 - 5203 - 0573 - 0

Ⅰ. ①人… Ⅱ. ①李… Ⅲ. ①警察—人生观—研究—中国
Ⅳ. ①D631. 19

中国版本图书馆 CIP 数据核字（2017）第 122891 号

| | |
|---|---|
| 出 版 人 | 赵剑英 |
| 选题策划 | 刘 艳 |
| 责任编辑 | 刘 艳 |
| 责任校对 | 陈 晨 |
| 责任印制 | 戴 宽 |

| | |
|---|---|
| 出 版 | 中国社会科学出版社 |
| 社 址 | 北京鼓楼西大街甲 158 号 |
| 邮 编 | 100720 |
| 网 址 | http://www.csspw.cn |
| 发 行 部 | 010 - 84083685 |
| 门 市 部 | 010 - 84029450 |
| 经 销 | 新华书店及其他书店 |

| | |
|---|---|
| 印刷装订 | 北京君升印刷有限公司 |
| 版 次 | 2017 年 5 月第 1 版 |
| 印 次 | 2017 年 5 月第 1 次印刷 |

| | |
|---|---|
| 开 本 | 880 × 1230 1/32 |
| 印 张 | 9. 125 |
| 插 页 | 2 |
| 字 数 | 220 千字 |
| 定 价 | 48. 00 元 |

凡购买中国社会科学出版社图书，如有质量问题请与本社营销中心联系调换
电话：010 - 84083683

# 序　言

　　价值观，同世界观和人生观一起，共同构成马克思主义哲学中常说的"三观"。它们代表着人们对客观世界、客观事物以及人生价值的基本看法和评价，决定着人们的行为取向和动力机制。核心价值观是一个组织和社会的价值观念体系中占主导地位和起支配作用的价值观念。核心价值观是维系组织和社会健康持续发展的精神纽带和灵魂。一个组织和社会有没有凝聚力、有没有战斗力，关键就在于其有没有培育出为全体组织成员和社会成员所共同认可和践行的核心价值观。

　　人民警察核心价值观是社会主义核心价值观在人民警察队伍中的特殊表现。但无论是人民警察核心价值观还是社会主义核心价值观，均属于马克思主义价值哲学的范畴。人民警察核心价值观是"一切为了人民"的核心价值观念。这是一种"人民主体论的价值观念"，是"以人民群众为最高的价值主体和评价主体，以人民群众的利益、要求和实践为最高价值标准和评价标准的观念体系"。从这个意义上说，我们应当更加自觉地将人民警察核心价值观置于马克思主义价值观的理论基础上加以深入研究和系统探讨。

　　以"忠诚、为民、公正、廉洁"为基本内涵的人民警察核心价值观，从 2011 年公安部明确了规范的表述方式之后，直到今天，全国公安队伍始终从理论与实践两个方面，不断加强研究和建设，充分发挥了其应有的作用。人民警察核心价值观不同于行为规范层面的人民警察职业道德。如果说，人民警察职业道德回答的是人民警察"应该做什么"的问题，那么，人民警察核心价值观回答的则是人民警察"为什么应该这么做"的问题。因此，对于人民警察核心价值观的研究与运用，就不应当仅停留在种种强制性的规范层面。特别是在经济全球化、社会信息化的时代背景下，社会环境纷繁复杂，多元价值观念相互交织融合，公安民警置身其中，自觉地或不自觉地都会受到某种影响。但是由于公安职业的特殊性，公安工作职责使命的神圣性，对人民警察的价值观念理应有更高的要求。因此，新时期人民警察核心价值观的树立与培育，必须积极回应社会现实问题，应对种种冲突与挑战，使其真正植根于人民警察内心，成为人民警察价值理想、价值判断与价值追求的依据。这是人民警察核心价值观生命力的体现，更是我们对于人民警察核心价值观所有相关问题研究的根本目的。

李宏博士的《人民警察核心价值观基本问题研究》涵盖了人民警察核心价值观的基础理论、基本内容、历史渊源、现实状况及培育践行。该书通过对人民警察核心价值观若干基本问题的全面阐述，以崭新视角，多维度地对人民警察核心价值观进行了系统梳理和深入研究。全书紧紧围绕人民警察核心价值观的价值内涵、价值冲突与价值认同，提出问题、分析问题、解决问题，逻辑清晰、结构严整，具有极强的现实感和针对性，写出了一名公安理论工作者的信念与担当，体现了作者深厚的理论功底和创新能力。一是以马克思主义价值哲学与马克思主义价值观为学理基础，详细分析了人民警察核心价值观的基本内涵与核心属性。深入细致地考察了三对基本概念：价值与核心价值，价值观与核心价值观，警察价值与警察价值观。特别是探讨了警察价值观的冲突与两难，解释了警察时时陷入价值选择困境与道德冲突的根本原因。二是分析了人民警察核心价值观"忠诚、为民、公正、廉洁"的价值内涵，同时分析了社会主义核心价值观的价值内涵，指出人民警察核心价值观与社会主义核心价值观在价值内涵上具有一致性，为人民警察核心价值观的理论归属找到了依据。三是系统梳理了人民警察核心价值观在公安历史发展中的理论渊源与实践经验，即"忠诚、为民、公正、廉洁"在新民主主义革命时期，社会主义革命和建设时期，改革开放和社会主义建设时期三个不同历史阶段的发展历史与培育实践，总结出人民警察核心价值观是在各种价值的冲突与交锋之中逐渐形成的。四是尝试对人民警察核心价值观培育与践行的现实状况开展实证研究。在全国公安民警群体中开展调查研究，综合运用调查问卷、座谈访谈、实地调研等多种社会科学研究方法，深入分析了公安民警群体对警察职业价值观与人民警察核心价值观的认同程度、现存问题、各类影响因素等相关情况，指出了人民警察核心价值观面临的现实困境，为人民警察核心价值观的培育践行研究提供了有力支撑。五是研究了人民警察核心价值观的培育与践行。特别是研究了人民警察核心价值观的认同机制，包括价值引导机制，价值整合机制，价值实践规范机制，尝试从制度层面解决人民警察核心价值观的认同与培育。

人民警察核心价值观被提出之后，学术界特别是警学界对它的关注及研究始终是热点。在当前全国公安机关深入学习贯彻党的十八大、十八届三中、四中、五中、六中全会精神，深入学习全国高校思想政治工作会议和全国公安院校思想政治工作会议精神，全面深化公安改革的大背景下，对于人民警察核心价值观进行深度研究，有着重要的理论意义与实践意义。《人民警察核心价值观基本问题研究》的出版，对于改进公安思想政治工作，特别是加强人民警察核心价值观建设具有一定的参考价值和推进作用。诚然，该书还有需要进一步深化研究的空间。期待李宏博士能够以此为契机，在该领域继续深耕细作，取得更多更好的成果。

张兆端

2017 年 2 月 15 日

# 目　　录

# 导　　论

## 一　人民警察核心价值观研究的
## 　　背景与意义

### （一）研究背景

2009 年 3 月，在深入学习实践科学发展观活动中，公安部党委在全国公安民警中开展了"人民警察核心价值观"大讨论活动。① 全国公安民警就"人民警察核心价值观应该是什么?"这一问题展开了广泛、持久、深入的讨论。这一时期的理论文章主要集中在对人民警察核心价值观的概念内涵、表述方式及重要意义的探讨。2011 年 10 月，党的十七届六中全会提出："推进社会主义核心价值体系建设，巩固全党全国各族人民团结奋斗的共同思想道德基础。"10 月 19 日，中央政法委全体会议召开，提出了政法系统核心价值观："忠诚、为民、公正、廉洁。"10 月 20 日，公安部党委扩大会议召开，强调人民警察核心价值观为"忠诚、为民、公正、廉洁"。人民警察核心价值观大讨论活动持续了两年半之久，其表述方

---

① 徐灿:《"人民警察核心价值观"讨论活动正式启动》，《人民公安报》2009 年 3 月 20 日第 1 版。

式及基本内容至此得以明确。2011 年 10 月 22—24 日，全国
公安厅局长会议召开，对在全国公安机关深入开展人民警察
核心价值观教育实践活动正式作出了重要部署。2011 年 12
月，公安机关优良传统暨人民警察核心价值观教育调研座谈
会召开。① 2012 年 1 月，公安部印发公安文化建设相关实施
方案，把"深入开展人民警察核心价值观主题教育活动"作
为公安文化建设的首要工作措施。2012 年 3 月，公安部党委
决定在全国公安机关深入开展人民警察核心价值观教育实践
活动，同时紧密结合正在开展的"三项重点工作""三项建
设""三访三评"深化"大走访"等重点工作，将人民警察
核心价值观落实到公安日常工作与执法服务中。② 2012 年 5
月，全国公安机关反腐倡廉电视电话会议强调人民警察核心
价值观在保持公安队伍纯洁性，帮助公安干警树立正确世界
观、人生观和价值观等方面可以发挥重大作用。③ 2013 年 1
月，郭声琨部长在全国公安厅局长工作会议上强调："要始终
把思想政治建设置于队伍建设的首要位置来抓，紧密结合学
习贯彻党的十八大精神和公安机关涌现出的英雄模范事迹，
教育引导广大民警牢固确立人民警察核心价值观，永葆公安
队伍的忠诚本色。"2013 年 6 月，郭声琨部长与"最美消防
员"代表座谈时，再次提到"忠诚、为民、公正、廉洁"的
人民警察核心价值观。2015 年 11 月，全国公安机关党建工作

---

① 莫水土：《公安机关优良传统暨人民警察核心价值观教育调研座谈会强调
积极践行人民警察核心价值观》，《人民公安报》2011 年 12 月 5 日第 1 版。

② 《公安部发出通知要求深入开展人民警察核心价值观教育实践活动》，
《人民公安报》2012 年 3 月 30 日第 1 版。

③ 《自觉践行人民警察核心价值观，二论学习贯彻全国公安机关反腐倡廉电
视电话会议精神》，《人民公安报》2012 年 5 月 9 日第 1 版。

研讨会召开，会议强调要不断推进公安机关党的建设理论创新、制度创新和基层党建工作创新，全面带动公安队伍思想政治建设、纪律作风建设和反腐倡廉建设。人民警察核心价值观的培育与践行在公安机关党建工作中将发挥重大作用。2015年12月29日，公安部召开公安文艺工作座谈会，再次强调了人民警察核心价值观的重要性。郭声琨部长在会前作出批语，强调要结合公安实际认真落实习近平总书记在文艺工作座谈会上的重要讲话，创新公安文艺工作，以人民警察为创作主体和服务对象，打造更多精品力作，筑牢忠诚警魂，培育人民警察核心价值观，构建人民警察共有精神家园，不断满足人民警察的精神需求。2016年12月4日，公安部政治部、全国公安文联在京召开座谈会，认真学习贯彻习近平总书记在中国文联第十次全国代表大会、中国作协第九次全国代表大会开幕式上重要讲话精神，会议要求广大公安文艺工作者要在歌颂伟大实践中熔铸忠诚信仰，在弘扬优良传统中践行忠诚使命，在塑造先进典型中强化忠诚担当，充分体现"忠诚、为民、公正、廉洁"的价值追求。

　　人民警察核心价值观被提出之后，学术界特别是警学界对它的关注及研究始终是热点。在当前全国公安机关深入学习贯彻党的十八大、十八届三中、四中、五中、六中全会精神，深入学习全国高校思想政治工作会议和全国公安院校思想政治工作会议精神，全面深化公安改革的大背景下，对于人民警察核心价值观的若干基本问题进行深度研究，有着重要的理论意义与实践意义。

**（二）研究意义**

1. 有利于深化马克思主义价值观研究，推进社会主义核心价值观的培育与践行

人民警察核心价值观隶属于马克思主义价值观，其本质属性是基于无产阶级基本立场做出的价值判断、价值选择与价值追求。人民警察核心价值观所体现与弘扬的核心价值，与马克思主义价值观中的"价值"内涵一致。人民警察核心价值观是社会主义核心价值观在公安队伍中的特殊表现。社会主义核心价值观在公安队伍中的培育与践行，最为现实的表现，就是人民警察核心价值观的培育与践行。人民警察核心价值观的深入研究，离不开马克思主义价值观与社会主义核心价值观的理论体系；同时，人民警察核心价值观的深入研究，也可以为马克思主义价值观与社会主义核心价值观的完善提供鲜活的实践素材与独特的理论滋养。

2. 有利于深化公安队伍建设研究，为政治建警提供相关理论依据

在中国全面深化改革的浪潮下，公安队伍也举起了全面深化公安改革的大旗。全面深化公安改革，四项建设是排头兵，具体包括"基础信息化、警务实战化、执法规范化、队伍正规化"。公安队伍建设有狭义与广义之分。狭义的公安队伍建设，即指四项建设中的"公安队伍正规化"建设。广义的公安队伍建设，应当涵盖四项建设中的全部内容，包括"信息化、实战化、规范化、正规化"。无论如何理解公安队伍建设，人民警察核心价值观都可以在公安队伍建设及其研究工作中发挥巨大作用。政治建警既是公安队伍建设的根本原则也是公安队伍建

设的核心内容，是"公安队伍建设的核心和着力点"①。政治
建警始终是公安队伍的优良传统。政治建警的实质就是确保党
对公安工作的绝对领导，具体表现是公安队伍的思想政治建
设、纪律作风建设和反腐倡廉建设，重点工作是公安党建工
作。"忠诚、为民、公正、廉洁"的人民警察核心价值观是当
前公安队伍政治建警工作的重要理论依据。

3. 有利于深化公安思想政治教育研究，为公安学学科建
设提供有力支撑

思想政治教育是隶属于马克思主义理论一级学科下的二
级学科。2011 年之前，"公安思想政治教育工作"以及"中
国化的马克思主义与公安工作"，属于"公安学领域研究生的
相关专业方向"，② 依托于"相关的非公安学科"③。2011 年 3
月，国务院学位委员会和教育部批准在法学门类下增设公安
学和公安技术两个一级学科。前述两个研究生教育专业方向，
改为公安思政与文化，归属于公安学一级学科下设的二级学
科公安管理学。公安思想政治教育有着特殊的基本范畴，比
如教育主体、教育对象、教育内容、教育环境、教育方法、
教育过程，甚至教育管理都区别于其他领域的思想政治教育，
有其特殊的内在规律，值得深入研究。人民警察核心价值观
相关研究，包括基础理论研究、基本内容研究、历史研究、

① 赵炜、张光：《警察政治学》，中国人民公安大学出版社 2014 年版，第
197 页。
② 李健和：《公安学一级学科建设若干思考》，《中国人民公安大学学报》
（社会科学版）2010 年第 1 期。
③ 程琳：《以新设公安一级学科为龙头，努力开创公安教育新局面——关于
公安一级学科建设与发展的若干思考》，《中国人民公安大学学报》（社会科学
版）2011 年第 2 期。

现实研究、培育践行研究，涵盖公安学、哲学、政治学、伦理学等相关基础知识，涉及公安思想政治教育、公安文化、公安历史、公安队伍建设、公安党建、人民警察职业道德、警察伦理等诸多热点问题，可以触类旁通，进而为公安思想政治教育研究及公安学学科建设提供有力支撑。

## 二 人民警察核心价值观研究的回顾与前瞻

### （一）国内研究现状

1. 2009 年之前的研究成果分析

人民警察核心价值观是 2009 年之后在全国范围内开始讨论的。2009 年之前，学术界就该问题的相关研究，数量较少，内容也较为散乱，很多学者并没有对"人民警察"及"核心价值观"这两个关键概念作出准确的界定，表现为学者们依据自己的兴趣与领域对警察价值观、警察价值及警察职业价值观等问题开展相关研究。警察价值观、警察价值、警察职业价值观是与人民警察核心价值观相互关联的问题，对于这些问题的仔细梳理，可以为人民警察核心价值观的深入研究提供有益借鉴。

（1）对警察价值观的探讨。1997 年，苏法尧从实现人生价值角度探讨了人民警察的价值观念。[①] 冯宏玲、王焕楷探讨了人民警察核心价值观的概念、内涵、框架、表现形式、培育内容与基本原则，这是当时较为全面深入地探讨人民警察核心价值观的文章。[②] 有意义的是，该文构建了人民警察核心

---

① 苏法尧：《浅谈人民警察的价值观念》，《山东公安丛刊》1997 年第 3 期。
② 冯宏玲、王焕楷：《人民警察价值观念简论》，《公安大学学报》1997 年第 5 期。

价值观较为完整的内涵，框架与表现形式，并以此为依据来探讨培育内容与基本原则，对于今天的深入研究具有一定的借鉴作用。2001 年，叶坚探讨了人民警察应当树立"社会本位"的价值理念。① 2003 年，徐常宾以马克思主义唯物史观为基础探讨了人民警察的价值观，他认为马克思主义的国家观与警察观决定了人民警察价值观的核心问题是"为谁执法，为谁服务"②。2005 年，何茹运用问卷调查法，对江西省司晋督培训民警的价值观作了研究，在数据分析的基础上，提出了民警价值观存在的一些问题，包括："价值观趋向多元化，出现了务实求实、义利并重、重视个人价值的价值取向。"③ 2007 年，袁广林在法治视野下探讨警察价值观的培育，指出应当培育警察法律信仰、权力制约意识、人权保障观念等价值观。④ 陈娴将警察核心价值观的培育置于警察公共关系建设领域中探讨，该文从宏观视角探讨了警察核心价值观在塑造警察形象中所起的关键作用，包括"警察核心价值观是警察精神形象的核心、主导警察制度行为形象的方向、决定着物质形象的塑造效果"。同时，该文也对警察核心价值观的构建提出了思考，即通过"组织使命、运作哲学、行为准则"构建警察核心价值观。⑤ 杨亚敏、吕慧玲在社会主义核心价值观

①　叶坚：《论人民警察价值理念》，《江苏公安专科学校学报》2001 年第 4 期。

②　徐常宾：《新世纪人民警察价值观的生动体现——关于公安部三十项便民利民措施的理论思考》，《人民公安报》2003 年 9 月 16 日第 7 版。

③　何茹：《当前人民警察价值观情况分析》，《文化论坛》2005 年第 18 期。

④　袁广林：《论法治视野下我国警察教育价值观》，《政法学刊》2007 年第 5 期。

⑤　陈娴：《警察形象战略的基石：警察核心价值观》，《政法学刊》2007 年第 4 期。

体系下探讨了警察院校学生的核心价值观教育。① 2008 年，
刘道龙等探讨了公安院校大学生核心价值观的培育。② 曹国柱
系统地探讨了新时期警察核心价值观的构成与培育，难能可
贵的是该文分析了价值、警察价值、价值观、警察核心价值
观的含义。③

（2）对警察价值的探讨。对于人民警察核心价值观的探
讨，离不开对警察价值的探讨。价值问题是价值观问题的基
础。最早关注警察价值问题且成果丰硕的学者是张兆端。
1994 年，他就对于警察价值的本质、基本构成、表现形式、
创造机制、价值评价做了深入分析，并在此基础上进一步探
讨了警察价值观。④ 从警察价值观角度来说，这是从价值哲学
视角探讨价值观的本源问题。2009 年，张兆端推进了该问题
的研究，深入探讨了警察价值中的终极价值问题，他认为警
察的终极价值应当包括秩序、自由、正义、安全。⑤ 这些思想
在他 2010 年出版的专著《警察哲学——哲学视阈中的警察学
原理》中进行了完整的梳理。⑥ 毛瑞明探讨了我国警察价值的
历史演进，从单纯重视政治价值，经历了价值的扭曲与拨乱

---

① 杨亚敏、吕慧玲：《论警察院校学生的核心价值观教育》，《云南警官学
院学报》2007 年第 3 期。

② 刘道龙、雷与诚、段寒冰：《创新人才培养模式 构建公安院校大学生核
心价值观》，《公安教育》2008 年第 7 期。

③ 曹国柱：《论新时期警察核心价值观的构成与培育》，硕士学位论文，复
旦大学，2009 年，第 7 页。

④ 张兆端：《警察价值论》，《政法学刊》1994 年第 1 期。张兆端：《论警察
价值》，《中国人民警官大学学报》（哲学社会科学版）1994 年第 3 期。

⑤ 张兆端：《警察价值新探》，《江西公安专科学校学报》2009 年第 5 期。

⑥ 张兆端：《警察哲学——哲学视阈中的警察学原理》（第二版），中国人
民公安大学出版社 2010 年版，第 212—235 页。

反正，发展到当今对于政治价值、经济价值与社会价值的全面关注。① 糜海波探讨了警察伦理价值中所蕴含的美德与善行两个基本维度。② 郑国华探讨了警察职业行为中的价值冲突，对于警察伦理中的"道德境界"与"功利境界"，即"应该"与"做到"之间存在的"不可通约性"，尝试从"制度伦理"与"德性伦理"两方面提出解决措施。③ 范伟星、姚东升探讨了多元文化背景下的警察价值取向。④ 王敏探讨了公安民警价值取向的偏差与矫正。⑤ 此外，葛志山、姜学儒、黎慈、谢曼娜、徐继前、陈光明、裴岩等也从不同层面探讨了警察服务行为⑥与执法行为⑦⑧⑨的价值，监狱警察的社会价值⑩⑪，警

---

①　毛瑞明：《试论我国警察价值的历史演进》，《江西公安专科学校学报》2010 年第 4 期。

②　糜海波：《警察伦理价值取向的两个维度》，《湖北警官学院学报》2007 年第 3 期。

③　郑国华：《论警察职业行为的价值问题》，《广州市公安管理干部学院学报》2002 年第 3 期。

④　范伟星、姚东升：《多元文化背景下警察价值取向研究》，《公安教育》2014 年第 12 期。

⑤　王敏：《当前公安民警价值取向的偏差及矫正》，《湖北警官学院学报》2003 年第 3 期。

⑥　葛志山：《"有困难找人民警察"的内涵及其警务价值》，《公安研究》2001 年第 12 期。

⑦　姜学儒：《简论人民警察执法行为的价值取向》，《吉林公安高等专科学校学报》2000 年第 3 期。

⑧　黎慈、孟卧杰：《警察执法权运作的最佳价值状态及其有效实现》，《吉林公安高等专科学校学报》2006 年第 1 期。

⑨　谢曼娜：《论警察执法的价值目标及价值取向》，《经济与社会发展》2007 年第 3 期。

⑩　徐继前：《监狱警察价值取向对刑罚之影响》，《法制与社会》2011 年第 26 期。

⑪　陈光明：《监狱警察社会价值的理性思考》，《贵州警官职业学院学报》2011 年第 4 期。

察刑事执法的社会价值①等诸多现实问题。

（3）对警察职业价值观的探讨。职业价值观是主体对所从事的特定职业作出的价值判断与评价，直接反映主体对所从事职业的理想与信念。人民警察核心价值观，其实也是一种职业价值观，是普通民警职业价值观的凝练与升华，它与普通民警的职业价值观，相互关联，彼此影响。对民警职业价值观的研究，是人民警察核心价值观研究的基础。警察职业价值观的研究角度、研究框架、研究内容、研究方法等对于人民警察核心价值观的相关研究都极具参考价值。2002 年，王燕等对公安民警做了警察职业价值观调查研究，该文采用自编的警察职业价值观调查问卷，借鉴国外心理学家戴维斯职业价值观的五个维度，依据公安民警的警种、年龄、警龄、受教育水平和政治面貌划分五个不同的区分度进行数据统计与分析，研究结果为在职民警职业价值观的培育提供了有益思路。② 2004 年，张建平、王燕关注警察职业价值观视角下的从警道德，从社会地位、工作成就、自律主动性、利他主义、舒适的重要性五个方面考察被调查对象的警察职业价值观。③ 黄泽珊等使用公安大学张振声教授编制的调查问卷，对云南警官学院 2001—2003 级全日制专科生做了调研，围绕被

① 裴岩：《论社会转型期警察刑事执法的秩序价值》，《犯罪研究》2009 年第 6 期。
② 王燕、夏树芳、张建平：《警察职业价值观调查分析》，《江苏警官学院学报》2002 年第 2 期。
③ 张建平、王燕：《警察职业价值观视角下的从警道德》，《江苏警官学院学报》2004 年第 2 期。

调查者的职业价值观等相关内容做了职业心理辅导分析。①
2007 年，王林松、王成义探讨了警察院校学生的职业认知与
职业价值观。该文认为警察职业认知观念，诸如警察职业
"环境观念、预期观念、自我效能观念"可以逐步沉淀为警察
职业价值观的核心内容。② 王燕、韩法旺运用心理学分析工具
爱森克个性问卷测量出民警的个性特征，并对警察的个性特
征与警察职业价值观展开系统分析。③ 何睿、于洋从公共关系
视角同时基于港澳台地区与内地的比较研究，探讨了警察职
业认同的建构，涉及警察职业价值观及警察职业价值观认同
的分析。④ 2009 年，于洋、何睿又探讨了警察职业价值观的
课程设计。⑤ 2009 年，陈华等就在职民警与警察院校学生的
职业价值观做了对比研究。⑥

2. 2009—2011 年的研究成果分析⑦

这一时期是人民警察核心价值观研究的初步探讨时期。
研究成果主要集中于人民警察核心价值观的概念界定、确定

---

① 黄泽珊等：《警察院校大学生价值观调查与职业心理辅导研究》，《云南警官学院学报》2004 年第 3 期。

② 王林松、王成义：《警察院校学生职业认知与职业价值观研究》，《济南职业学院学报》2007 年第 5 期。

③ 王燕、韩法旺：《警察个性特征与职业价值观相关研究》，《江苏警官学院学报》2007 年第 5 期。

④ 何睿、于洋：《基于公共关系视角的警察职业认同建构——港澳台与内地比较研究》，《吉林公安高等专科学校学报》2008 年第 6 期。

⑤ 于洋、何睿：《警察职业价值观课程设计研究》，《武汉公安干部学院学报》2009 年第 2 期。

⑥ 陈华等：《警察与警察院校学生职业价值观的对比研究》，《四川警察学院学报》2009 年第 2 期。

⑦ 李宏：《人民警察核心价值观研究综述》，《湖北警官学院学报》2012 年第 12 期。

原则、表述方式、重要意义及培育构建。学者们开始从人民警察的政治地位、社会角色、职业属性等方面探讨人民警察核心价值观该如何表述及其基本内涵，并尝试为人民警察核心价值观的正确表述寻找学理依据。

（1）概念界定。对人民警察核心价值观做准确的概念界定是理论研究的逻辑起点。学者们从哲学、管理学、经济学等不同学科角度对人民警察核心价值观的概念进行了界定。一些学者从哲学角度对人民警察核心价值观做了思考，杨司认为建立人民警察核心价值观的理论基点是社会主义核心价值观。[①] 龚正荣认为，警察核心价值观是具有警察职业特色的价值关系的基本观点和理念，决定和影响着警队和警员的价值取向和行为方式。[②]李宏从价值观的基本概念出发，提出人民警察价值观是人民警察对其在警务实践活动中形成的权利义务关系的基本看法和总的观点，其中居于核心、统率和支配性地位的是核心价值观。[③]李昆学从组织领导的角度审视核心价值观，认为核心价值观是一个组织对其理念、历史底蕴与精神的理性审视、抽象与概括，是组织成员共同的精神追求。人民警察核心价值观，是指人民警察对其价值追求及存在意义的根本看法和态度，决定着其行为的目标和方向。[④] 田光伟则从经济学视角论证了人民警察核心价值观应当包括与

---

① 杨司：《关于建立人民警察核心价值观的哲学思考》，《公安研究》2009年第6期。

② 龚正荣：《构建当代中国警察核心价值观论析》，《中国人民公安大学学报》2009年第1期。

③ 李宏：《人民警察核心价值观构建思考》，《中共山西省委党校学报》2010年第6期。

④ 李昆学：《对人民警察核心价值观的思考》，《公安教育》2009年第9期。

市场经济体制要求相适应的基本属性，即维护公共秩序、指向公共服务、顺应市场经济内在的平等要求、适应效率的要求。①

（2）确定原则及表述方式。这一时期处于人民警察核心价值观大讨论时期。学者们依据公安部对于人民警察核心价值观的表述意见②，做了很多有价值的探讨。李昆学在警察的政治、社会、职业三大属性的基础上提出了人民警察核心价值观应为"忠诚，责任，公正，民生"③。王宏宇分析了人民警察的政治价值、服务宗旨、内在精神的价值凝练等人民警察核心价值观的确定依据，认为人民警察核心价值观应当包括："忠诚，服务，正义，勇敢"④。杨司提出了人民警察核心价值观的理论定位应当兼顾人民警察的政治性、时代性、法律性、人民性、社会性与文化性，认为人民警察核心价值观的内涵应当包括"忠诚可靠，公正文明，服务人民，崇尚荣誉，承担责任"⑤。李宏探讨了人民警察的价值选择关系，其中最重要的是权利义务关系，公安队伍围绕人民警察特有的权利义务关系形成了"忠诚，廉洁，奉献，公正"的人民

---

① 田光伟：《市场经济体制下人民警察核心价值观的构建》，《安徽警官职业学院学报》2009年第6期。
② 2009年3月公安部启动"人民警察核心价值观大讨论活动"，就其如何表述，提出了三种方案，包括"忠诚，为民，公正，廉明，奉献；忠诚，公正，服务，奉献；忠诚可靠，服务人民，公正执法，清正廉洁，勇于奉献"。详见徐灿《"人民警察核心价值观"讨论活动正式启动》，《人民公安报》2009年3月20日第1版。
③ 李昆学：《对人民警察核心价值观的思考》，《公安教育》2009年第9期。
④ 王宏宇：《人民警察核心价值观体系的界定》，《公安教育》2009年第11期。
⑤ 杨司：《关于建立人民警察核心价值观的哲学思考》，《公安研究》2009年第6期。

警察核心价值观。① 曹礼海认为人民警察核心价值观应当包括五种精神，即"主人翁精神；进取精神；敬业爱岗、无私奉献、勇于献身的精神；协作精神；职业精神"②。此外，还有"忠诚，为民，公正，奉献"③，"忠诚，为民，公正，奉献，荣誉"④，"忠诚，正义，团结，奉献"⑤ 等表述方式。

（3）重要意义。人民警察核心价值观一经提出，广大学者就开始积极分析和阐释这一命题的意义与作用，取得了众多的研究成果。学者们主要从人民警察核心价值观有利于公安机关加强队伍建设⑥⑦；有效履行人民警察政治和社会责任⑧；加强和创新公安思想政治工作⑨⑩等视角来研究其意义和作用。下面是一些较为新颖的观点，归纳起来，主要有三

---

① 李宏：《人民警察核心价值观构建思考》，《中共山西省委党校学报》2010 年第 6 期。

② 曹礼海：《人民警察核心价值观的提炼与培育》，《公安教育》2009 年第 6 期。

③ 陈立川：《论当代人民警察核心价值观的构建》，《四川警察学院学报》2009 年第 4 期。

④ 尹彦：《浅谈当代人民警察核心价值观的培育机制》，《广西警官高等专科学校学报》2010 年第 6 期。

⑤ 龚正荣：《新时期人民警察核心价值观表述方式之我见》，《人民公安报》2009 年 11 月 12 日第 5 版。

⑥ 陈立川：《论当代人民警察核心价值观的构建》，《四川警察学院学报》2009 年第 4 期。

⑦ 张准民：《大力培育人民警察核心价值观 努力建设有魂有力有激情的上海公安队伍》，《上海公安高等专科学校学报》2009 年第 5 期。

⑧ 龚正荣：《构建当代中国警察核心价值观论析》，《中国人民公安大学学报》2009 年第 1 期。

⑨ 尹彦：《浅谈当代人民警察核心价值观的培育机制》，《广西警官高等专科学校学报》2010 年第 6 期。

⑩ 王辉忠：《正确树立人民警察核心价值观 扎实推进公安思想政治工作》，《公安学刊》2009 年第 6 期。

方面:

第一,人民警察核心价值观在社会主义核心价值体系建设中的作用。龙波指出人民警察核心价值观是社会主义核心价值体系的重要组成部分,构建人民警察核心价值观是建设社会主义核心价值体系的生动示范、内在需要与新的拓展。[①]李昆学、尹彦也持类似观点,他们认为公安机关通过培育人民警察核心价值观,为构建社会主义核心价值体系可起到积极示范和推动作用,有利于社会主义核心价值体系建设。[②③]胡永明认为应当以社会主义核心价值体系为统领培育人民警察核心价值观。[④]

第二,人民警察核心价值观在公安历史发展中的作用。龚正荣从公安队伍发展的历史沿革出发,指出"人民公安为人民""政治建警,从严治警""严格执法,热情服务""忠于党,忠于祖国,忠于人民,忠于法律""严格公正文明执法"等公安理念与宗旨都充分体现了公安机关和人民警察的基本价值取向。[⑤]杨司认为人民警察核心价值观的建立,是新的历史时期公安队伍建设的重大理论选择,是科学发展观在公安思想文化建设领域里的生动实践,是公安工作积极适应

---

① 龙波:《新时期人民警察核心价值观构建方略》,《公安学刊》2009 年第3 期。

② 李昆学:《对人民警察核心价值观的思考》,《公安教育》2009 年第9 期。

③ 尹彦:《浅谈当代人民警察核心价值观的培育机制》,《广西警官高等专科学校学报》2010 年第6 期。

④ 胡永明:《以社会主义核心价值体系为统领培育人民警察核心价值观》,《上海公安高等专科学校学报》2009 年第4 期。

⑤ 龚正荣:《构建当代中国警察核心价值观论析》,《中国人民公安大学学报》2009 年第1 期。

深刻社会变革和时代要求的历史回应。①

第三，人民警察核心价值观在公安机关文化软实力建设中的作用。龚正荣从警察形象的塑造出发对这一命题做了深入分析，指出警察核心价值观直接决定着警察精神形象的内容、制度行为形象的性质与物质形象塑造的效果。② 尹彦认为公安机关软实力主要体现在警察形象的感召力、警察执法的公信力、警察文化的影响力以及警察制度的吸引力等方面，进一步指出大力培育人民警察核心价值观，可以增强队伍凝聚力、治安掌控力、执法公信力和形象传播力，即提升公安机关软实力。③

（4）培育构建。人民警察核心价值观的培育与构建是人民警察核心价值观研究中最受关注的问题，学者们从不同角度进行了分析与探讨，有很多观点具有极强的现实操作性。这一时期学者们对于人民警察核心价值观培育构建问题的探讨主要是原则性的，大都属于宏观层面。

第一，公安文化与人民警察核心价值观的相互作用。陈立川提出应当努力将人民警察核心价值观教育融入公安文化建设之中。人民警察核心价值观是公安文化的灵魂。公安文化环境，尤其是精神环境，对培育民警核心价值观具有积极的引导作用。④ 田光伟认为要营造是非分明，以公平、正义和

---

① 杨司：《关于建立人民警察核心价值观的哲学思考》，《公安研究》2009年第6期。

② 龚正荣：《构建当代中国警察核心价值观论析》，《中国人民公安大学学报》2009年第1期。

③ 尹彦：《浅谈当代人民警察核心价值观的培育机制》，《广西警官高等专科学校学报》2010年第6期。

④ 陈立川：《论当代人民警察核心价值观的构建》，《四川警察学院学报》2009年第4期。

现代文明为舆论导向的文化氛围，打造以价值观为核心的鲜明的警察文化，以文化建设来弘扬人民警察核心价值观。① 杨司认为要用人民警察核心价值观引领公安文化建设，对内提升文化品位，总结提炼文化精神，凝聚警心，提升公安队伍整体素质，对外加强警察公共关系建设，打造文化品牌，增强全社会对警察队伍的普遍情感认同。②

第二，人民警察核心价值观的培育机制。尹彦认为人民警察核心价值观的培育机制包括内化于心、固化于制、外化于行。内化于心包括接受对象、接受信息和内化践行环境三因素。固化于制是将人民警察核心价值观转变为可供操作的管理制度并保障执行的过程。外化于行是指民警个体把已经形成的人民警察核心价值观自主地转化为外在行为所经历的程序。③ 陈立川认为应逐步建立和完善公安机关有利于弘扬人民警察核心价值观的长效学习机制、文化熏陶机制、心理疏导机制、典型激励机制、日常行为养成机制、价值评价机制、奖惩机制和监控机制。④ 郎文君提出了人民警察核心价值观培育的四个阶段，即宣传教育、制度建设、行为转换、长期建设，并提出了每阶段的具体方法与途径。⑤ 曹礼海认为警察核

① 田光伟：《市场经济体制下人民警察核心价值观的构建》，《安徽警官职业学院学报》2009年第6期。
② 杨司：《关于建立人民警察核心价值观的哲学思考》，《公安研究》2009年第6期。
③ 尹彦：《浅谈当代人民警察核心价值观的培育机制》，《广西警官高等专科学校学报》2010年第6期。
④ 陈立川：《论当代人民警察核心价值观的构建》，《四川警察学院学报》2009年第4期。
⑤ 郎文君：《论警察核心价值观的培育》，《上海公安高等专科学校学报》2009年第6期。

心价值观的培育途径包括七个方面：灌输教育、实践养成、榜样示范、环境渗透、活动熏陶、形象塑造、制度保障。①

第三，人民警察核心价值观的培育与构建原则。郎文君提出要正确处理警察个人价值与社会价值的关系、警察价值观的主导性与多样性的关系、警察价值理想与现实之间的关系。② 陆东、刘华瑜提出警察核心价值观的培育要努力实现个体价值观与组织价值观的有机统一；稳定性和发展性的有机统一；组织引领和广泛参与的有机统一；教育引导与激励机制的有机统一。③ 龙波认为要把握社会主义核心价值体系的共性要求与人民警察核心价值观特殊要求的关系；发扬人民警察优良传统与适应时代发展要求的关系；构建核心价值观与思想政治建设其他教育活动之间的关系。④

除上述研究视角外，刘水清"论警德价值观的培育与建设"一文以道德形成发展的三个阶段论述警德价值观的培育。⑤ 田光伟谈到了人民警察核心价值观构建要注意媒体沟通与载体建设。⑥ 原喜泽探讨了在教育培训、警察文化氛围、公安英模榜样示范、为民服务、制度建设完善中实现人民警察

---

① 曹礼海：《人民警察核心价值观的提炼与培育》，《公安教育》2009 年第 6 期。

② 郎文君：《论警察核心价值观的培育》，《上海公安高等专科学校学报》2009 年第 6 期。

③ 陆东、刘华瑜：《关于培育"人民警察核心价值观"的若干思考》，《上海公安高等专科学校学报》2009 年第 4 期。

④ 龙波：《新时期人民警察核心价值观构建方略》，《公安学刊》2009 年第 3 期。

⑤ 刘水清：《论警德价值观的培育与建设》，《湖北公安高等专科学校学报》2000 年第 3 期。

⑥ 田光伟：《市场经济体制下人民警察核心价值观的构建》，《安徽警官职业学院学报》2009 年第 6 期。

核心价值观的现实转化。① 李晓春分析了上海市公安局交警总队培育人民警察核心价值观的具体实践，通过建立"标杆参照系"，运用"目标传递法"，推行"持续激励法"，从而校正价值取向，形成实践价值链，激发价值追求热情。② 这些观点也对我们有很大的启发与借鉴意义。

（5）研究方法。除文献研究法之外，有的学者采取了一些较为特殊的研究方法。如龚正荣、吴仁伟运用了调查问卷法，在浙江省组织公安民警思想政治状况的调查研究，在调研数据的基础上，分析了人民警察核心价值观的培育。③ 樊爱霞、王利斌在山西省对人民警察核心价值观的现实意义、基本内涵、养成路径等问题做了深入调研。④ 孟晓东运用了对比研究法，在探讨革命军人核心价值观的基础上，分析了维和警察"忠诚，拼搏，团结，奉献"的核心精神。⑤

3. 2011 年以后的研究成果分析

2011 年 10 月，人民警察核心价值观正式确定下来，学者们结束了讨论阶段，开始了深入研究。代表作有：刘宇主编的《人民警察核心价值观概论》（中国人民公安大学出版社 2012 年版），吉林省公安厅政治部、吉林警察学院组编的

---

① 原喜泽：《人民警察核心价值观转化问题探析》，《法制与经济（中旬刊）》2010 年第 3 期。

② 李晓春：《在"示范标准岗"建设中培育人民警察核心价值观的实践与探索》，《上海公安高等专科学校学报》2011 年第 5 期。

③ 龚正荣、吴仁伟：《新时期公安民警思想政治状况的跟踪调查和思考——兼论人民警察核心价值观的培育》，《公安学刊》2010 年第 4 期。

④ 樊爱霞、王利斌：《人民警察核心价值观问卷调查与分析》，《山西警官高等专科学校学报》2010 年第 4 期。

⑤ 孟晓东：《培育当代革命军人核心价值观》，《秦皇岛日报》2010 年 10 月。

《人民警察核心价值观学习读本》（中国人民公安大学出版社2012年版），赵颖、李宏等主编的《人民警察核心价值观的培育与践行》（中国人民公安大学出版社2015年版），赵颖、李宏等著的《公安机关人民警察核心价值观培育的理论与实践》（中国人民公安大学出版社2016年版）。研究内容集中表现为深化了基本概念研究，拓宽了研究范畴，集中于培育实践研究，对国外警察核心价值观开展了相关研究。

（1）深化了基本概念研究。樊爱霞深入探讨了人民警察核心价值观的基本内涵。她从价值追求、价值取向、价值判断、价值选择对忠诚、为民、公正、廉洁的价值属性做了界定，同时认为这四者构成了人民警察核心价值观的灵魂、宗旨、精髓与基础。① 2015年，樊爱霞对于人民警察核心价值观中的忠诚做了深入研究，分析了忠诚的基本内容及内在逻辑，忠诚所指向的对象以及这些对象所处的维度。② 黄生鹏探讨了人民警察核心价值观的基本内容应当纳入人权。③

（2）拓宽了研究范畴。樊爱霞探讨了人民警察核心价值观与公安队伍思想政治建设的相关问题。④ 李广仓在公安文化视域中探讨人民警察核心价值观，深入分析了两者的辩证

---

① 樊爱霞：《人民警察核心价值观的基本内涵探究》，《山西警官高等专科学校学报》2013年第2期。

② 樊爱霞：《人民警察核心价值观之忠诚——兼谈"四个忠于"的内在逻辑》，载赵颖、李宏主编《人民警察核心价值观的培育与践行》，中国人民公安大学出版社2015年版，第3页。

③ 黄生鹏：《论人权纳入人民警察核心价值观的依据》，《江苏警官学院学报》2015年第3期。

④ 樊爱霞：《人民警察核心价值观与公安队伍思想政治建设》，《山西警官高等专科学校学报》2012年第1期。

关系。① 郑义按照文化分类的"三元结构"划分法对人民警察核心价值观的内涵做了文化学诠释。② 任红杰从哲学视角探讨了后现代主义对警察核心价值观的三重挑战，包括"价值多元"的挑战，"理想失落"的挑战，"责任碎裂"的挑战，对于人民警察核心价值观的培育等问题提出了全新的思考。③

（3）集中于培育实践研究。这一时期的人民警察核心价值观研究依然集中于培育研究，但较之前的研究成果而言，更加突出培育方法与形式，同时紧密结合公安工作实践。

第一，探讨了培育的基本原则。糜海波讨论了培育人民警察核心价值观的三个维度，包括认知维度、规范维度、主体维度。④ 徐霞在分析当前人民警察核心价值观培育现状的基础上，探讨了人民警察核心价值观的培育路径。⑤

第二，公安院校的培育研究。公安院校如何培育人民警察核心价值观是这一时期的研究热点。代表性的观点如下，李志春从结构功能主义视角探讨了公安院校警务化管理在培

---

① 李广仓：《公安文化与人民警察核心价值观辩证关系探析》，《江苏警官学院学报》2015 年第 2 期。

② 郑义：《公安文化视域下的人民警察核心价值观诠释》，载赵颖、李宏主编《人民警察核心价值观的培育与践行》，中国人民公安大学出版社 2015 年版，第 17 页。

③ 任红杰：《后现代主义对警察核心价值观的三重挑战》，载赵颖、李宏主编《人民警察核心价值观的培育与践行》，中国人民公安大学出版社 2015 年版，第 50 页。

④ 糜海波：《论培育人民警察核心价值观的三个维度》，《湖北警官学院学报》2014 年第 5 期。

⑤ 徐霞：《论人民警察核心价值观的培育现状及其对策研究》，《湖北师范学院学报》（哲学社会科学版）2013 年第 4 期。

育人民警察核心价值观中如何发挥作用，即警务化管理通过社会控制机制与社会化机制发挥作用，使人民警察核心价值观在社会系统与文化系统中实现其价值信仰的人格内化，从而避免警务化管理与学生之间发生的种种矛盾。① 董宇峰分析了人民警察核心价值观培育面临的严峻挑战，包括市场经济与网络文化的负面影响、就业体制改革、国内外不良社会思潮等。② 苑香红依据公安院校学生思想动态的调研情况分析了人民警察核心价值观的培育。③

第三，培育方法与形式。学者们从不同角度挖掘人民警察核心价值观的培育方法，包括运用延安精神④、雷锋精神⑤、沂蒙精神⑥、任长霞精神⑦、公安文化⑧、警营文化⑨、校园文

---

① 李志春：《公安院校警务化管理中人民警察核心价值观的培养——一个结构功能主义视角》，《四川警察学院学报》2014 年第 2 期。

② 董宇峰：《新形势下公安院校人民警察核心价值观培育的思考》，《辽宁警专学报》2015 年第 3 期。

③ 苑香红：《从公安院校学生思想动态调研情况看人民警察核心价值观的培育》，载赵颖、李宏主编《人民警察核心价值观的培育与践行》，中国人民公安大学出版社 2015 年版，第 155 页。

④ 刘宇、刘晓洲：《传承延安精神是人民警察核心价值观教育的永恒主题》，《公安教育》2012 年第 10 期。

⑤ 陈治：《用雷锋精神培育人民警察核心价值观》，《商丘职业技术学院学报》2013 年第 1 期。

⑥ 李洪波：《用沂蒙精神培育人民警察核心价值观》，载赵颖、李宏主编《人民警察核心价值观的培育与践行》，中国人民公安大学出版社 2015 年版，第 77 页。

⑦ 毛志斌：《任长霞精神：人民警察核心价值观的当代标本》，《人民公安报》2012 年 4 月 15 日第 3 版。

⑧ 李广仓：《公安文化与人民警察核心价值观辩证关系探析》，《江苏警官学院学报》2015 年第 2 期。

⑨ 袁胜：《加强警营文化建设 弘扬人民警察核心价值观》，《森林公安》2012 年第 4 期。

化①②、中华优秀传统文化③④、主题活动⑤等丰富的精神文化资源培育人民警察核心价值观。这一时期大批与公安工作实践相结合的培育文章问世，代表性的文章有万亮亮探讨了人民警察核心价值观的课程设计，该文以北京市公安局新警培训（社会院校毕业生）为例，围绕人民警察核心价值观的教育设计了"党的路线及方针政策，核心价值观教育，首都公安工作实践"三个模块，采取"讲授，讨论，写作，演讲，参观"等不同教育方式。⑥ 杨琳以辽宁省初任警官（非公安类）培训为例探讨了人民警察核心价值观的培育问题。⑦ 安选选探讨了济宁市公安局市中区分局人民警察核心价值观培育案例。⑧ 张辉总结回顾了深圳市公安局人民警察核心价值观教

---

① 王君：《公安院校人民警察核心价值观培养与实践探究》，《辽宁警专学报》2015 年第 2 期。

② 王芳：《浅谈校园文化建设与人民警察核心价值观的培养》，载赵颖、李宏主编《人民警察核心价值观的培育与践行》，中国人民公安大学出版社 2015 年版，第 172 页。

③ 李昕：《运用中华优秀传统文化培养人民警察核心价值观》，《辽宁警专学报》2015 年第 2 期。

④ 蓝菲：《"法为公，严为本，正纪纲"——朱熹儒法兼备的思想内核对人民警察核心价值观培育的影响研究》，载赵颖、李宏主编《人民警察核心价值观的培育与践行》，中国人民公安大学出版社 2015 年版，第 137 页。

⑤ 蒋建光、朱东彬：《以主题活动形式开展人民警察核心价值观教育的实践与探索》，《上海公安高等专科学校学报》2015 年第 4 期。

⑥ 万亮亮：《浅谈人民警察核心价值观教育课程设计——以北京市公安局新警（社会院校毕业生）培训为例》，《北京警察学院学报》2013 年第 1 期。

⑦ 杨琳：《谈人民警察核心价值观的培育——以辽宁省初任民警（非公安类）培训为例》，《辽宁公安司法管理干部学院学报》2015 年第 2 期。

⑧ 安选选：《典型引领 实践应用 激励强化——济宁市公安局市中区分局人民警察核心价值观培育案例解析》，载赵颖、李宏主编《人民警察核心价值观的培育与践行》，中国人民公安大学出版社 2015 年版，第 221 页。

育实践活动经验。①

### （二）国外研究现状

　　人民警察核心价值观基本问题的研究涉及公安学、伦理学、政治学、哲学等不同学科体系。所以，国外学者对于警察相关问题的著述可以提供间接的参考，诸如罗伯特·雷纳的《警察与政治》（知识产权出版社 2008 年版），松井茂的《警察学纲要》（中国政法大学出版社 2005 年版），萨特纳姆·库恩的《作为社会规训的警务》（南京出版社 2013 年版），贝珊·洛夫特斯的《社会变迁与警察文化的嬗变》（南京出版社 2013 年版），大卫·迪克逊的《警务中的法则——法律法规与警察实践》（南京出版社 2013 年版）等。这些著作对于警察的属性、现代警察制度的定位与职能、警察的应有价值等问题做了深入探讨。王大伟教授在其新著《第五次警务革命——十论世界警务大趋势》一书中介绍了英国社区警务之父约翰·安德逊在《自由警务论》中提出的理想警察。"理想的警察，首先是爱心为本，其次是技能超群。如果一个平凡的人，能够树立起强大的爱心，对社会报以无私的奉献，他就可能变成现实生活中神化的英雄。"② 理想警察的问题，其实就是在探讨警察应当具备的价值属性，如果警察群体或警察个体接受这样的观点，理想警察的形象与职能可能就会

---

　　① 张辉：《深圳市公安局人民警察核心价值观教育实践活动六年回望——激活公安思想政治教育的创新驱动力》，载赵颖、李宏主编《人民警察核心价值观的培育与践行》，中国人民公安大学出版社 2015 年版，第 230 页。
　　② 约翰·安德逊：《自由警务论》，转引自王大伟《第五次警务革命——十论世界警务大趋势》，中国人民公安大学出版社 2012 年版，第 83 页。

升华为警察群体或个体所秉持的一种价值观念。

国外经典作家对于忠诚、公正、廉洁、社会服务等相关论述也可以充分借鉴。警察忠诚既属于政治忠诚，也可以归属于行政忠诚。柏拉图的《理想国》，亚里士多德的《政治学》，亚当·斯密的《道德情操论》，洛克的《政府论》，卢梭的《社会契约论》等都可以为我们开展人民警察核心价值观相关研究提供丰富的思想资源。警察公正是社会公正的组成部分，罗尔斯的《正义论》，迈克尔·J. 桑德尔的《自由主义与正义的局限》是重要的经典之作。警察为民，国外称之为警察的社会服务职能。相关研究成果可以参考姜忠《我国与英美国家警察服务职能的演变及其启示》，该文梳理了近现代以来的四次警务变革，分析了国内外警察社会服务职能的演变过程，具有一定的启发与借鉴价值。① 王小海分析了国内外警察公共服务职能的历史变迁，并详细罗列了警察参与公共服务的具体事项。② 警察廉洁的国外研究成果，目前并未找到相关资料，最有代表性的文章是张兆端的《国外关于警察腐败与反腐败的理论》一文，详细地梳理了国际刑事司法学者们关于警察腐败的研究成果，包括警察腐败的概念、特征、与违法犯罪的关系、分类、警察腐败的形成过程、危害、原因、警察反腐败的策略与措施等重要问题。③ 孙廷彦、雷鸣霞探讨了国外警察的腐败现象、产生原因、警察机关反腐败

① 姜忠：《我国与英美国家警察服务职能的演变及其启示》，《公安研究》2008 年第 4 期。

② 王小海：《英美与我国警察公共服务职能的历史变迁》，《上海公安高等专科学校学报》2008 年第 1 期。

③ 张兆端：《国外关于警察腐败与反腐败的理论》，《山东公安专科学校学报》2001 年第 2 期。

的主要策略。①

  国外警察核心价值观相关问题的直接研究成果很少。有重要价值的文章是栗长江等对港台地区及西方主要国家警察核心价值观的探讨。② 该文认为警察群体统一的核心价值观与警察体制有很大关系。诸如美国，历史上的分权传统形成了警务工作地方负责制，全美约有 2 万个大小不一的警察机构，所以美国警察不可能形成统一的核心价值观。文章分析了我国香港、台湾地区及西方主要国家的警察价值观，包括英国伦敦大都会警察局的价值观、美国洛杉矶市警察局的核心价值观、新西兰警察的核心价值观、加拿大皇家骑警的价值观、加拿大安大略省伦敦市警察局的价值观、澳大利亚联邦警察的核心价值观等。栗长江的文章在列举港台地区及西方主要国家警察价值观的基础上，分析了其表述特点以及中外警察价值观表述特点的差异，探讨了其他国家及地区警察核心价值观培育的具体措施，包括跨越"警察文化"的反制力，着力加强警察伦理教育、发展社区警务、强化警民关系、夯实"合法性"根基、健全监督机制、强化制度规约等，这些理论探讨对于我国人民警察核心价值观的培育有着重要的参考与借鉴价值。

## （三）存在问题与努力方向

  从总体上来看，我们对人民警察核心价值观的理论探讨

---

  ① 孙廷彦、雷鸣霞：《国外警察腐败现象及反腐主要对策》，《河北公安警察职业学院学报》2008 年第 4 期。

  ② 赵颖：《公安机关人民警察核心价值观培育的理论与实践》，中国人民公安大学出版社 2016 年版，第 234—261 页。

还非常薄弱，科研成果不多，特别是高质量的成果更少。在研究中存在的问题主要表现在如下几方面：1. 研究概念模糊。在研究人民警察核心价值观问题的过程中，多数研究没有准确界定价值、价值观及核心价值观的概念，混淆了三者的区别。由于没有对基本概念的准确界定，对人民警察核心价值观的概念也存在界定不清的问题，特别是对其内涵与外延的分析只停留在表面，缺乏深入透彻有理有据的学理探讨，对于警察价值、警察价值观、警察核心价值观等基本问题也缺乏有说服力的探索，因此在论述中存在表述过于宽泛、文不对题等现象。2. 研究论据不足。多数学者可以认识到人民警察核心价值观来源于公安队伍的历史沿革与实践工作，是公安工作的历史回应与现实提炼，可是很少有学者对产生"忠诚、为民、公正、廉洁"人民警察核心价值观的公安历史与实践做系统梳理，缺乏史料及数据的有力论证。3. 研究视角偏窄。人民警察核心价值观属于公安队伍建设，特别是公安队伍文化软实力的核心内容，将两者联系起来深入思考的学者只占少数。我们应当结合当前公安工作的热点与难点问题，对人民警察核心价值观做进一步研究，如人民警察核心价值观在公安队伍"四项建设"等重点工作中发挥的作用。此外，还应当加强国外警察队伍核心价值观的相关研究。4. 研究体系杂乱。对人民警察核心价值观的研究要准确定位，应当理清人民警察核心价值观与公安队伍建设、公安宣传文化、公安思想政治教育、公安文化软实力、公安组织管理及警察职业价值观等不同概念体系的关系，做到研究视角宽阔但研究领域细致，宽用但不泛用，否则会失去其原本意义和核心地位。5. 研究重点不突出。对人民警察核心价值观的研究具有重要的现实意义。我们准确提出人民警察核心价值观是在党的十七届六中全会之后，应当深入研究论证人民警察核心价值观在公安机关推动社会主义法治文化建设、创造健康向上的文化发展环境、维护国家文化安全以及在培育与践行社会主义核心价值体系及社会主义核心价值观中的重要作用。6. 研究方法较单一。多数学者仅仅停留在从理论到理论的说理论证上，并没有采取相应的研究方法，仅有少数学者运用了调查研究法、比较研究法，缺乏系统科学规范的实证研究。

进一步深化对人民警察核心价值观问题的研究，一是要深入人民警察核心价值观的基础概念研究，特别是加强马克思主义经典作家价值观思想的文本研究，准确界定人民警察核心价值观的科学定义；二是要深入研究公安工作历史中人民警察核心价值观的理论与实践渊源，很多丰富的历史史料还没有被充分挖掘；三是要高度重视公安队伍重点工作与人民警察核心价值观的关系研究，要使人民警察核心价值观的研究不束之高阁，而是脚踏实地，真正能够为公安队伍的现实工作提供帮助；四是扩展人民警察核心价值观的研究方法，运用各种科学规范的研究方法，使该问题的研究具备学术性与科学性；五是进一步研究人民警察核心价值观的培育机制，特别要结合公安机关文化软实力的培育研究，同时将该问题的研究置于价值问题的框架体系中，探讨人民警察核心价值观的价值认同机制，增强其现实操作性；六是积极借鉴其他国家尤其是西方发达国家警察核心价值观构建的有益成果，推动我国人民警察核心价值观理论与实践的不断发展。

# 三 人民警察核心价值观研究的思路与方法

## （一）研究思路

人民警察核心价值观基本问题研究在充分梳理前人研究成果，收集大量理论资料，同时深入基层公安机关政工部门实践调研的基础上，尝试对人民警察核心价值观开展系统完整的基础研究。作者对价值与核心价值、价值观与核心价值观、警察价值与警察价值观三对基本概念做了深入的学理探究，依据马克思主义价值哲学及马克思主义价值观，深入分析了警察价值中的本位价值及由警察本位价值所决定的警察核心价值观，进而界定了人民警察核心价值观的科学概念。在人民警察核心价值观基础理论研究中，作者依据马克思主义价值理论基本原理搭建了人民警察核心价值观基本问题研究的逻辑框架。人民警察核心价值观中的价值观是一种价值观念，价值观念形成与发展的基础是人的实践活动，是人在具体的价值实践活动中形成的价值判断，价值选择与价值追求的基本观点。人民警察核心价值观基本问题研究，无论是基础理论研究、基本内容研究，还是历史研究、现实研究、培育践行研究，全部都是以该逻辑框架为基础展开分析的。在基本内容研究中，探讨了忠诚、为民、公正、廉洁的价值内涵，分析了人民警察核心价值观与社会主义核心价值观的价值关系具有一致性。在历史研究中，分析了人民警察核心价值观是在各种价值的冲突与交锋之中逐步确立的。在现实研究中，围绕民警群体对警察职业价值观及人民警察核心价值观中的种种价值判断、价值选择与价值追求展开调研，在数据统计的基础上，进一步分析了人民警察核心价值观的现实困境，探讨了人民警察价值理想现状、价值共识挑战与价值实践条件。在培育践行研究中，分析了人民警察核心价值观培育的价值认同机制。具体研究思路如下。

第一章探讨了人民警察核心价值观的基础理论。考察了三对基本概念：价值与核心价值、价值观与核心价值观、警察价值与警察价值观。分析了两个基本问题：警察价值冲突与警察价值观两难。探讨了一个基本理论：价值认同及其构成。以马克思主义价值哲学与马克思主义价值观为学理基础，详细分析了人民警察核心价值观的基本内涵与核心属性。第二章探讨了人民警察核心价值观的基本内容。分析了人民警察核心价值观"忠诚、为民、公正、廉洁"的价值内涵，梳理了"忠诚、为民、公正、廉洁"的基本内容。同时探讨了马克思主义经典作家对社会主义核心价值的探索，分析了社会主义核心价值观的价值内涵，指出人民警察核心价值观与社会主义核心价值观在价值内涵上具有一致性，具体包括价值主体一致、本位价值一致、终极价值追求一致、价值表现形态一致。第三章研究了人民警察核心价值观的历史渊源。系统梳理了人民警察核心价值观在公安历史发展中的理论渊源与实践经验，即"忠诚、为民、公正、廉洁"在新民主主义革命时期、社会主义革命和建设时期、改革开放和社会主义建设时期三个不同历史阶段的发展历史与培育实践，总结出人民警察核心价值观是在各种价值的冲突与交锋之中逐渐形成的。第四章尝试对人民警察核心价值观的现实状况开展实证研究。在全国公安民警群体中开展调查研究，综合运用调查问卷、座谈访谈、实地调研等多种社会科学研究方法，深入分析了民警群体对警察职业价值观与人民警察核心价值观的认同程度、现存问题、各类影响因素等相关情况，指出了人民警察核心价值观面临的现实困境，为人民警察核心价值观的培育践行研究提供了有力支撑。第五章研究了人民警察核心价值观的培育与践行。探讨了人民警察核心价值观培育的认同机制、特色举措与基本路径，同时分析了人民警察核心价值观的践行需要把握的六大关系。

### （二）研究方法

#### 1. 文献分析方法

基础理论研究，涉及人民警察核心价值观的若干基本问题，为基本内容研究、历史研究、现实研究、培育践行研究提供理论基础。人民警察核心价值观以马克思主义价值哲学为基础，兼顾公安学、西方哲学、伦理学、政治学的研究范畴，涉及文献资料众多且繁杂，包括各学科经典著作，公安史料史志，公安系统重要领导人的著作、传记、讲话、选集、回忆录，中央文献，中国共产党的历史等，需要进行系统的归纳整理。

#### 2. 历史考察方法

在历史研究中，梳理公安工作发展历史，公安队伍思想政治工作历史，分析不同历史背景下人民警察核心价值观的不同表现，总结人民警察核心价值观的历史沿革、经验教训与内在规律。

3. 实证研究方法

在现实研究中，运用了问卷调查法、实地调研法、开放式访谈法等实证研究方法，收集了第一手的数据与资料，为人民警察核心价值观的理论研究与培育研究提供依据。

# 第一章　人民警察核心价值观的基础理论

本章探讨了人民警察核心价值观的基础理论。考察了三对基本概念：价值与核心价值、价值观与核心价值观、警察价值与警察价值观。分析了两个基本问题：警察价值冲突与警察价值观两难。探讨了一个基本理论：价值认同及其构成。以马克思主义价值哲学与马克思主义价值观为学理基础，详细分析了人民警察核心价值观的基本内涵。

## 一　价值与核心价值

### （一）价值问题的哲学探讨

价值问题是自人类出现以来就存在的问题，也是只有对人类来说才是问题的问题，即价值问题是人类特有的问题。古人对于价值问题的探讨，为后人对于价值问题的认识积累了宝贵的思想材料，但是也存在很多问题，如我们会去探讨善恶、正邪、美丑、福祸、吉凶等基本问题，是善良的正义的美好的吉祥的事情，我们就应该去做，反之是邪恶的会招致灾祸的事情，我们就不应该去做。但是从"是"到"应该"是怎么发生的，古代哲学家们并没有去探讨，混淆了科学意识和价值意识，模糊了事实判断与价值判断的界限。西方近代自然科学发展并表现出强大的力量之后，哲学的探讨开始集中在"认识论"或"认知论"，即把认识（认知）活动何以可能、认识如何达到真理、真理的标准是什么的问题当作哲学的中心问题。① 哲学家休谟却对哲学理论这一所谓的"认识论转向"提出了深刻的怀疑。休谟认为，我们应当对于为何"应当"如此认识做出说明和解释，即我们为何应当如此认识，要进一步给出理由。否则，哲学领域的"认识论"或"认知论"就具有"独断论"的性质。这就是休谟提出的从"是"过渡到"应该"的问题，第一次从哲学上指出了事实判断和价值判断的差别，产生了重大的影响，康德就曾说，是休谟把他从"独断论的梦想"中惊醒了。事实上，康德哲学的中心议题和重要任务，"不仅是如同以往我们所强调的那样，是调和经验与理性的矛盾，同时也是在调和事实判断与价值判断的矛盾"②。随着各门实证科学的逐渐壮大，认识论中心主义走到了自己的尽头，哲学也开始了自己的转型，意志主义、情感主义等非理性主义思潮开始兴起乃至泛滥，并试图突破理性主义亦即认识论中心主义的传统哲学。现代价值论就是在这个背景下兴起的。下面，我们简要地回顾一下中西方学术界对于价值问题的探讨。这有助于我们理解价值的科学概念与具体含义。我们集中探讨两个问题，价值哲学研究方法论及价值本质。

---

① 马俊峰：《马克思主义价值理论研究》，北京师范大学出版社 2012 年版，第 6 页。
② 同上书，第 7 页。

1. 对价值哲学研究方法论的探讨

王玉樑认为价值哲学研究的方法论模式包括"关系说""有效性说或功能说""系统说""完形性质说或潜能说""后果说""属性说"。① 李德顺虽然没有明确指出"价值哲学研究的方法论模式"这一概念，但是他在"价值就是事物对于人（更确切地说，是客体对于主体）的'意义'"这一结论的基础上概括了不同的哲学观点，包括"观念说""实体说""属性说""关系说"和"实践说"。② 我们仅就其中有代表性的"实体说""属性说""关系说"和"实践说"做一概述。

（1）实体说。价值哲学研究方法论首先包括"实体说"。一些哲学家，如洛采和舍勒，他们认为价值是某种独立存在的实体或者是某种可以在世界上的某个地方被找到的终极存在。"实体说"是现代价值论的起始学说。"实体说"在价值哲学研究中犯了方法论的错误，核心表现是没有区分事实与价值。区分事实与价值，是价值哲学的研究起点。哲学家杜威、方迪启等都认为事实与价值的区分，是研究价值问题的基础和关键，这是对于价值哲学研究的重要贡献。③

（2）属性说。一些哲学家认为价值不是某种特殊的实体，是某些实体所固有的或在某些情况下产生的特殊属性。这种观点包括"主体属性说"和"客体属性说"。"主体属性说"或"人的本性说"，认为价值就是主体人自身所固有的本性、

---

① 王玉樑：《从理论价值哲学到实践价值哲学》，人民出版社 2013 年版，第143—148 页。

② 李德顺：《价值论——一种主体性的研究》，中国人民大学出版社 2013 年版，第27—29 页。

③ 王玉樑：《从理论价值哲学到实践价值哲学》，人民出版社 2013 年版，第141—143 页。

意识、意志等，价值就是主体人的本性或者人性。"客体属性说"的代表学者是英国伦理学家摩尔。摩尔认为许多不同的事物本身就是善的或是恶的，善或恶是事物固有的性质，即价值是对象本身所具有的某种属性。这种观点坚持价值的客观性，有其合理之处，但这种观点不能解释价值因人而异的现象。把价值作为事物自身的某种固有的属性看待，这是一种机械论的观点。"属性说"与"实体说"比较而言，"属性说"中探讨的价值要依附于某种主体或某种客体。"实体说"中的价值是不依附于任何事物的独立存在的实体。

（3）关系说。"关系说"的核心观点是：认为价值是客体对于主体的"意义"，这种"意义"本身是一个关系范畴，指相互联系和相互作用所产生的效果和影响。代表学者有奥地利艾伦菲尔斯（代表作《价值论体系》），德国新康德主义弗赖堡学派价值哲学奠基人文德尔班，日本学者牧口常三郎（代表作《价值哲学》），阿根廷哲学家方迪启（代表作《价值是什么——价值学导论》），美国哲学家拉兹洛（代表作《系统哲学讲演录》）。这几位学者都认为价值是关系范畴，不是实体范畴，也不是属性范畴。文德尔班认为，价值（不论是肯定方面或否定方面）绝不能作为对象本身的特性，它是相对于一个估价的心灵而言的。牧口常三郎在《价值哲学》一书中说，"价值不是客体自身""而是一个客体与人之间关系的概念""价值是关系概念而不是实体概念。"① 方迪启认为，"价值不具实体性""价值不是事物，不是事物的元素"

---

① ［日］牧口常三郎：《价值哲学》，马俊峰、江畅译，中国人民大学出版社 1989 年版，第 59 页。

"价值是一种关系概念，就像婚姻一样。"① 美国哲学家拉兹洛在《系统哲学讲演录》中把价值理解为主体与客体或主体与环境的关系范畴。

（4）实践说。"实践说"，建立在"关系说"的基础之上。这种观点首先认为价值是一种关系现象，是在主体与客体之间发生的一种价值关系。这种价值关系产生的根本原因是主体人在认识世界与改造世界中的实践活动。这种实践活动不是随心所欲毫无意义的任何活动，而是可以符合主体内在需要，同时能够受到主体控制的实践活动，即这样的实践活动对于主体来说是有价值有意义的实践活动。在这样的实践活动中，主体认识世界并改造世界，主体与外在世界发生联系，这样的联系是对象性的联系，是主客体之间的联系，是相对而言的联系。我们可以说，这样的联系或关系是主客体之间的价值关系。对于价值的分析，离不开四要素：价值主体、价值客体、主客体间的价值关系、创造价值形成关系的价值实践活动。价值产生的根本原因是实践活动。价值存在的基本形态是主客体间的价值关系。"实践说"相较于"实体说"与"属性说"而言，"实践说"没有把价值固化为某种实体，或者固化为人的本性与事物的性质，而是在承认主客体价值关系的前提下，进一步分析了价值产生的根本原因。正是由于人类的实践活动才产生了价值，也正是由于这样的实践活动才形成了主体与客体之间的价值关系，人的本性与事物的属性发生了联系，我们所要分析与探讨的"价值"就

---

　　① ［阿根廷］方迪启：《价值是什么——价值学导论》，黄霫译，台北联经出版事业公司1986年版，第6页。

存在于这样的价值关系中，或者说价值关系是价值存在的基本形态。"价值产生于人按照自己的尺度去认识世界改造世界的现实活动；价值的本质，是客体属性同人的主体尺度之间的一种统一，是'世界对人的意义'。"①

2. 对价值本质问题的探讨

基于对价值问题探讨的方法论的不同，学者们对于价值本质的探讨也不尽相同，可分为实体价值论、主观主义价值论、客观主义价值论、主客体相互作用价值论及主客体相互关系价值论。

（1）实体价值论。基本观点是认为价值就是某种独立存在的实体，与人或其他事物没有关系。德国哲学家舍勒认为，价值是独立于其携带者及评价主体之外的先验性质，是客观的、独立的、自明的。王玉樑将舍勒的这一观点归纳为"先验性质论"，属于客观主义价值论。② 对于价值本质的探讨，由于价值研究方法论的不同而不同。舍勒的方法论也可以归属于"实体说"，舍勒本人也是"实体说"的主要代表人物。

（2）主观主义价值论。基本观点是把价值限定在主体或人自身之上，如人的需要、欲望、兴趣、愿望、愉悦等。比如，德国哲学家尼采认为价值是人们评价的结果；奥地利哲学家迈农认为对人的主观有意义的东西，才有价值；奥地利哲学家艾伦菲尔斯认为我们欲求的东西都是有价值的；美国实用主义哲学家杜威认为价值是人的需要的满足；美国实用

———————

① 李德顺：《价值论——一种主体性的研究》，中国人民大学出版社 2013 年版，第 27—29 页。

② 王玉樑：《从理论价值哲学到实践价值哲学》，人民出版社 2013 年版，第 153 页。

主义哲学家詹姆士认为价值纯粹是人的心灵赋予世界的；英国哲学家罗素认为价值是人们感情的表达；等等。

（3）客观主义价值论。客观主义价值论则把价值限定于某种客体之中。英国伦理学家摩尔认为许多事物本身就是善的或是恶的。

（4）主客体相互作用价值论。主客体相互作用价值论把价值的本质界定为主客体的相互作用。英国哲学家怀特海创立的过程哲学价值论、德国哲学家哈贝马斯的互为主体性理论、美国环境伦理学家罗尔斯顿的自然价值论、牧口常三郎的功能价值论等。

（5）主客体相互关系价值论。主客体相互关系价值论认为价值属关系范畴，价值关系是价值存在的基本形态，价值产生于某种价值关系。主客体相互关系价值论是我国价值哲学研究者们的主流观点。

### （二）马克思主义哲学对价值问题的探讨

马克思主义有没有自己的哲学价值论，应不应该有自己的哲学价值论，国内外学术界一直有着不同的甚至是截然相反的看法。这些争论主要表现为中西方意识形态的对立以及传统哲学体系和现代哲学体系思维方式的对立上。对此问题，可详见李德顺《价值论——一种主体性的研究》导论中的第三个问题：价值论与马克思哲学；马俊峰《马克思主义价值理论研究》导论中的第二个问题：马克思主义价值理论：争论与发展。这里必须要提到的一种观点是：在马克思的语言中只有政治经济学领域中的一种"价值"范畴，并没有涉及哲学领域，因而去探讨马克思主义哲学价值论是毫无意义的努力。李德顺批驳了此种观点，认为切断哲学与政治经济学之间的内在联系，甚至把它们对立起来，终究是既无根据也无必要的。笔者尝试探讨马克思主义价值哲学研究方法论和马克思主义价值本质的一些问题。

1. 马克思主义价值哲学方法论

（1）马克思主义价值哲学研究方法论归属于"实践说"。这是我国马克思主义价值哲学研究学者们的普遍观点。"实践说"的基本观点是价值产生于主体人认识世界改造世界的实践活动中。"所谓价值，是指以主体的尺度为尺度的一种主客体关系状态。"① "实践是一切价值的根本源泉。"② 马克思认为"自由的有意识的活动"是人的类特性。③ 这是人区别于动物的根本特征。这种"自由的有意识的活动"表现为劳动时，与动物出于本能的活动有着根本的不同。在《1844 年经济学哲学手稿》中，马克思对此有着非常深刻的论述："动物只是按照它所属的那个种的尺度和需要来构造，而人懂得按照任何一个种的尺度来进行生产，并且懂得处处把内在的尺度运用于对象；因此，人也按照美的规律来构造。"④ "任何一个种的尺度"是"客体的尺度""内在的尺度"是"主体的尺度"⑤。当人把内在的"主体的尺度"运用于客体对象时，

① 李德顺：《价值论——一种主体性的研究》，中国人民大学出版社 2013 年版，第 19—21 页。

② 马俊峰：《马克思主义价值理论研究》，北京师范大学出版社 2012 年版，第 32—62 页。

③ 《马克思恩格斯全集》第 3 卷，人民出版社 2002 年版，第 273 页。

④ 同上书，第 274 页。

⑤ 李德顺：《价值论——一种主体性的研究》，中国人民大学出版社 2013 年版，第 49 页。

换句话说，"客体的尺度"符合"主体的尺度"，能够满足主
体内在的需求时，主体人的实践活动才是有价值的实践活动，
价值才在主体改造客体，主体作用于客体的实践活动中得以
产生。可以简单地将"主体尺度"与"客体尺度"的关系概
括为需要与能力，主体有某种需要，客体可以满足主体的这
种需要，主体客体发生关系之后，就会产生价值；同时，不
能够忽视的是，主体有能力把握"客体的尺度"，使客体的尺
度或对象物的尺度符合于自己的内在尺度，价值才会产生。
举个例子，我们常说水火无情，但是当人们需要它们时，同
时能够驾驭得了它们时，水与火，对于人来说，就是好的事
物，人与其发生关系，就产生了价值，水与火，对人来说就
是有意义的。"实践说"的根本观点是价值产生于实践活动，
但这个实践活动一定是"两个尺度"相符合的实践活动，客
体尺度能够满足主体尺度的需要，主体能够驾驭客体，能够
"把内在的尺度运用于对象"。"马克思主义理论和社会实践都
告诉我们，人的全部活动都是在追求着某种价值的。"①

（2）马克思主义价值哲学的实践论转向。西方哲学的发
展以研究中心问题的不同而经历了不同的"转向"。古代哲学
所研究的中心问题是"存在论"或说是"本体论"，后者是
前者的重要分支。近代哲学所研究的中心问题是"认识论"
或说是"意识论"，"认识论"代替了"本体论"而成为哲学
的中心问题，这是近代哲学发展的重要标志，哲学界称这样
的变化为"认识论转向"。现代哲学所研究的中心问题是"实

---

① 袁贵仁：《价值观的理论与实践——价值观若干问题的思考》，北京师范
大学出版社 2013 年版，第 13—14 页。

践论"或说"价值论",发展的重要标志是"认识论"向"实践论"的转向。马克思主义哲学的革命性变革就是建立在"实践论转向"的基础之上。马克思主义哲学的这种革命性变革是在从近代哲学向现代哲学转向的背景下发生的,并深刻地推动了这种转向,与其他属于现代哲学的流派有着一些深刻的共同之处。① 马克思主义哲学对近代哲学的批判是一种整体性的基础性的批判与超越,即马克思主义哲学的实践方法论不同于传统认识论对于实践的忽视,也没有局限于这样的认知,即认识仅仅是建立在实践基础上的能动的革命的反映,而是突破了传统框架,全面揭示了实践的丰富内容,比如,强调人作为实践主体的主体性原则,主体客体的相互作用原则,主客体双方随相互作用发生变化的原则等。②

2. 马克思主义价值哲学的价值本质

马克思主义价值哲学中的价值本质,即可以归属于主客体相互作用价值论,也可以归属于主客体相互关系价值论。这两个探讨价值本质的理论学说,并无实质区别,只是在于强调的重点不同。主客体相互作用价值论,强调的是价值产生于主体与客体的相互作用中;主客体相互关系价值论,强调的是价值产生于主体与客体的相互关系之中。相互作用形成相互关系;相互关系形成的前提是相互作用。相互作用与相互关系难以明确区分。马克思主义价值哲学中的价值本质,除了上述是主体与客体在实践活动中相互作用或相互关系的

① 刘放桐:《马克思主义与西方哲学的现当代走向》,人民出版社 2002 年版,序言。

② 马俊峰:《马克思主义价值理论研究》,北京师范大学出版社 2012 年版,第 71 页。

产物，还有更加深刻的内涵。

第一，价值的核心指向是人的解放与自由。人是价值的创造主体，人的自我确证与自我发展牵引着价值的发展方向。人类历史发展的最终指向是人的解放与自由全面的发展，在这一根本走向的前提下，价值以此为尺度和标准，实现自身的有规律的发展。"在《关于费尔巴哈的提纲》中马克思肯定了费尔巴哈关于宗教是人的本质的自我异化观点的正确性，进一步指出由于生产力水平低下和科学的不发达，由于'世俗基础的自我分裂和自我矛盾'，才产生了人对自然的恐惧和对神的依赖。只有对世俗基础进行实践的革命改造，才能逐步消灭人与人的对立、人与神的对立。"① 通过革命的实践活动改变"世俗基础的自我分裂和自我矛盾"以达到人的真正解放与自由，可以说，对世俗基础进行实践的革命改造本身也是依据人自身的标准和尺度创造精神价值与物质价值的过程，其中"革命的"实践活动、人的逐步的解放与自由、价值的创造与产生是同步的。在《1844年经济学哲学手稿》中，马克思指出共产主义是"人和自然界之间、人和人之间的矛盾的真正解决，是存在和本质、对象化和自我确证、自由和必然、个体和类之间的斗争的真正解决"②。共产主义的实质是对私有制的扬弃，是人对自己本质的真正占有。在《共产党宣言》中，马克思进一步明确地宣称了这一思想。对于私有制的扬弃，使人实现了对于自己本质的真正占有，"扬

---

① 李宏：《马克思主义视域下的"文化自觉"探微——基于马克思文化哲学思想》，《攀登》2012年第6期。
② 马克思：《1844年经济学哲学手稿》，人民出版社1985年版，第77页。

弃"其实质就是一种价值的判断、选择和追求的过程。通过"革命的"实践活动实现私有制的扬弃，通过私有制的扬弃，实现人的自由发展，这是人自身价值的彰显与实现。

第二，价值的根本源泉是人的实践活动。价值，是"人在现实的实践和生活中所'遭遇'到的一个基本问题，是在实践中产生、在实践中解决、在实践中发展的问题。实践是一切价值的根本源泉"①。以往的旧哲学，不管是唯物主义还是唯心主义，都不懂实践的重要性。实践主要是被看作一种道德行为、道德行动。从康德的实践理性到黑格尔的实践理念，其所认识的实践本质都是一种观念上的活动。费尔巴哈把实践与生活联系了起来，但也没有正确认识实践的真正本质，他不了解"革命的""实践批判的"活动的意义。② 马克思第一次把实践观引入认识论、自然观和历史观，把它们当作感性的人的活动，从主体方面去理解。我们可以这样去理解实践，实践是人的一切活动，是人的感性的活动；实践的客体是客观存在的已然成型的一切"对象、现实、感性"，这是人们一切活动的客体和直观形式；实践的主体是人，主体人在实践活动中作用于客体的"对象、现实、感性"，在这个过程中依据人自身的尺度和标准创造意义、产生价值。不能正确认识实践，就不能正确认识价值；忽略了人的主体性或人的自觉性的实践活动，就意味着忽略了价值产生与创造的本源。

---

① 马俊峰：《马克思主义价值理论研究》，北京师范大学出版社 2012 年版，第 53 页。

② 《马克思恩格斯选集》第 1 卷，人民出版社 1995 年版，第 54 页。

第三，价值的本质属性是人的主体性弘扬。人的主体性弘扬就是人的主体性自觉。主体性自觉是哲学从本体论阶段、认识论阶段到实践论阶段发展的内在逻辑主线，主体性自觉就是"主体性的觉醒和主体自我意识的确立，主体性自觉应是一种既是主体自我探索、自我解放驱使下的实践，而且在不同时期主体性自觉的内容也是不同的，是一个无限丰富的过程"①。主体性自觉概念的凸显强调了哲学思考的终极目的，即人的解放与发展、尊严与价值。价值作为一种主体性现象，它就存在于主客体相互作用的过程之中，是以主体的需要为尺度而形成的，并随着主体需要的变化而变化的。"价值是主客体之间的一种统一状态。但是仅仅理解到此，还不能真正地把握价值的特性。因为，主客体的统一不仅仅是价值，还有非价值。例如，主体服从于客体，受客体支配，也是一种统一，但并不是我们所说的价值。价值的特点在于：这种统一必须是符合主体需要和内在尺度的，是客体为主体服务，是主体性占主导地位的统一。"②

### （三） 核心价值

1. 价值分类与价值层次

价值分类与价值层次两者的区别在于：价值分类是按照价值主体、价值客体、价值内容的条块分类，没有高低、内外、前后、远近之分。价值层次是按照价值主体、价值客体、

---

① 郑广永：《主体性自觉：哲学发展的一条主线》，《北方论丛》1999 年第 6 期。

② 李德顺：《价值论》，中国人民大学出版社 1987 年版，第 125 页。

价值内容的垂直分类，有高低、内外、前后、远近之分。

（1）价值分类。价值分类包括：从价值主体出发，依据主体的形态和层次，用价值主体的身份来标识价值，可以分为"个人价值""群体价值""社会价值"等；依据满足的主体需要的性质，可以分为"物质价值""精神价值"等；依据人的不同社会生活领域，可以分为"经济价值""政治价值""道德价值""审美价值"等；依据所满足的需要在主体活动中的整体性质和地位，人们也常常把价值分为"目的价值"和"工具（手段）价值"。① 从价值客体出发，依据客体是精神的现象还是物质的现象，可以分成精神的价值和物质的价值。从价值内容出发的价值分类，则需要具体问题具体分析，需要具体确定某一类价值的主体、客体及客体可以满足主体的何种需求。

（2）价值层次。价值层次问题，我国学者研究的并不是很多，只是在谈到价值分类时略略涉及该问题，且多引用国外学者的观点。王玉樑提到了德国哲学家舍勒的"价值先验层次研究"。舍勒认为，价值具有先验的层次性，这表现在一种价值优于另一种价值。他提出决定价值层次高低的五条标准：第一，持久性。最低下的价值，也是最容易消逝的价值；最优越的价值，同时也就是永恒的价值。第二，可分性。价值的高低与可分性成反比。较高的价值是不可分割的，人们可以共享，如某些精神价值。第三，基础。如果一种价值是另一种价值的基础和存在的条件，则前者的价值高于后者。

---

① 李德顺：《价值论——一种主体性的研究》，中国人民大学出版社 2013 年版，第 80 页。

他认为一切价值的基础是宗教，宗教价值是最高价值。第四，满足的深度。较高的价值产生"更深的满足"。第五，相对性。即对主体生命体的依赖程度。一种价值的相对性越小，其价值越高。在所有价值中，最高的价值是绝对价值，道德价值属于绝对价值。根据五条标准，舍勒列出了价值层次表，最下层样式是感觉感受的价值；第二层价值样式是生命的价值，包括健康、病、死等；第三层次价值样式是精神价值；最终的价值样式是宗教价值。舍勒认为这种价值层次是先验的或先天的，它先于任何实际存在的关系，虽然有局限性，但他对价值层次性的研究给人们提供了一种思路，给人以一定的启示。① 美国新实在主义哲学家培里在价值本质问题上持兴趣价值论，他也根据兴趣去划分价值的层级。他认为，由于赋予对象价值的是兴趣，因此决定价值多寡、层级的也必然是兴趣。培里提出了判断价值层次的三项标准：强度、偏好、涵盖性。② 李德顺在讨论价值分类时提到了当代心理学家马斯洛人的"需要层次说"，主张按需要的层次划分基本的价值，并排列它们的等级。

2. 核心价值

（1）核心价值的分类与层次。核心价值既属于价值分类研究，也属于价值层次研究。在价值分类研究中，核心价值是同一相关价值领域中的核心部分和基础价值，核心价值的

---

① ［德］舍勒：《伦理学中的形式主义与质料的价值伦理学》上册，倪梁康译，三联书店 2004 年版，第 104—120 页。转引自王玉樑《从理论价值哲学到实践价值哲学》，人民出版社 2013 年版，第 163—164 页。

② 王玉樑：《从理论价值哲学到实践价值哲学》，人民出版社 2013 年版，第 164 页。

基本属性决定其他价值的基本属性，这是核心价值研究的平面视角。在价值层次研究中，核心价值是相对于低位价值的高位价值，外表价值的内里价值，是同一相关价值层级中的核心部分与基础价值，这是核心价值研究的垂直视角。

（2）核心价值的基本属性。如何判断某种价值为核心价值？核心价值有哪些基本特征？依据马克思主义价值哲学方法论原则，即"实践说"，以及马克思主义对于价值本质问题的探讨，可以作出如下分析：首先，核心价值具有基础性。核心价值是指在同一相关价值领域或价值层级中，相对其他价值而言的本位价值或基础价值。离开了核心价值，其他价值就不能够归为一类价值或一个价值系统。如社会主义核心价值体系包括马克思主义指导思想、中国特色社会主义共同理想、以爱国主义为核心的民族精神和以改革创新为核心的时代精神、以八荣八耻为主要内容的社会主义荣辱观。这四个组成部分的核心或灵魂是马克思主义指导思想，准确地说是马克思主义指导思想中揭示的社会主义本质属性。如果离开了马克思主义指导思想，社会主义核心价值体系的"社会主义"特性就没有了依托。其次，核心价值具有恒定性。价值的客观表现形态，是人类生命活动即社会实践所特有的对象性关系，即主客体关系，价值是这种关系的基本内容和要素。主客体关系不变、价值不变、核心价值也不会轻易发生改变。社会主义核心价值，无论是在社会主义理念还是在社会主义实践中，其核心指向始终落脚在主体人的解放与自由上，这个核心价值是从来未曾改变的基本价值。再次，从核心价值的立体视角来分析，核心价值具有中心性和内核性特征。现实生活中，提到某一个价值，其价值分类和价值层级总是上下交错，互相涵盖，不是很容易区分它的平面视角和垂直视角，往往呈现出来的是综合了各种因素的立体视角，就如一头洋葱，剥开层层表皮才能看到它的内核。这个内核就是核心价值，具有中心性但并不具备高位性。此外，核心价值具有相对性。在某一价值领域中是核心价值，在另一价值领域未必就是核心价值。如社会主义社会的核心价值与资本主义社会的核心价值当然是截然不同的。核心价值还具有内生性。内生性既指核心价值产生了其他价值，即其他价值内生于核心价值，又指核心价值自身具备内生性。价值产生于人按照自己的尺度去认识世界改造世界的实践活动。价值内生于人的主体尺度，当客体尺度与主体尺度统一时，即客体尺度能够符合和满足主体尺度时，人的实践活动才产生价值，反之则没有价值。核心价值的内生性，源于价值的内生性，根本指向是人的主体性的弘扬。

## 二　价值观与核心价值观

系统的价值哲学从 19 世纪下半叶开始才逐步形成，但是关于价值观的思想观念却历史悠久，特别是古希腊哲学对于价值观的思考，决定了西方哲学史中近两千年价值观发展的基本走向。古希腊哲学家苏格拉底在研究人自身本质的过程中提出了以"善"为核心的价值观体系，并提出了"美德即知识"的命题，将价值领域中的"善"和事实领域中的"真"统一起来。柏拉图发展了苏格拉底的价值观体系，认为以理性为基础的"善"是最为崇高的人生价值观，并且认为国家最根本的价值原则是"正义"。柏拉图曾说："我们在建立国家的时候，曾经规定下一条普遍的原则，我想这条原则或者这一类的原则，就是正义。"① 亚里士多德在继承柏拉图理性原则的基础上提出了中道原则，认为"适度"和"中道"是判断某一行为道德价值的最根本的准则。此后在西方，特别是在晚期的希腊和罗马，快乐主义价值观、怀疑主义价值观、神秘主义价值观相继出现，"理性主义的价值观逐渐丧失了其统治地位，信仰主义的价值观逐渐成为人们的主导价值观"②。特别是基督教神学价值观逐渐成为中世纪的主流意识形态，一直延续到 14—16 世纪欧洲文艺复兴时期。在文艺复兴运动中，人文主义思想家们针对中世纪基督教神学价值观提出了以"人"的价值为中心的人道主义价值观。西方近代出现的功利主义价值观、道义论、利己主义价值观、利他主义价值观等都具有文艺复兴时期人道主义价值观的性质。19 世纪 30 年代以来，西方思想界又出现了以新托马斯主义和人格主义为代表的信仰主义价值观。

中国古代没有"价值观"一词，商朝"尊神""尚鬼"；西周"敬德""保民""尊礼"；先秦百家中，孔子"贵仁"，孟子"仁义并举"，墨子"贵义、尚利、义利统一"，老庄为代表的道家学派"崇道贵无"，奉行的是自然主义的价值观，商鞅和韩非等为代表的法家学派"尚力崇法"，奉行的是功利主义价值观。秦汉以后，随着封建制度的建立，作为其意识形态的重要组成部分的价值观也逐渐得到发展、深化和完善，

---

① 北京大学哲学系外国哲学史教研室编译：《古希腊罗马哲学》，商务印书馆 1961 年版，第 229 页。

② 罗国杰：《马克思主义价值观研究》，人民出版社 2013 年版，第 57 页。

其中儒学价值观逐步被确立为中国封建社会的正统价值观，其突出的特征主要是："以'三纲五常'为核心的宗法等级制的价值观体系确立并不断强化；'重义轻利'这一儒家基本的价值观念被日益绝对化；天道观与人性论成为封建社会价值观重要的理论依据；在国家生活之中，给予价值观的教化和与此相应的人格修养以极大的关注。"①

应当说，西方及中国古代的不同价值观，是人类在社会历史发展的长河中，通过反复实践满足自身需要的活动中，对各种事物的好恶、美丑、是非、好坏、善恶、利弊的基本判断、选择与追求。这种基本的判断、选择与追求，究其实质就是对于某种价值的判断、选择与追求。价值判断、价值选择与价值追求在人的思想意识中逐渐沉淀下来，其中最稳定和最根本的内容，就形成了某类价值观。

## （一）价值观

### 1. 价值观的理解与表述

学界对于价值观有多种理解和表述。总的来说，可以分为两大类。

（1）"学说形态"的价值观。第一大类，是在价值学或价值论范畴中讨论价值观。我们可以将其称为"学说形态"的价值观。这类观点认为价值观就是关于价值本身的根本看法，包括价值的内涵与特性、价值的创造与实现、价值的本质与功能、价值的标准与评价等就价值本身而讨论的根本问题。

---

① 罗国杰：《马克思主义价值观研究》，人民出版社 2013 年版，第 51—54 页。

如认为价值观，就"如同物质观、时空观、真理观、历史观等"，是一门理论分支，是关于某个对象领域的学说系统。[①] 或者认为价值观是关于什么是价值，价值的本质、功能等一系列问题的基本看法。[②] 还有学者认为价值观可以分为"哲学的价值观与世俗的价值观"，前者是一种系统化、理论化的关于价值的观点、学说或者称为理论体系，后者是"人们在世俗生活中自发形成的关于价值的根本观点"[③]。

（2）"观念形态"的价值观。第二大类，是在与实体存在相对应的意识形态范畴中探讨价值观。我们可以将其称为"观念形态"的价值观。很多学者将其明确地称为"价值观念"。这类观点认为价值观是主体以自身需求或利益为评价尺度，对客体某类事物或现象的意义、价值或重要性的评价、态度及看法。这些评价、态度或看法，常常表现为目的、理想、信仰、使命等形式。如把价值观看作"主体对客体有无价值和价值大小的立场与态度的总和，是对价值及其相关内容的基本观点和看法"[④]。这一类价值观就是我们通常所讨论的社会主义核心价值观、人民警察核心价值观中的价值观。我们所有对这一问题的探讨实则是对于"价值观念"的探讨。价值观念是人类社会实践的产物，属于意识形态的范畴。

2. 价值观的基本特性

（1）价值观总是和特定主体相联系。主体的实践活动、

---

① 李德顺：《价值论——一种主体性的研究》，中国人民大学出版社 2013 年版，第 137 页。

② 袁贵仁：《价值观的理论与实践——价值观若干问题的思考》，北京师范大学出版社 2013 年版，第 131 页。

③ 张岱年：《文化与哲学》，教育科学出版社 1988 年版，第 204 页。

④ 罗国杰：《马克思主义价值观研究》，人民出版社 2013 年版，第 31 页。

社会地位、经济状况、文化传统等实体存在不同，在思想意识领域的价值观就会不同。反之，特定主体的价值观一旦形成，也会对他的行动以及其他意识，如态度情感等产生很大的影响。特定主体可以分为个体和群体。个体的价值观从属于他所属的特定群体的价值观，小群体的价值观从属于其所属的更大的群体或者社会的价值观。群体和社会的价值观引导并制约着个体价值观的形成与发展。① 在价值观多元与嬗变的当今社会，群体或社会的价值观有时很难轻易引导并制约个体价值观的形成与发展，个体价值观却常常对群体或社会价值观造成冲击与解构。如何在群体或社会价值观体系中正确地规范与引领个体价值观是需要深入研究的重大课题。

（2）价值观形成与发展的前提是人的主体意识。主体意识是"主体的定位和自我意识"②。主体意识是从事价值活动的实践主体对自我的需求、立场和利益，对自我的社会角色、地位和使命，乃至对价值活动当中形成的主客体之间的责权利的定位与思考。进一步说，主体意识包括："人的地位意识，'我是什么'；行为意识，'我在做什么'；能力意识，'我能做什么'；使命意识，'我应该做什么'。"③ 这四种意识是层层递进的，"我是什么"和"我在做什么"是基础，"我能做什么"和"我应该做什么"是延伸，是在地位意识与行为意识基础之上的价值判断，"我能做什么"相应地就有"我

① 罗国杰：《马克思主义价值观研究》，人民出版社 2013 年版，第 31—32 页。

② 李德顺：《价值论——一种主体性的研究》，中国人民大学出版社 2013 年版，第 145 页。

③ 袁贵仁：《价值观的理论与实践——价值观若干问题的思考》，北京师范大学出版社 2013 年版，第 132 页。

不能做什么"，"我应该做什么"相应地就有"我不应该做什么"，能与不能，应该与不应该，这些都是价值判断与价值选择，进一步发展就成为价值追求。

（3）价值观形成与发展的基础是人的实践活动。从价值学或价值论意义分析，价值的根本源泉是人的实践活动，价值是在人的实践活动中产生、创造与发展的，人的主体性与自觉性的实践活动创造了价值。作为探究"价值"而形成的"学说形态"的"价值观"，这种探究本身也是一种实践活动。从意识形态这一范畴来分析，作为"观念形态"的"价值观"，理所当然地受着实践活动的制约。特定主体的价值观，总是在特定历史阶段与特定社会形态的特定实践活动中形成的，对于任何一个特定主体来说，不可能脱离现实的实践活动凭想象就产生空洞的价值观。

（4）价值观是关于价值判断、价值选择与价值追求的基本观点。这是"观念形态"价值观或"价值观念"的基本内容。人在满足自身需求的各种实践活动中，以人的自身需求为评价尺度，对与其发生各种关系的种种事物，逐一评判，衡量其有无价值或价值大小，作出肯定或否定的选择，进而追求或放弃。在这一过程中逐渐沉淀下来的对某类事物的相对稳定不变的价值判断、价值选择与价值追求，就可以说是形成了某种价值观。在实践活动中，可供主体作出判断、选择与追求的"价值"是多种多样的，有不同的排列顺序，有先后、主次、重轻、好坏之分。在主体意识中，"我能做什么"与"我不能做什么"，"我应该做什么"与"我不应该做什么"，这些主体意识就是主体依据"两个尺度"的标准作出的价值判断。主体在"能够做什么"的基础上作出"应该做什么"的判断，同时会优先选择那些"先""主""重"
"好"的判断，并主动去追求这样的价值目标。价值判断，价
值选择与价值追求，往往很难有明确的界限而单独区分。

（5）价值观的核心内容是信念、信仰和理想。人的主体
意识从地位意识、行为意识、能力意识到最后的使命意识，
是层层递进的。最后的使命意识，"我应该做什么"，是建立
在前面三种意识基础上的升华与固化。在价值判断、选择与
追求中，"我应该做什么"或"我不应该做什么"是一种经
过了反复的价值判断与价值选择之后，作出的最终的价值判
断与价值选择，继续发展，融入主体的意志与情感之后，这
个价值判断与价值选择就升华为主体的价值追求，或者说，
就升华为主体的信念，信仰与理想了。信念，信仰与理想，
如同价值判断，价值选择与价值追求一般，很难有明确的区
分与界定。但是可以说，信念，信仰与理想不同于一般的价
值判断，价值选择与价值追求，而是主体最稳定的最核心的
最持久的价值判断，价值选择与价值追求。信念所起的作用
是"从价值角度对现实和观念"作出"价值判断"①。信仰是
信念最集中、最高的表现形式，是主体最集中、最高的"价
值判断"。理想是信念与信仰中最高和最核心价值目标的"具
体形象"。信念、信仰与理想是价值观的核心内容。一个主体
的核心价值观，其具体表现就是主体的信念、信仰与理想。

（6）价值观有系统性、综合性和稳定性特质。任何主体
的价值观念，个体、群体或社会，都表现为一种系统性的存

---

① 李德顺：《价值论———一种主体性的研究》，中国人民大学出版社 2013 年
版，第 139 页。

在，是一种观念体系。如个体价值观是个人主体在实践活动中根据自己的知识积累、个人体验和生活经验作出的各种价值判断、价值选择与价值追求的总和。个体价值观会随着个体的社会地位、所属群体、经济基础等实体存在的变化而变化，但是一旦确立，又具有相对的稳定性。

### （二）马克思主义价值观

1. 马克思主义价值观的两种范畴

我们可以从价值观的两种范畴出发来分析马克思主义价值观。

（1）"学说形态"范畴。第一种范畴是在价值论或价值学视野中的"学说形态"的价值观。"马克思主义价值观科学地阐明了价值与真理在实践基础上历史的具体的统一，充分反映了马克思主义价值观与真理观的一致性。"[①] 这里与马克思主义真理观相对应并且具有一致性的"价值观"显然属于"学说系统"的价值观。在这一范畴中，马克思主义价值观中的"价值"有着更加深刻的内涵。

（2）"意识形态"范畴。第二种范畴是"意识形态"领域的价值观。"马克思主义价值观是批判历史上各种价值观的结果，具有不同的理论内涵。马克思主义价值观是以无产阶级的根本利益和全人类的解放为出发点的价值观；是以追求和实现共产主义为最高价值理想的价值观；是以是否符合历史发展的客观规律，是否坚定地站在人民的立场上，推动社会进步发展和维护人民根本利益为评价标准

---

① 罗国杰：《马克思主义价值观研究》，人民出版社 2013 年版，第 96 页。

的价值观。"① 可以得出这样的结论：马克思主义价值观是一种价值观念体系。这种价值观念体系是基于无产阶级基本立场作出的价值判断、价值选择与价值追求。马克思主义价值观的价值判断标准是"是否符合历史发展的客观规律，是否坚定地站在人民的立场上，是否推动社会进步发展，是否可以维护人民根本利益"；价值选择是"无产阶级的根本利益与全人类的解放"；价值追求是实现共产主义。

2. 马克思主义价值观中的"价值"内涵

（1）价值的创造条件与实现基础。马克思主义价值观中的"价值"，创造条件与实现基础是有规律的人类实践活动，即社会革命。社会主义与共产主义是人类实践活动发展的必经阶段与必然阶段。在马克思创立的唯物史观的视野里，尽管自然地理条件是社会的必要条件和自然前提，但生产方式和劳动才是社会存在和发展的基础，是决定性的因素。马克思曾说过，我们"周围的感性世界绝不是某种开天辟地以来就直接存在的、始终如一的东西，而是工业和社会状况的产物，是历史的产物，是世世代代活动的结果"②。马克思曾批判拉萨尔派只是抽象地谈论劳动，刻意回避使劳动具有意义的条件。这个条件是劳动赖以进行的各种物质条件，特别是社会关系条件。社会主义革命恰恰是以改造现实的劳动条件为任务，即社会主义核心价值创造与实现的基础是人类的"革命的"实践活动。对于一个社会核心价值的设想也必须立

---

① 罗国杰：《马克思主义价值观研究》，人民出版社 2013 年版，第 158，162，183，203 页。

② 《马克思恩格斯选集》第 1 卷，人民出版社 1995 年版，第 76 页。

足客观的社会历史，立足于社会实践。譬如社会正义，如果离开阶级斗争，所谓的正义只能是空话。在这一点上，马克思、恩格斯很清晰地划清了马克思主义正义观与空想社会主义正义观的界限。1879 年，在马克思和恩格斯共同写的《给奥·倍倍尔、威·李卜克内西、威·白拉克等人的通告信》中，就尖锐地指出："在阶级斗争被当作一种令人不快的'粗野的'现象放到一边去的地方，留下来充当社会主义的基础的就只有'真正的博爱'和关于'正义'的空话了。"① 可见，社会的公平正义只能立足于阶级实践与经济现实。其他的社会价值，诸如自由、和谐等，也同样产生于有规律的实践活动。

（2）价值判断、选择与追求的尺度。马克思主义价值观中的"价值"具体表现为价值判断、价值选择与价值追求。价值判断、价值选择与价值追求是价值主体思维层面的主观活动，其依据也有两个尺度，即"主体的需要"与"主体的能力"。价值观形成的依据，其实质与价值产生的依据——"两个尺度"，包括"主体的尺度"与"客体的尺度"并没有本质区别。由于价值观是主观层面的思维活动，其形成依据更加强调主体的需要与能力。如果说客观存在的价值第一个尺度是人自身的需要。对于某一类核心价值的追求本身是人的价值活动，必然要遵循自己的主体尺度，即满足人自身的需要和目的。这是人类社会活动的价值原则。马克思曾对此有过十分明确的阐述，他说："已经得到满足的第一个需要本身、满足需要的活动和已经获得的为满足需要而用的工具又

---

① 《马克思恩格斯全集》第 25 卷，人民出版社 2001 年版，第 361 页。

引起新的需要，而这种新的需要的产生是第一个历史活动。"①
马克思还说过，人在劳动中"实现自己的目的，这个目的是
他所知道的，是作为规律决定着他的活动的方式和方法的，
他必须使他的意志服从这个目的"②。社会主义的种种价值，
如公平、正义、和谐、自由等，无一不是对于人自身目的的
满足，也正因为如此，人们才会选择真正具有公平正义、和
谐自由核心价值的社会主义社会或共产主义社会，而不是其
他的某种社会，这是社会主义核心价值中的主客体一致，价
值选择与价值追求都以人的根本需求为唯一标准。马克思主
义价值观中的"价值"，其评判、选择与追求的第二个尺度是
人自身的能力。人们在生存发展过程中的种种实践活动，起
初是受到自然界的与历史的强加给他们的异己力量所支配与
控制的，那时人们的实践活动仅仅是自发的无自我意识的，
可以说是类似于动物的本能活动而已。这种动物的本能活动
完全不同于具有实际意义的可以创造价值的价值活动。所以，
直到人们真正掌握了客观世界的内在规律，把握了劳动对象
的真实属性，才可以真正支配、控制自己周围的生活条件，
可以熟练地运用、支配社会规律与自然规律，才"第一次成
为自然界的自觉的和真正的主人"③。直到这时，人类的劳动
才是真正意义上有价值的劳动，才能做出真正意义上的价值
判断，价值选择与价值追求。

（3）终极价值追求。马克思主义价值观中的"价值"，终

① 《马克思恩格斯选集》第 1 卷，人民出版社 1995 年版，第 79 页。
② 《马克思恩格斯全集》第 23 卷，人民出版社 1972 年版，第 202 页。
③ 《马克思恩格斯选集》第 3 卷，人民出版社 1995 年版，第 757—758 页。

极价值追求是人的彻底解放与自由全面的发展。马克思认为，只有在共产主义社会中，人的不同需求和个性，才会无条件地得到满足和发展。只有在共产主义社会中，"人的自由的自觉活动"是人的本质；只有在共产主义社会中，"个人的独创的和自由的发展不再是一句空话"；只有在共产主义社会中，"任何人的职责、使命、任务就是全面地发展自己的一切能力，其中也包括思维的能力"；只有在共产主义社会中，"任何人都没有特定的活动范围，每个人都可以在任何部门内发展，社会调节着整个生产，因而使我有可能随我自己的心愿今天干这事，明天干那事"①。社会主义核心价值的终极旨趣也是保证社会中每个人的自由个性和全面发展真正得以实现，这与马克思和恩格斯所设想的共产主义社会的价值追求是同样的。

### （三）核心价值观

核心价值观是居于价值观体系中最核心、最高层次、最深刻体现主体价值取向、最具有代表性的价值观。核心价值观在价值观体系中统率、支配、影响着其他处于从属或边缘、浅层或低层的价值观。

1. 核心价值观是一种价值观念

我们所讨论的核心价值观是价值观的第二种范畴，"观念形态"的价值观，即价值观念。核心价值观与价值学或价值论意义上的"价值观"无关。核心价值观是价值主体对其在

---

① 《马克思恩格斯全集》第 3 卷，人民出版社 1960 年版，第 516，330，37 页。

实践活动中形成的基本价值关系中的核心价值的深层的自我意识。这种自我意识是关于核心价值的判断、选择与追求的自觉且相对稳定的价值观念。进一步说，核心价值观是以基本价值关系与核心价值现象为对象的思想内容，它与客观存在的所有价值关系之间有着实质性的区别，是纯粹的相对独立的第二性现象，即精神或观念现象。

**2. 核心价值观由实践活动中形成的本位价值决定**

主体的实践活动各有差异，不同主体有着不同的实践活动，不同的实践活动创造出不同的价值关系，不同的价值关系蕴含着不同的本位价值。反之，也可以做这样的推论，正是由于本位价值的不同才导致各有差异的实践活动。在主体的价值观念体系中，本位价值就是核心价值和首位价值，决定把握着整个价值观念体系的性质与走向，当其他价值与本位价值有冲突时，也要服从并最终归顺于它。

**3. 核心价值观的主体是群体和社会**

价值观念创造与产生的根本源泉是人的实践活动，这里的"人"不是现实生活中的"某个人"或"一个人"，而是贯穿某个完整的人类社会历史发展时期的"群体"。"实践活动"也不是一个人的实践活动，而是社会历史实践。"某个人"或"一个人"当然也有他的价值观念，进而也会有他的核心价值观念，但是他的任何一个价值观念都不是他自己原生的，或说是独创的。可以想象得到，一个人并不能自己创造出自己的价值观念，而只是从现存于一定历史阶段、一定社会状态里的原则、规范和价值观念中选择出适合于他的社会存在或实践需求的他认为是正确的原则、规范和价值观念。可以说，我们所探讨的种种核心价值观，其主体是群体和社会。一个人的价值观念产生于他自身的社会实践过程，这一过程是一个现实动态具体的价值判断、选择与追求的过程，是在各种社会关系和社会活动中展开的，受到社会的政治、经济和文化等多种因素的影响。

**4. 核心价值观产生于社会历史实践**

人类的社会历史作为一种整体性存在，"不是由个人构成，而是表示这些个人彼此发生的那些联系和关系的总和"①。人类历史在价值意义上，也是"不断进行价值追求的历史"②。不同的社会，以及同一社会在不同的历史发展阶段，都有着不同的价值追求。人类社会历史的价值追求受到一定的社会生产力的制约。社会生产力的发展水平及发展程度，决定了一定时期人们共同认可和遵循的价值理想与价值目标，决定了社会历史价值追求的不同状态及特征。核心价值观的正确性要靠一个历史时期内全部的社会实践来证明。

**5. 核心价值观的通常表现是一些外在的规范体系**

核心价值观，往往渗透在群体或社会所制定和颁布的各种具有外在约束力的规范体系之中，如各种道德规范、宗教教条、政治规范、经济规范等。这些规范体系不仅是群体和社会价值观的外在体现，而且起着引导、约束与规范个体价值观的作用。

**6. 核心价值观是具有最大"公约数"的价值观念**

群体与社会的核心价值观是涵盖最广、具有最大共识、

① 《马克思恩格斯全集》第30卷，人民出版社1995年版，第221页。

② 方旭光：《认同的价值与价值的认同——社会主义核心价值观论》，中国社会科学出版社2014年版，第21页。

基础最为广泛，得到最普遍认同的价值观念。如社会主义核心价值观，涵盖了国家、社会、公民个人三个层面的核心价值，是有最大"公约数"的社会价值观念。某一时期的社会生产力发展水平决定了同时期的人们对某些观念、理论的信仰，或对某种文化、价值、传统、习俗、生活方式的认同。因此，同时期的人们所共同选择、共同认可、共同遵守与共同维护的这些观念、理论、文化等就是这一时期人们共同的社会核心价值观念。进一步发展，这些共同的社会核心价值观念就成为维系和联结社会成员的精神纽带，成为凝聚和规范人们思想行为的主导意识形态。

## 三 警察价值与警察价值观

### （一）警察价值

我国警学届对警察价值问题的探讨始于 20 世纪 90 年代，代表性的观点认为警察价值是一种特殊的价值形态。它是警察组织或警察队伍通过警察工作实践满足"一定社会秩序正常运转和社会公众生命财产安全"而产生的一种主客体关系。[①] 这一观点认为，警察价值主体是享受警察价值的社会主体，包括"统治阶级及其政治集团、个人、各种社会组织"[②]。警察价值客体是"具有满足社会警察价值需求功能属性的警察实践"[③]。

---

① 张兆端：《警察价值论》，《政法学刊》1994 年第 1 期。
② 张兆端：《警察价值新探》，《江西公安专科学校学报》2009 年第 5 期。
③ 同上。

马克思主义价值哲学中的"价值"至少应当包括四个要素，价值主体、价值客体、创造价值的实践活动、主客体间的价值关系。我们在探讨价值问题时，这四种要素是缺一不可的。实践是创造价值的唯一源泉。警察价值，不是警察自身的价值，也不是"警察在发挥其社会作用的过程中能够保护和增加的价值"①，有学者称其为警察的"目的价值"，而是在警务实践活动中创造出来的特殊价值。警察价值就是警务实践活动的价值，是警察在行使其特殊社会职能过程中所创造的价值。值得思考的问题是，警察在警务实践活动中是否可以单独创造出价值来？警务实践活动的主体是警察吗？警察在警务实践活动中扮演的角色是什么？警察价值完全是由警察创造出来的吗？将警务实践活动放大到整个社会领域，警务实践活动或者从事警务实践活动的警察及其机关，起初是国家与社会维护其统治与秩序的特殊工具。人类社会发展到公民社会，开始强调社会公民的主体性，警务实践活动对于社会公民也有着特殊的意义。所以警务实践活动的真正主体是国家、社会与公民。警察价值是特殊的价值，警察价值主体是国家、社会与公民；警察价值客体是警务实践活动的作用对象；警察价值关系是主体通过警务实践活动使得客体符合主体需要而形成的主客体之间的价值关系。

1. 警察价值的特殊属性

警务实践活动创造警察价值，警察价值就是警务实践活动的价值。

（1）警务实践活动的特殊性。警务实践活动是一个历史

---

① 张兆端：《警察价值新探》，《江西公安专科学校学报》2009 年第 5 期。

范畴，是阶级社会特有的历史现象。人类社会警务活动的出现，是人类历史发展的必然产物，有着特殊的经济条件、阶级条件、社会条件和政治条件。私有制和商品交换的出现是警务活动产生的经济条件；阶级矛盾的不可调和性是警务活动产生的阶级条件；维护统治秩序与惩罚犯罪的客观需要是警务活动产生的社会条件；国家机器的形成是警务活动产生的政治条件。"警务活动的产生，是与一定的生产力水平、政治经济关系、社会关系、犯罪现象的存在，以及社会需要国家这种政治形式相联系的，它是多元因素作用的结果。"[①] 警务活动不同于其他行政活动，有着鲜明的特殊性。第一，国家性。警务活动必须与国家意志、与国体、政体一致。警务活动的国家性决定了警务活动的第一个职能——政治统治与社会管理。警务活动的政治统治职能，是指通过暴力、法律等强制手段控制镇压被统治阶级的反抗。警务活动的社会管理职能在处理好各种社会公共事物的同时可以缓和阶级矛盾，更好地完成政治统治职能。警务活动的社会管理职能与政治统治职能相互依存，密不可分。第二，政治性。国家是"一个阶级镇压另一个阶级的机器"，警察就是"阶级专政的重要工具"。警务活动的政治性决定了警务活动的第二个职能——专政和民主。警务活动的专政职能是对危害国家安全的敌对势力、敌对分子和严重危害社会治安秩序的犯罪分子进行镇压、制裁、控制和改造，以巩固人民民主专政，保障人民权利的职能。警务活动的民主职能，是指服从人民意志，全心全意为人民服务，做人民的公仆和卫士，调动人民的治安积

---

① 程琳：《公安学通论》，中国人民公安大学出版社 2014 年版，第 62 页。

极性，处理好有关社会治安方面的人民内部矛盾。第三，社会性。警务活动是社会系统内部的一种活动，其根本目的是维持社会公共安全秩序、维护社会生活安定、保障社会活动正常进行。① 警务活动的社会性决定了警务活动的第三种职能——社会管理与社会治理。基于社会安全的目的，社会管理是警务活动最原始的作用与意义，并把社会管理看作良好社会秩序建立和维护的重要手段。社会治理不仅要通过法律法规、监控惩罚、道德规范等一整套规则和警察、法院等一系列暴力工具来调控社会秩序，而且更多地强调通过"社会组织、各种单位和人民群众参与等非正式制度安排，如纪律、行规、检查、规训和服务等，基于政府与社会组织、单位之间、人民群众间持续不间断的互动，对社会进行规范化管理和秩序维护。②"警务实践活动的特殊性决定了警察价值的特殊属性。

（2）警察价值的特殊属性。第一，警察价值主体特殊。警察价值主体是国家、社会与公民。警察价值通过警务实践活动创造与产生出来，警察是警务实践活动的主要行使者，但警察却不是警务实践活动的真正主体。国家、社会与公民，通过"警察"这一工具或手段，创立、运用、实施、开展种种警务实践活动，作用于一定对象，满足自身的稳定、统一、和平、安全等种种价值需求。警察个体作为公民时，此时的"警察"才是警察价值的价值主体。第二，警察价值客体特

---

① 公安学基础教程编写组：《公安学基础教程》，中国人民公安大学出版社2012年版，第67页。

② 程琳：《公安学通论》，中国人民公安大学出版社2014年版，第47页。

殊。警察价值客体是警务实践活动的作用对象。警务实践活动的作用对象范围广泛，包括国家、社会与公民。国家、社会与公民主导着警务实践活动，同时也是警务实践活动的作用对象，是警察价值的客体。第三，警察价值关系特殊。警察价值主体与价值客体之间形成需要与被需要，作用与被作用的价值关系。警察价值关系是主客体在警务实践活动中形成的特殊价值关系，也可以称为警务价值关系。警察价值关系中最核心或最重要的是权利义务关系。对国家来说，国家需要警察维护统治秩序，赋予了警察种种具有强制性与暴力性的权力，警察通过警务实践活动行使这些权力，满足了国家需求，警察价值从中产生。对于社会与公民来说，社会需要警察建立与维护良好的社会秩序，公民需要警察保障人身安全与财产安全，就会赋予或让渡警察种种权力，同样地，警察通过警务实践活动行使这些权力，满足社会与公民的需求，警察价值从中产生。警察行使权力的警务实践活动，由于权力是被赋予或让渡而来的，这样的实践活动完全不同于弘扬人的主体价值的原生性自觉性的实践活动，其实质是一种派生性义务性的实践活动。上述内容基于价值主体的需求尺度。我们可以进一步从价值主体的能力尺度做一分析。警察通过警务实践活动所行使的警察权力一定不应当逾越于国家权力与公民权利，应当受到国家权力与公民权利的限制与制约。如果警察权力凌驾于国家权力或公民权利之上，会完全背离警察权力的实际来源，背离警务实践活动的核心价值，背离警察价值主体的需求尺度与能力尺度。这样的警务实践活动是完全没有意义的，不会产生任何价值。第四，警察价值的内容特殊。警察价值是警务实践活动对于国家、社会、公民个人的重要意义。警察价值的主要内容就由这三个价值主体的内在需求来决定。相应地，可以依据国家、社会、公民将警察价值分为三种内容。国家层面的警察价值可以包括：安全、稳定、民主等；社会层面的警察价值可以包括：秩序、和谐、文明等；公民层面的警察价值可以包括：公正、平等、法治等。

2. 警察价值中的本位价值

马克思主义的警察起源观认为，警察是人类历史发展到一定阶段的产物，是随着国家的产生而产生的。恩格斯在《家庭、私有制和国家的起源》中列举出雅典的事例。雅典在当时只有一支国民军和一支舰队，用来抵御外敌和镇压当时已经占人口绝大多数的奴隶。雅典这种抵御外敌和镇压奴隶的行为是一种"和人民大众分离的公共权力"。恩格斯认为"这种公共权力起初只不过作为警察而存在，警察和国家一样古老……雅典人在创立他们国家的同时，也创立了警察"。恩格斯进一步强调："国家是不能没有警察的。"① 警察同国家一同诞生。没有警察的国家与没有国家的警察同样不可思议。尽管警察的权力来源于公共权力，但这种公共权力最初是被统治阶级所掌控的。警察最初不是为了公众服务的，而是担当着统治阶级的暴力工具。随着历史的发展，国家的职能慢慢发生变化，开始关注公众利益。警察的职能也随之发生了变化，从统治发展到统治与管理相结合；从专政发展到专政与民主相结合；从单纯的管理发展到管理与治理，管理与服务相结合。因此，警察或警务活动从其诞生之日起，就体现

---

① 《马克思恩格斯选集》第 4 卷，人民出版社 1995 年版，第 116—117 页。

了其存在的必要性与价值，体现了其对于国家、社会及公民
个人的重要意义。其中，安全、秩序、正义是警察价值中最
为重要的价值，是警察价值的本位价值，它们决定着警察价
值体系的特殊性质。

（1）安全。警务活动的安全价值体现在三个方面：国家
安全、社会公共安全、公民人身与财产安全。在我国，国家
安全有广义和狭义之分。广义的国家安全是指"国家的基本
利益，是国家没有来自外部威胁、侵害和内部政治、经济、
文化等稳定的客观状态"①。具体包括国民安全、领土安全、
主权安全、政治安全、军事安全、经济安全、文化安全、科
技安全、生态安全、信息安全等内容。狭义的国家安全是指
《国家安全法》和《刑法》所保护的国家基本利益或法益，
具体指中华人民共和国的主权、领土完整与安全，人民民主
专政政权和社会主义制度存在和安全。这里的国家安全主要
指的是国家领土安全、主权安全、政治安全和文化安全。社
会公共安全，从公安学意义上来讲，主要是指社会冲突行为
引发的社会失衡和混乱，这是由于一定的社会问题和社会矛
盾所激发的社会中相互对立的不同主体之间的对抗。例如：
刑事犯罪行为、暴力恐怖活动、宗教民族冲突、群体性突发
事件等。② 公民人身与财产安全，古典政治学派代表人霍布斯
认为，人类的本性是自私的，人自身的利益得不到保障，就
通过契约把一部分权力托付给国家机构，来阻止人对人的战

---

① 程琳：《公安学通论》，中国人民公安大学出版社2014年版，第6页。
② 张兆端：《社会公共安全教育研究》，《贵州公安干部学院学报》1999年
第3期。

争状态。国家的这种功能通过警察等国家机器来实现。警察存在的目的或警务活动的首要价值首先是保护人类的生命不受到伤害。其次，警务活动还要保护人类财产不受侵犯：保障公民获取财产的机会平等；保护公民占有的财产不受侵犯；保障公民交换财产的安全与正当。

（2）秩序。警务活动的秩序价值体现在两个方面：阶级统治秩序与社会生活秩序。毛泽东指出："军队、警察、法庭等项国家机器，是阶级压迫的工具。对于敌对的阶级，它是压迫的工具，它是暴力，并不是什么'仁慈'的东西。"① 作为国家机器重要组成部分的警察是国家的武装力量、执法力量、保护力量，以及为社会提供紧急救援和安全服务的行政力量。这些力量最重要的价值之一是缓和、限制和控制阶级冲突、社会冲突与公民冲突。阶级冲突是阶级社会中最根本的冲突。对于阶级冲突的控制权掌握在国家中在经济与政治上占统治地位的统治阶级手中。统治阶级通过警察的警务实践活动把对另一个阶级的统治甚至是压迫合法化、制度化，把阶级与阶级之间的冲突控制在统治阶级所允许的"秩序"范围之内。与社会冲突相对应的是社会秩序。所谓社会秩序或有序的社会有三方面的表现，一是社会处于稳定的状态，社会按照一定的社会规范有序地运行，没有全局性的冲突和动荡；二是社会规范能够得到广泛地遵守与执行，使一定的社会关系成为一种社会秩序；三是社会冲突和失范控制在一定范围之内，没有影响社会的正常运行。在阶级社会，正常良好的社会秩序主要是凭借国家权力，通过警务实践活动等

---

① 《毛泽东选集》第4卷，人民出版社1991年版，第1413页。

强制手段得以维护。

（3）正义。警务活动的正义价值体现在两个方面：实质正义与程序正义。正义是人类追求的一种永恒价值。古希腊哲学家德谟克利特认为，正义就是得当所得，一切利益与财富的获取必须符合正义的理念。现代政治哲学家罗尔斯指出："正义是社会制度的首要价值，正像真理是思想体系的首要价值一样。"① 实质正义是追求结果与意义公平平等的正义，即社会资源分配和社会义务负担的正义问题。程序正义是指达到正义结果的程序也必须是合理合法的，即社会争端与冲突解决的手段和方法的正义问题。在人类社会初期更多地追求结果的平等与正义，常常忽略达到结果与目的的手段的公正性。马克思是这样评价实质正义与程序正义的。他说："审判程序和法二者之间的联系如此密切，就像植物的外形和植物的联系，动物的外形和血肉的联系一样。审判程序和法律应该具有同样的精神，因为审判程序只是法律的生命形式，因而也是法律的内部生命的表现。"② 显然，马克思把实质正义与程序正义视为主与次的关系。可以说，警察制度从设立之初就体现了实质正义。警察制度的设立基础是为了维护国家、社会与民众的利益，保障公众的生命安全与财产不受侵犯。但是，警察制度的实施——警务实践活动的正义价值却更多地体现为程序正义，包括"程序的合法性；程序的合理性；

---

① ［美］约翰·罗尔斯：《正义论》，何怀宏译，中国社会科学出版社1988年版，第3页。

② 《马克思恩格斯全集》第1卷，人民出版社1995年版，第287页。

裁判者的中立原则；程序的公开性；程序的参与原则"①。警务实践活动在程序上的正义是警察制度实质正义的现实化，程序正义的根本目的依然是追求警务实践活动的实质正义。

### 3. 警察价值中的价值冲突

所谓价值冲突，是指实体价值或价值实体的冲突，并不是观念价值或价值观念的冲突。前者是根本，后者是表现。由于有价值实体的冲突，才会有价值观念的冲突。价值冲突可以分为两种情况，第一种是不同价值主体之间的冲突。警察价值主体分为国家、社会、公民三类，每类主体都会有不同的价值主体意识，会从自身利益和内在需求出发去评判与追求某种价值，从而导致价值冲突。比如，对于国家和社会来说，会更多地强调秩序，而对于公民个体来说，却会更多地看重个人自由，反之不会过多地强调秩序。这样就形成了对抗与冲突。这一类价值冲突，还可以细化为对于同一类价值大小、多少、轻重、主次的冲突之分。如不同的价值主体，有的会认为某类价值非常重要，有的却认为它们不是特别重要，冲突随之形成。第二种是同一价值主体在不同实体价值上的冲突。警察价值中的每一类价值主体都有着不同维度的需求。需求可以分为物质需求与精神需求，也可以分为生理、安全、归属、尊重与自我实现的需求。需求的多维性会导致价值评判与追求的多元化，从而导致价值冲突。警察群体或警察个体同样包括在警察价值主体中，属于警察价值主体的特殊组成部分。警察自身多维度的需求会导致警察在同样的

---

① 尹伟中：《警察伦理学导论》，中国人民公安大学出版社 2008 年版，第 94 页。

情态下作出不同的价值选择。如警察依法执法，忠诚于法律是警察应该遵循的价值观念，但是如果所依据的法律是违宪的恶法，警察是否还应当忠诚于这样的法律，如果选择忠诚，就会与警察的内在良知发生冲突。再如，警察应该勇敢无畏，在特殊情形下甚至需要牺牲生命，这就与警察个体追求的安全价值发生了冲突。在警察价值中，除了本位价值，还有很多与警察特殊职能相关的价值，这些价值有的是彼此依存，相辅相成的，有的却是彼此冲突，取向相反的。正是由于价值冲突的存在，警察个体在关于警务活动的价值判断、选择与追求上会各有不同，某些情形下会偏离其本位价值，甚至与本位价值背道而驰。警察的价值冲突与价值选择，是研究警察伦理道德问题的重要视角。警察在很多情况下陷入的道德两难，其根源同样是不同的实体价值发生了冲突与抗衡。

### （二）警察价值观

警察价值观是一种价值观念，不同于第一性的客观存在的警察价值。警察价值观是属于意识形态层面的第二性的特殊观念。警察价值观是警察对于警察价值的基本观点，它是警察在警务实践活动中对于警务价值关系判断、选择与追求的基本观点。

1. 警察价值观的基本要素

（1）警察价值观的主体。警察价值观的主体与警察价值的主体不同。警察价值的主体是警务实践活动的主体，是警务实践活动对其产生意义的国家、社会与公民。警察价值观是意识形态层面的特殊观念，是人的主观意识。警察价值观的主体，就是警察，包括警察群体与警察个体。警察价值观就是警察对于警察价值、警务实践活动、警察价值关系等，这些客观存在的"警察价值"相关内容的主观反映。警察的主体意识是警察价值观形成与发展的前提。警察的主体意识是警察对于自己的社会角色、基本职能和特殊使命的认识，是警察对于在警务活动中形成的特殊的权利义务关系的认识，是警察对于所形成的警务价值关系的认识。警察的主体意识可以分为警察群体的主体意识与警察个体的主体意识。警察群体的主体意识主导与影响着警察个体的主体意识；警察个体的主体意识反映了警察群体的主体意识。警察是警察价值观的观念主体，同时又是警务实践活动的活动主体。警务实践活动的实践主体是国家、社会与公民，但是警务实践活动的活动主体是警察。国家、社会与公民在参与警务实践活动的同时，主要是通过警察完成警务实践活动的，所以警察是警务实践活动的活动主体。但是在特殊情况下，警察又涵盖在警务实践活动的主体之中。

（2）警察价值观的形成基础。警务实践活动既创造警察价值又产生警察价值观。警察只有在警务实践活动中，才会萌发关于"警察价值"的主体意识。这样的主体意识，不仅仅指警察是警务实践活动的活动主体意识，更应当包括警察作为警察价值主体时的主体意识。在警务实践活动中，警察是活动主体，是价值创造主体，同时也是警察价值的意义主体。在警务实践活动中，警察对于自我需求、定位立场、社会角色、职业使命等问题萌发思考，形成对于警察社会作用与特殊使命的认识，形成对于警务价值关系的认识，特别是对于警务价值关系中权利义务关系的认识，从而形成完整系统稳定正确的警察价值观念。

（3）警察价值观的主要内容。警察价值观的主要内容是警察对于警务价值关系的基本看法。警察价值观的基本内容可以包括警察价值、警务实践活动、警务价值关系等，其中最核心的是警务价值关系。警务价值关系中最核心的是权利义务关系。警察价值的主体包括国家、社会、个人。警察是警察价值的特殊主体。当警察作为警察价值的主体时，同时警察又是警务实践活动的活动主体，以警察为原点，可以将警务实践活动对于价值主体的意义分为"相对于他人"的意义与"相对于自己"的意义。"相对于他人"的意义，即"于他"的意义，是警务实践活动对于国家、社会、其他公民的积极意义。"相对于自己"的意义，即"于己"的意义，是警务实践活动对于警察群体及警察个体的积极意义。警察价值观就是警察对于警务实践活动"于他"（国家、社会、其他公民）"于己"（警察）是否有意义作出的价值判断、价值选择与价值追求。警务实践活动于他的意义更多强调的是警务实践活动的特殊使命及警察的社会属性；警务实践活动于己的意义不仅强调警察的社会属性，同时也会关注警察的自然属性与警察个体的差异性。

（4）警察作出价值判断、价值选择与价值追求的依据。警察只有作为警察价值主体时，才会萌发主体意识，才会形成警察价值观。当警察作为价值主体时，就不仅是警务实践活动的活动主体，不仅是国家、社会与其他公民通过警务实践活动实现自身意义的一种"工具"。当警察作为价值主体时，首先考虑的应当是"我是谁"，"我在做什么"，应当是他们作为"自然人"的"自然属性"与"自然需求"。其次考虑的才会是"我能做什么"与"我应该做什么"，才会考虑警察的"工具属性"与"社会意义",才会考虑他人,即国家、社会与其他公民的"内在需要"。在某种程度上,当警察形成警察价值观时,他们的"工具属性"对于他们来说,其实并不重要了。警察作出价值判断、价值选择与价值追求的依据至少包括两种。第一个依据是警察自身的本质属性与内在需求;第二个依据是国家、社会与其他公民基于安全、秩序、正义等本位价值的特殊需求。第一个依据往往优先于第二个依据。第一个依据是警察的本能需要;第二个依据是警察的职业要求。同时,不能否认的是,很多警察会把警察的职业要求升华为自己的内在需要,这是更高层次的"使命意识",满足的是警察内在的精神需求。

2. 警察价值观的冲突与两难

在警察价值关系中,由于警察扮演角色的特殊性与警察作出价值判断、价值选择与价值追求的不同依据,导致了警察价值观的冲突与两难。

(1)角色的冲突。警察是警察价值的特殊主体,同时是警务实践活动的活动主体。警察作为警察价值的特殊主体时,警察是警务实践活动的"意义主体";警察作为警务实践活动的活动主体时,警察是警务实践活动的"工具主体"。警察作为警察价值的特殊主体,强调的是警察不同于其他主体,诸如国家、社会与其他公民的特殊性,强调的是特殊状态,而非特殊时效。警察并不是只有在特殊情况下才能够成为警察价值主体。警察作为警察价值主体就是包含在国家、社会与公民之中的。在警务价值关系当中,警察所扮演的"意义主体"与"工具主体"会时时发生冲突。警察的价值观,只有当警察作为"意义主体"时才会形成,警务实践活动对于警察的意义，不仅包括安全、秩序、正义等基本价值，还包括生存、归属、尊严、荣誉、自我实现等，这些只有是鲜活的生命体才能够真正感受到的价值与意义。毫无疑问，当警察作为"意义主体"时，或者警察如果更加强调自身的"意义主体"时，可能就会与他们的"工具主体"发生冲突。警察作为"工具主体"时，将其作为"工具"的"主体"会对警察及其行为作出种种要求与规定，作为"工具"的警察必须服从于这些规定与要求。如果这些规定与要求与警察的内在需求相一致，警察可以接受甚至升华为自身内在的使命与荣誉时，冲突不会产生，如果这些外在的规定与要求与警察的内在需求完全相反，警察从内心抵触甚至排斥，冲突自然产生。警察价值观的冲突就产生于这样的冲突之中。

（2）选择的困境。警察作出价值判断、价值选择与价值追求时，有两个依据，本能需要与职业要求。当警察形成价值观时，就一定是有主体意识的，就不仅只是简单的"工具"，而是活生生的有血肉有情感的生命体。当警察形成价值观时，他就一定是"意义主体"。探讨警察价值观的冲突与困境时，必须要考虑警察作为人的本质与属性。马克思关于人的本质的理论，人的需要分为生存、发展与自我实现三个层次。按照美国人本主义心理学家马斯洛的理论，人类的需要有五个层次，分别是生理需要、安全需要、归属与爱的需要、自尊的需要与自我实现的需要。[①] 这两种需求层次的划分都揭示了人的本质属性是自然属性与社会属性的统一；人的价值

---

① ［美］马斯洛：《动机与人格》，许金声、程朝翔译，华夏出版社 1987 年版，第49—51 页。

是自我价值与社会价值的统一。警察是国家机器，但其作为
"人"的人性本质意义上的价值需求不能被轻易忽视。警察作
为"工具"意义的实现与警察作为"主体"需求的满足，既
相互依存，互为条件；又彼此冲突，难以取舍。警察"主体"
意义满足的基础是警察"工具"意义的实现；警察"工具"
意义实现的前提是警察的"主体"意义得到满足。诚如人的
自我价值和社会价值，既相互区别，又密切联系、相互依存，
共同构成人生价值的矛盾统一体。警察的本能需要，包括自
然需求与社会需求首先要得到满足，才可能履行警察的社会
职能，实现警察的职业要求。警察的本能需求，特别是高层
次需求的满足，如精神层面的价值追求与警察个体的自我实
现等，离不开警察的社会职能与职业要求。此时，警察作为
"意义主体"的理想与信念，荣誉与使命是与警察作为"工具
主体"的特殊要求相吻合的。同时，警察的本能需要与职业
要求在许多情形下又是相互冲突的。警察作为"工具主体"
的职业要求，具有阶级性、国家性、权力性与法律性等特殊
属性，这样的特殊属性对于警察会有严格的职业道德要求，
如勇敢无私，勇敢无私就意味着警察在危急关头要作出牺牲，
有时候甚至要牺牲自己的生命，这与警察作为"意义主体"
的安全需求是完全背离的。如忠诚，忠诚要求警察无条件地
忠诚于政党、国家与法律，无条件地服从命令，但是这些无
条件的"忠诚"在某些特殊情形下也可能会与警察的内心良
知发生冲突，即当警察明明知道所执行的命令是不正确的却
依然不得不去执行的时候，这样的冲突是警察作为"工具主
体"与作为"意义主体"的冲突，是警察的职业要求与本能
需要的冲突，其实质是种种外在价值的冲突，忠诚的职业要

求其外在的价值可能体现为某种秩序，警察的内心良知其外在的价值可能体现为个人的权利与自由。再比如为民，为民要求警察全心全意为人民服务，但是现实生活中，"110"电话包罗万象，损耗警力；个别警察在执法中"骂不还口，打不还手"、下跪执法等畸形执法，这是警察执法为民价值的畸变，是警察"工具"意义的畸变，警察的"主体"意义更是无从体现。警察的本能需要与职业要求发生冲突时，警察作出价值判断、价值选择与价值追求的依据就发生了冲突，警察陷入价值选择困境之中。警察的本能需要与职业要求的冲突，就是警察"意义主体"与"工具主体"的冲突，其实质是种种不同价值的冲突，体现在警察主观层面就是警察价值观的冲突与两难。

### （三）人民警察核心价值观

1. 人民警察核心价值观基本概念

在警察价值观体系中居于统率、核心与主导地位的是警察核心价值观。人民警察是我国警察的独特称谓，彰显了其阶级性和人民性。人民警察核心价值观的基本内容是"忠诚、为民、公正、廉洁"①。人民警察核心价值观是特殊的警察价值观念，不同于警察职业道德规范。警察职业道德规范只是警察核心价值观念的一部分。我们不能够把人民警察核心价值观片面地等同于警察职业道德规范，究其

---

① 2009 年 3 月，公安部党委在全国公安民警中开展了"人民警察核心价值观"大讨论活动，历时两年半，2011 年 10 月，时任公安部长孟建柱同志召开公安部党委扩大会议，明确了人民警察核心价值观为"忠诚、为民、公正、廉洁"。

实质，原因在于警察职业道德规范只局限于对警察行为规范与约束的规章制度，人民警察核心价值观则是在更加宽广的范围中深入分析这些规范赖以确立的思想基础和现实基础，即论证、证明这些规范的合理性的根据。这些基础和根据，就是一定时代（古代、近代、现代、当代）、一定时期（战争时期或和平时期）、一定社会制度（社会主义社会制度或资本主义社会制度）中警察职能与社会关系发展的实际状态以及警察群体在这种条件下形成的一种价值意识。这种价值意识是警察群体在理智与观念层面的价值判断、价值选择与价值追求，是一种非常理性化的系统性的价值评判体系。它包括对警察的本质和警务实践活动应有价值的探讨，警务活动中形成的权利义务关系应有价值的探讨，警民关系应有价值的探讨，警察群体在社会关系中应有价值的探讨等相关问题。

2. 人民警察核心价值观的核心属性

人民警察核心价值观之所以被称为"核心"价值观，是因为其所探讨的问题是关于警务价值关系的核心问题，彰显的价值是警察本位价值，它以人民为核心价值主体，最终的表现是警察最高的价值追求——警察的理想与信念。

（1）价值关系核心——利他价值关系与权利义务关系。首先，人民警察作为"价值主体"时，警务价值关系是"于他"（国家、社会、其他公民）与"于己"（警察）的双重价值关系。人民警察核心价值观中的警务价值关系更多地强调"于他"的价值关系，强调警务实践活动的特殊职能与警察的特殊使命，这样的"于他"更是一种"利他"，是警务实践活动对于国家、社会与公民的积极意义。人民警察核心价值观的主要内容"忠诚、为民、公正、廉洁"所体现的基本价值无一不彰显人民警察的道德义务与职业义务，无一不彰显警务实践活动的利他价值，这是一种克己利他，完全单向度的价值取向。其次，警务价值关系的核心内容就是权利义务关系。"忠诚、为民、公正、廉洁"，这样的利他价值取向强调的是人民警察的义务，是人民警察对于党、国家、人民、法律，对于警察职业应尽的义务与责任。人民警察应尽义务的前提条件是由于人民警察享有党、国家、人民与法律赋予的种种权力，警察的权力来源于国家，来源于人民的权利让渡。人民警察在警务实践活动中形成的权利义务关系是警务价值关系的主要内容，是其他警务价值关系的核心与根本，换句话说，其他警务价值关系都围绕着这样的权利义务关系而展开。

（2）价值核心——警察本位价值。"忠诚、为民、公正、廉洁"是人民警察核心价值观，它们所体现的价值是警务实践活动所彰显出来的重要"价值"，也是人民警察作出价值判断、价值选择与价值追求中的重要"价值"，即人民警察的本位价值。警察的本位价值是"安全、秩序、正义"。人民警察的本位价值在此基础上更加强调警察的人民性与阶级性。由于人民警察核心价值观强调的是单向度的利他价值与人民警察的义务。所以，警察的本位价值安全、秩序、正义就以利他价值形态或以义务价值形态表现出来。首先，警务活动的安全价值包括维护国家安全、社会公共安全、公民人身与财产安全。在人民警察核心价值观中，安全价值以人民警察的利他和义务价值形态表现出来时，安全价值就演变为人民警察的忠诚义务，包括对党、对国家、对人民、对法律的忠诚。人民警察只有履行了忠诚义务，与党、国家、人民、法律建立起利他的价值关系，才算是最好地体现了警务活动的安全价值。其次，同样的道理，警务活动的秩序价值包括维护阶级统治秩序与社会生活秩序。人民警察核心价值观中，秩序价值演变为警察的为民义务。在我国，人民是国家的主人与统治阶级。人民警察是人民民主专政的工具，维护阶级统治秩序与社会生活秩序的核心指向都是维护人民的根本利益。人民警察也只有真正做到全心全意为人民服务，履行了为人民服务的根本宗旨，才能体现出警务实践活动的秩序价值。再次，警务实践活动的正义价值体现为实质正义与程序正义。在人民警察核心价值观中，正义价值以人民警察的公正义务体现出来。公正义务同样包括实体公正与程序公正，指人民警察在执法过程中秉公执法，做到执法程序与执法结果的公开公正。人民警察做到执法公正，履行公正义务时，警务实践活动的正义价值才能体现出来。人民警察核心价值观中的"廉洁"更多强调的是人民警察的职业道德，涵盖了忠诚、为民与公正的部分价值，人民警察做到廉洁，警察的安全、秩序与正义价值才能够更好地实现。

（3）价值主体核心——人民。谈论价值观念，要明确两个主体性的问题。"一个是价值观念的主体，即'谁的价值观念'的问题；另一个是价值观念中的价值主体和价值标准，即'一切为了什么人'的问题。"① 价值观念中的价值主体是

---

① 李德顺：《价值论——一种主体性的研究》，中国人民大学出版社 2013 年版，第 273 页。

价值观念的核心问题。主体不同，价值和评价标准就会不同。
一切价值观念都必须解决以什么人的利益和要求作为价值标
准的问题。这是任何一个价值观念体系中的核心问题。警察
价值的主体是国家、社会、公民，也包括警察群体或个体，
每一个价值主体对于警务实践活动中形成的警务价值关系都
会有自己的价值观念。这是第一个"价值观念的主体"，是
"国家、社会、公民与警察"的价值观念。人民警察核心价值
观，所探讨的价值主体是第二个情况，即"价值观念中的价
值主体和价值标准"。人民警察核心价值观中的价值主体是人
民。人民警察核心价值观是一切为了人民的价值观念。这是
一种"人民主体论的价值观念"。所谓人民主体论的价值观
念，就是"以人民群众为最高的价值主体和评价主体，以人
民群众的利益、要求和实践为最高价值标准和评价标准的观
念体系"①。人民是具有社会主义特色，具有鲜明时代性与阶
级性的特殊价值主体。人民警察核心价值观的价值主体是人
民，主要原因包括：第一，人民警察是人民的队伍，是人民
民主专政的国家机器。1949 年 6 月，毛泽东就明确提出："我
们现在的任务是要强化人民的国家机器，这主要地是指人民
的军队、人民的警察和人民的法庭，借以巩固国防和保护人
民利益。"② 第二，人民警察的根本宗旨必须是一切为了人民，
一切服务人民，这就是为民宗旨。这两个原因都决定了人民
是人民警察核心价值观中的价值主体与评价标准。人民警察

---

① 李德顺：《价值论———一种主体性的研究》，中国人民大学出版社 2013 年
版，第 272 页。

② 《毛泽东选集》第 4 卷，人民出版社 1991 年版，第 1476 页。

核心价值观是一切为了人民的价值观念。

（4）价值观念核心——理想信念。价值观念体系之间最重要的差别，不在于主要价值内容的不同，而在于主要价值内容的排列顺序或先后顺序不同。"这种排列顺序或优先顺序集中体现在信念和理想之中。"① "价值观念是人们关于基本价值的信念、信仰、理想的系统。"② 信念是指对于某种观念深信不疑的精神状态。信念首先解决的是价值判断问题，是由于从内心认为某种价值是正确的，或者相信它比不相信它更有益处，才会进一步作出价值选择，形成深刻的价值追求。信仰是人们"关于最高（或极高）价值的信念"③。信仰是在内容和作用上都强化了的信念，它与信念基本上是属于同一序列的范畴。理想是以一定信念和信仰为基础的价值目标，是这些价值目标的具体形象。可以说，人民警察核心价值观也是人民警察的理想与信念。人民警察核心价值观中的"忠诚、为民、公正、廉洁"是人民警察对于警务实践活动中的最高价值或极高价值的价值判断。人民警察从内心认同这些价值，对这些价值深信不疑，正确的价值判断之后就是正确的价值选择与坚定的价值追求。这些价值判断、价值选择与价值追求的最高表现形式就是人民警察"忠诚、为民、公正、廉洁"的理想与信念。

---

① 马俊峰：《马克思主义价值理论研究》，北京师范大学出版社 2012 年版，第 213 页。

② 李德顺：《价值论———一种主体性的研究》，中国人民大学出版社 2013 年版，第 137 页。

③ 同上书，第 140 页。

# 四　价值认同与构成

　　人民警察核心价值观能否为人民警察所接受，从内心真正认同，并内化为自身的信念信仰，成为自觉的价值追求，是人民警察核心价值观培育与践行的关键问题。人民警察核心价值观只有被警察群体与警察个体在价值判断的基础上作出价值认同与内化，转化为自觉的价值选择与价值追求，才能在实践中自觉践行，充分发挥出人民警察核心价值观的功能和作用。人民警察核心价值观是居于第二性的价值观念，任何价值观念都不是凭空产生与存在的，它一定是与该观念赖以存在的种种经济条件、物质利益、政治环境、文化氛围等紧密联系的，所以任何价值观念的树立与内化也必须要处理好影响主体作出价值判断与选择的种种关系。价值判断、价值选择与价值追求的过程，其实质是价值认同的过程。

## （一）价值认同

　　价值认同是指个体或组织通过相互交往，在观念上对某一个或某类价值的认可和共享，或以某种共同的理想、信念、尺度、原则为追求目标，实现自身在社会生活中的价值定位和定向，并形成共同的价值观，它是社会成员对社会价值规范所采取的自觉接受、自愿遵循的态度及行为。[①] 价值认同的

---

　　① 高惠殊：《核心价值观念的构建与认同》，载《上海市社会科学界第四届学术年会文集 2006 年度》马克思主义研究学科卷，上海人民出版社 2006 年版，第 134—142 页。

实质，是价值观念主体将自己本有的价值观念与外在社会价值规范融合趋同的过程，是价值观念主体不断地调整自身的价值观念以顺应社会价值规范的行为过程，是对社会价值规范所采取的认可、内化并达到自觉遵循的过程，是观念与行为都完成认同的过程。①

### （二）价值认同的构成

价值认同包括三个组成部分。首先，价值认同的前提是价值理想。价值理想也可以说成价值预期，是价值观念主体对于某种价值的"期望性"的观念系统。价值理想的形成基于价值观念主体的自我意识。价值理想是主体的一种价值判断，属于反映客观现实的主观映象，是第二性的。马克思、恩格斯在《共产党宣言》中指出："人们的观念、观点和概念，一句话，人们的意识，随着人们的生活条件、人们的社会关系、人们的社会存在的改变而改变。"② 人们在不同的生活条件、社会关系、社会存在的基础上，会产生不同的自我意识。人们在自我意识的基础上，形成了利益实现的预期与价值追求的理想，作出了相关的价值判断。其次，价值认同的基础是价值共识。价值共识也可以说成是价值选择。价值选择的进行基于价值观念主体自我需要的确定，其实质是主体在社会生活中的价值定位与定向，是在不同的价值矛盾与价值冲突中所实现的价值的解构与建构。"一个人或一个群

---

① 方旭光：《认同的价值与价值的认同——社会主义核心价值观论》，中国社会科学出版社 2014 年版，第 148—149 页。

② 《马克思恩格斯选集》第 1 卷，人民出版社 1995 年版，第 291 页。

体，只有当他不仅正确掌握了客观对象，而且通过自我意识掌握自身的主体存在，把主客体区分开来，才能形成需要意识，并以此为尺度评价客体，经过无数次的反复从而沉淀为某种价值观念。"① 需要的确定与满足是作出价值选择的前提。正如马克思所说："人们为之奋斗的一切，都同他们的利益有关。"② 人们所作出的价值选择，首先是为了满足一定的需要，在利益实现的基础上或说在种种利益协调的基础上，形成价值共识。价值观念主体不同，其利益需求就不同，源于各自不同的利益关系，形成了不同的价值诉求，这种差异性就导致了可能的价值冲突。解决价值冲突，达成价值共识的基础是利益的一致性或可协调性。当价值观念主体的利益可能被满足时，才会作出基于理性判断的价值选择，而这种价值选择也必然会稳定持久。最后，价值认同的根本是价值实践。价值实践也可以说成是价值追求。价值追求是在价值判断（理想）、价值选择（共识）基础上的产物。当人们有了符合其自我意识与自我需要的价值判断与价值选择时，必然会形成其价值目标，进一步会转化为具体动机，激发和支配着自己的实践活动，从而形成价值实践。"价值实践就是主体对自身所追求的价值目标的践行，是主体实现其价值目标的实践活动。"③ 价值观念主体在价值实践活动中的体验及其结果，是价值认同的必要路径。一个人关于某类事物的价值判断与

---

① 袁贵仁：《价值观的理论与实践——价值观若干问题的思考》，北京师范大学出版社 2013 年版，第 132 页。

② 《马克思恩格斯全集》第 1 卷，人民出版社 1995 年版，第 187 页。

③ 方旭光：《认同的价值与价值的认同——社会主义核心价值观论》，中国社会科学出版社 2014 年版，第 151 页。

价值选择，必须要在实际的价值追求过程中得到价值观念主体的体验，是价值观念主体通过实际行动对自己作出的价值理想与价值共识的一种检验。价值实践得出的检验结果如果被自己、他人或社会所认可，之前形成的价值理想与价值共识，就会在他的头脑中得到强化，久而久之，经过多次地反复实践和观念确认，就会成为一种固定的看法和态度，形成对于这种实践活动所创造出的某种价值的信念，也就完成了自我核心价值观的确立。核心价值观一旦确立，主体就会自觉地以特定的价值观念为基本的价值理念，调适规范自己的价值活动，自觉地践行某种价值追求。

# 第二章　人民警察核心价值观的基本内容

"忠诚、为民、公正、廉洁"是人民警察核心价值观，也是人民警察的理想与信念。"人民警察"独特的政治含义赋予了人民警察忠诚、为民、公正、廉洁价值观的特殊内涵。

## 一　人民警察核心价值观的"价值"内涵

### （一）崇高的价值理想

在中国古代，"忠"与"诚"各自成词，有着不同的内涵。"忠"有"中正、中和、尽心、尽力、如一、专一"之意。"诚"于天道而言，是客观世界的内在规律；于人道而言，是真实无妄的基本道德操守。① 唐代以来，"忠诚"合用。《现代汉语大词典》中"忠诚"为"诚信、守信和服从"。《辞海》对于"忠诚"的解释是："对国家、对人民、对事业、对上级、对朋友等真心诚意、尽心尽力，没有二心；忠诚老实、忠诚勇敢、忠诚可靠、对祖国无限忠诚。"从上述

① 徐霞：《中国共产党人政治忠诚观研究》，武汉大学出版社 2014 年版，第6—10 页。

对于忠诚的含义考察，可以作出这样的分析。第一，忠诚是在一种相对关系中产生的原则规范。"于天道""于人道"，"对国家""对人民""对事业"等，这些都是相对的关系，是以主体"人"为核心产生的相互对应的关系。第二，主体"人"在不同的相对关系中所采取的"利他性"或"义务性"的定位。这种定位是主体意识的萌发，我应该这样做，我这样做是最好的选择。"利他"或"义务"与"利己"和"权利"相对应。当主体在处理与他人关系时是选择"利他"还是"利己"，是倾向于"承担义务"还是"维护权利"，本身就是一种对于现存关系中潜在价值的判断、衡量与取舍。第三，"忠诚"的原则规范是主体"人"的价值观念。忠诚不是客观存在的实体价值，而是某种实体价值在主体头脑中的主观反映。如对朋友的"忠诚"，可以维护朋友间的友谊与和谐。"和谐"是朋友关系要追求的价值之一，是维系朋友关系对于主体的意义之一。"忠诚"是价值观，"和谐"是这种价值观背后的价值。对于不同价值的追求，产生了不同的价值观；不同的价值观，指导人们进行不同的价值实践活动，产生不同的价值关系。

人民警察忠诚观的主体是人民警察，对象是中国共产党、国家、人民与法律。人民警察是中国共产党领导下的队伍。中国共产党代表着中国人民与国家的根本利益。中国共产党的执政地位由国家宪法明确规定。因此可以说，中国共产党是人民警察忠诚观的核心对象。人民警察忠诚观产生的前提首先是对于中国共产党这一政治共同体所产生的政治认同。人民警察忠诚观是围绕中国共产党的政治目标、政治信念、政治立场与政治义务而产生的忠贞不渝，永不背叛的态度与观念。人民警察忠于中国共产党，忠于国家，忠于人民，忠于法律。这四个"忠于"在本质上没有任何差别，核心都是对中国共产党的忠诚，是对中国共产党共产主义理想与马克思主义信仰的深刻认同。共产主义理想是马克思主义信仰的"具体化"。共产主义理想是中国共产党的远大理想，现阶段表现为中国特色社会主义共同理想，就是"中国梦"的实现。

人民警察忠诚观是人民警察核心价值观中的核心内容。人民警察忠诚观表现为人民警察的理想、信念与信仰，是人民警察核心价值观中最稳固的价值判断、价值选择与价值追求。在某一群体的价值观中，只有植入群体成员内心，同时融入群体成员情感与意志的价值判断，价值选择与价值追求，才能够称为群体成员共同的理想信念。这样的理想信念才能够作为群体成员的核心价值观念。

### （二）"人民利益"为核心的价值判断

在中国古代，早在夏、商、西周时期，就提出各种"重民""保民""敬民"观。①《尚书》《诗经》中有诸多相关论说。春秋战国时期，百家争鸣，"以民为本"是百家共识。②如法家管仲的"民本"说：等"夫霸王之所始也，以人为本，本理则国固。③"儒家孔子的"民水君舟"说："夫君者，舟也；庶人者，水也；水所以载舟，亦所以覆舟。④"孟子的

---

① 张分田、张鸿：《中国古代"民本思想"内涵与外延邹议》，《西北大学学报》（哲学社会科学版）2005 年第 1 期。
② 同上。
③ 《管子·霸言》。
④ 《孔子家语·五仪解》。

"民贵"说:"民为贵,社稷次之,君为轻。①"大多数帝王也都认同"民本"思想。唐太宗李世民的民本思想堪称典范。在古希腊、古罗马,对于人的本质的思考奠定了西方人本主义的哲学传统。古希腊哲学家普罗泰戈拉将哲学研究焦点从以自然为中心转向以人为中心开始,历经苏格拉底、柏拉图、亚里士多德,古希腊人本主义哲学经历了从感性人本主义到理性人本主义的发展历程。16 世纪末到 19 世纪初期,近代西方理性人本主义蓬勃发展,哲学家们高扬科学旗帜,贬抑宗教束缚,强调人的主体地位和能动性。培根、康德、黑格尔是其中的杰出代表。近代西方理性人本主义的弊端是其哲学大厦没有现实根基,仅是纯粹理性的思辨之说。德国古典哲学家费尔巴哈将人本主义发展为系统的理论学说,建立了以"自然人"为中心的哲学体系。现代西方人本主义则开始反对自古希腊以来的理性主义传统,宣扬非理性主义,叔本华、尼采、弗洛伊德等哲学家秉持这样的哲学观。现代西方人本主义也被称为现代西方非理性主义。② 马克思主义学说体系贯穿着对人及其本质问题的深刻思考。马克思主义学说中的"人"是现实中的人,不同于费尔巴哈人本主义哲学中"抽象的人"。马克思依据历史唯物主义始终把人看作"从事活动的"人与"进行物质生产的"人。③ 马克思主义学说中的"人"是从事劳动实践的人。马克思认为人的本质是劳动的产

---

① 《孟子·尽心下》。
② 胡敏中:《论人本主义》,《北京师范大学学报》(社会科学版) 1995 年第 4 期。
③ 《马克思恩格斯文集》第 1 卷,人民出版社 2009 年版,第 524 页。

物和主体，人的类特性是"自由的有意识的活动"①。马克思主义学说中的"人"是实践活动的主体与目的。人作为实践活动的主体，决定着实践活动的性质、成败与得失；人从事实践活动的目的是为了满足人自身的种种需要，人是劳动的终极目的，而非手段。马克思主义学说中的"人"聚焦于不同社会生产关系，不同阶级关系中的人。

"为民"被中国共产党人扩展为"为人民服务"。"为人民服务"是中国共产党人的特殊提法，是马克思主义价值判断标准。马克思恩格斯提到过这样的观点："过去的一切运动都是少数人的或者为少数人谋利益的运动。无产阶级的运动是绝大多数人的、为绝大多数人谋利益的独立的运动。"②"为绝大多数人谋利益"深刻揭示出无产阶级革命运动区别于其他一切革命运动的本质特征。中国共产党人以马克思主义为指导思想，带领中国人民开展了艰苦卓绝的革命斗争并取得了革命胜利。"为绝大多数人谋利益"是我们革命的首要目标，也是革命成功之后开展社会主义建设的首要目标。"为民"思想始终贯穿于中国共产党人的施政纲领中。1944 年 9 月 8 日，毛泽东同志在《为人民服务》的著名演讲中明确提出了"为人民服务"的思想，中国共产党和共产党领导的革命队伍是"完全的""彻底的"为着解放人民的，为着人民的利益而工作的。③ 时隔 10 天后的 9 月 18 日，毛泽东同志又作了《坚持为人民服务的讲话》，进一步阐发了为人民服务的

---

① 《马克思恩格斯文集》第 1 卷，人民出版社 2009 年版，第 162 页。
② 《马克思恩格斯选集》第 1 卷，人民出版社 1995 年版，第 283 页。
③ 《毛泽东选集》第 3 卷，人民出版社 1991 年版，第 1004 页。

思想，提出了我们的工作要符合人民的利益。① 10 月 4 日，毛泽东在对部分新闻出版工作者发表讲话时，在"为人民服务"之前明确加上了"全心全意"四个字。他指出，要全心全意为人民服务，不能"半心半意"，也不能"三心二意"，更不能因为"个人利益"和"私心杂念"影响全心全意为人民服务。②"全心全意为人民服务"成为了中国共产党人的普遍共识，1945 年党的七大，正式将"全心全意为人民服务"写入党章，并确立为中国共产党的根本宗旨。新中国成立之后，共产党人对"为人民服务"的思想不断地充实完善，"全心全意为人民服务"的根本宗旨始终没有改变。人民警察队伍是共产党领导下的武装力量，同样将"全心全意为人民服务"确立为公安工作的根本宗旨，《人民警察法》对此有明确规定。此外，人民警察队伍提出的"人民警察为人民""立警为公，执法为民"等思想同样是"全心全意为人民服务"思想的生动体现。人民警察的"为民"思想，不同于中国古代的民本思想，也不同于西方的人本主义。其实质是马克思主义中的"以人为本"思想，即以"人民利益"为核心作出的基本的价值判断。

中国共产党的"为民"思想建立在马克思主义唯物史观的基础上，充分吸收了马克思主义相关理论学说。中国化马克思主义的"为民"思想将马克思主义对于"人"的思考更加具体化现实化。其一，中国共产党的"为民"，"民"指人民民主专政政治体制下的"人民"。"人民"不同于古代民本

---

① 《毛泽东文集》第 3 卷，人民出版社 1996 年版，第 210 页。
② 《毛泽东文集》第 7 卷，人民出版社 1999 年版，第 285 页。

思想中的"民"，这里的"民"是相对于统治者"君"而言的"子民"或是"百姓"。人民是特定历史阶段的政治群体，具有广泛性和普遍性。这与马克思所论述的具有历史性社会性阶级性的具体的"人"，本质上是一致的。其二，中国共产党的"为民"，"人民"为一切实践活动的主体。人民是中国特色社会主义建设事业的实践主体与最终目的，是中国特色社会主义建设事业的全程参与者与成果共享者。其三，中国共产党的"为民"，"人民"是一切实践活动的价值判断标准。在马克思主义哲学中，价值的核心指向是人的解放与自由。我们今天所进行的社会主义事业，其最终目的就是实现每个人自由而全面的发展，人们"成为自身的社会结合的主人"①，并以一种全面的方式，"占有自己的全面的本质"②。我们一切活动是否有意义的判断主体是人民，判断标准是人民是否满意，是否受益，是否得到发展，即价值判断的根本标准以人民自身的利益为核心。

### （三）不断完善的价值追求

"公正"，涵盖公平与正义。"公平"与"正义"是马克思主义经典作家对于未来社会核心价值的基本设想。马克思恩格斯终其一生都致力于社会公正的价值追求，他们对于资本主义制度的批判，也大多集中于资本主义社会制度不公正不公平的基础之上。马克思恩格斯对于资本主义制度的批判同空想社会主义学家的批判比较而言，区别在于马克思恩格

---

① 《马克思恩格斯选集》第 3 卷，人民出版社 1995 年版，第 758 页。
② 《马克思恩格斯全集》第 3 卷，人民出版社 2002 年版，第 303 页。

斯作出公正或不公正的价值判断，基础是成熟的社会现实，空想社会主义学家的价值判断基础则是理性自觉；马克思恩格斯作出公正的价值选择，依据的是唯物史观，空想社会主义学家依据的则是唯心史观；马克思恩格斯认为社会公正的价值追求，其终极指向是人的自由发展，空想社会主义学家则是他们所设想的"理性王国"。

从马克思主义价值哲学视角分析，"公正"既是价值理想，对于社会运行、制度设计、公民个人行为等所应有的原则或状态的价值理想，是一种理想的价值；同时，"公正"也是一种价值判断，依据习惯或法律对于某种事物作出公正或不公正的判断，这是一种关乎价值的判断，这样的价值判断几乎每时每刻都在进行着，当然作出这种价值判断的依据，即习惯或法律本身要是公正的；此外"公正"还是一种价值追求，马克思恩格斯认为社会公正的终极目标是实现共产主义社会，实现人的自由全面和谐发展。依据历史唯物主义，社会"公正"是相对而言的，马克思恩格斯也有同样的观点，资本主义社会相较于封建社会，在一定程度上实现了"公正"，但这只是有历史局限性的公正，这种公正相较于共产主义社会的公正来说，又是不公正的。所以，除去共产主义社会外，任何社会都不存在绝对的终极公正，而是随着社会生产力的不断发展，逐步地趋于更加公正的状态。

人民警察的公正观，涉及警察权力、警察制度、警察执法行为、警察个体道德应有公正的价值判断，价值选择与价值追求。其中执法公正是核心表现。公正的实现，前提需要有公正的制度保障人人平等参与的权利，过程需要有公正的参与规则保障平等权利的实现，最终同样需要公正的调适原则保障实质结果的公正，即保证每个人"得其应得"。公正的实现过程本身就是在创造价值，这种价值就是公正本身。人民警察制度的建立、警察权力的来源、警察执法过程、人民警察个体道德，可以说关于人民警察制度及其权力运行的一切范畴都蕴含着对于公正问题的探讨。警察制度的设立初衷就是保障一切公民的平等权利；警察权力的正当性体现为其权力来源于公民权利又要服务于公民权利，同时还要受到公民权利的合法限制；警察执法要做到法律面前人人平等，公平公正地适用法律，惩恶扬善，使人各得其所；警察个体道德的重要要求是秉公执法。其中，警察执法公正是警察其他领域公正实现的重要基础。首先，从公正的实现基础来看，公正本身是一种价值，这种价值不会天然产生，一定是在某种价值实践活动中产生的。警察执法活动就是价值实践活动。警察制度与警察权力价值的实现要依靠于警务实践活动。警察执法活动是重要的警务实践活动。其次，从公正的实现过程来看，前提、过程与结果均要体现公平正义，在警务活动中，社会正义的弘扬、公民平等权利的保障与实现、不公正行为的法律调适等，警察执法活动均要贯穿于始终。警务关系或警务活动中的公平正义都是通过警察执法活动实现的。最后，从警察制度范畴的各自关系来看，警察制度、警察权力、警察个体道德的公正价值也同样是通过警察执法公正实现的。警察制度的公正与警察权力的公正是静态的形式上的公正，警察执法公正是动态的实质上的公正。警察制度的公正理念需要警察制度的执行者在执法过程中"站在公正的立场上，运用合乎理性的手段，通过一定的理性认知，在执法过程中采取公开、公正的方法，实现警察执法结果的正义"①，如此警察制度的公正才可能得到实现。没有警察执法公正，警察制度与警察权力的公正无从实现；没有警察执法公正，警察个体道德的公正也只是理论与口头上的公正。

### （四）涵盖忠诚、为民与公正的基本价值

廉洁，从词的本意来说，"廉"指堂屋的侧边，有"方正、刚直"之意。如《国语》云：阳子"行廉直于晋国，不免其身，其知不足称也"，就为此意。此外，"廉"还有"简朴、节俭"之意。在西方近代政治学理论中，廉就包含有"廉价""廉制"的意思。廉，还有"奉公、为民"之意。如《周礼》中就提出在考察"吏治"时以"廉善""廉能""廉敬""廉正""廉法""廉辩"为标准，这里的"廉"就是"尽职守责""奉公为民"之意。"洁"，清正、洁白之意。《楚辞·招魂》中有："朕清以廉洁兮。"人民警察的廉洁观除上述"方正、刚直""简朴、节俭""奉公、为民""清正、洁白"之意，还应有"廉政"或"廉正"之意。政与正相同。孔子在《论语·颜渊》中说："政者，正也。"人民警察是国家公职人员，应当做到为政清廉，廉洁从政。②

人民警察核心价值观的四个基本内容，忠诚，为民，公正，廉洁。忠诚是一种信仰，从马克思主义价值哲学视角分析，信仰是主体核心价值观的最高表现。为民，是人民警察

---

① 尹伟中：《警察伦理学导论》，中国人民公安大学出版社 2008 年版，第 150 页。

② 杜荣庆、程安辉：《警察廉政概论》，中国人民公安大学出版社 2009 年版，第 2—4 页。

全部工作的出发点与归属点，是衡量所有工作是否有意义的根本标准，这是一种价值判断或是价值判断标准。公正，既是价值理想，又是价值判断与价值追求。廉洁作为人民警察应有的一种价值观，是忠诚、为民、公正价值属性的集中体现。廉洁的字面含义包括"方正、刚直""简朴、节俭""奉公、为民""清正、洁白""廉政"或"廉正"。人民警察的忠诚，即为廉政；为民，即为奉公；公正，即为方正。可以说，人民警察为政清廉或廉洁从政，也是人民警察忠诚、为民与公正的体现。

人民警察的廉洁观，涵盖忠诚、为民与公正的部分价值。人民警察忠诚于党、国家、人民与法律，首先要做到廉洁。马克思认为，国家是阶级利益冲突的产物，是统治阶级中的某些个人借以实现其私人利益的形式。国家使政权中的腐败成为不可避免的现象。防止和克服腐败现象，就必须建立人民群众自己的国家。人民群众掌握国家政权，从压迫实现解放；国家机关及其公务人员从"社会主人"变为"社会公仆"。在马克思的理论指导下，巴黎公社成立之后，取消一切公职人员的特权和高薪，使人民享有普选权，在公社担任公职的人必须由普选产生。巴黎公社的尝试使权力得到约束，使权力真正为全体人民所享有。人民警察做到忠诚，就首先应当廉洁；人民警察做到廉洁，也是忠诚的体现。人民警察的为民观包括全心全意为人民服务，为民执法，人民利益高于一切三个基本内容。人民警察执法活动是否有意义的判断标准是是否符合人民的根本利益。古语廉洁就有"为民，奉公"之意。人民警察是中国共产党领导下的队伍。中国共产党没有自己的私利，就是为了无产阶级和广大人民群众的利益而建立的，目的是为了全中华民族人民的利益。可以说，中国共产党的执政权力与执政的合法性全部来源于人民，应当接受全体人民的共同监督。人民警察的所有权力也同样来源于人民，为民掌权、为民执法、为民服务是应有之义。人民警察的为民与廉洁是含义相通的两种价值观，为民即应廉洁；廉洁即是为民。反之，人民警察如若贪污腐败，则是对于人民的背叛。人民警察公正观的核心内容是执法公正。廉洁同样有"方正、刚直"之意。人民警察执法公正，就是依法行使权力，确保执法程序与执法结果的公正，不以权谋私，不徇私枉法，出于公心执法。难以想象，一个不廉洁的人民警察能够做到执法公正。人民警察公正必廉洁，廉洁是公正的重要保障。

## 二　忠诚、为民、公正、廉洁的内容梳理

### （一）"四个忠于"是关键

《中华人民共和国人民警察法》第四条规定："人民警察必须以宪法和法律为活动准则，忠于职守，清正廉洁，纪律严明，服从命令，严格执法。"2011年重新修订颁布的《公安机关人民警察职业道德规范》第一条就规定人民警察要做到忠诚可靠，具体内容是听党指挥，热爱人民，忠于法律。《中华人民共和国人民警察入警誓词》中，将"我保证忠于中国共产党，忠于祖国，忠于人民，忠于法律"列于首要位置。虽然目前对于人民警察忠诚的具体内容没有明确的提法，但是在人民警察法、人民警察职业道德规范、人民警察入警誓词中对忠诚的阐释基本都是围绕忠于中国共产党、忠于国家、

忠于人民、忠于法律四个方面展开的。在学术界，学者们对于人民警察忠诚的研究也基本上是约定俗成，都是围绕上述四个方面开展研究的。

1. 人民警察忠于中国共产党

从忠诚主体来说，人民警察是具有武装性质的刑事司法力量和国家治安行政力量。现阶段，人民警察肩负着巩固共产党执政地位、维护国家长治久安、保障人民安居乐业、服务经济社会发展的四大政治和社会责任。[①] 这样的职业特性与特殊任务就决定了忠于中国共产党是人民警察首要的政治义务。从忠诚对象来说，中国共产党是无产阶级先锋队，代表着中国各族人民的根本利益。在中国共产党的领导下，中国实现了民族独立与人民解放，也必将会实现国家繁荣富强和人民共同富裕。无产阶级政党的先进性是无产阶级政党区别于其他一切政党的根本标志，是其成员及其领导群体矢志不渝地忠诚于无产阶级政党的根本理由。无产阶级政党的先进性体现在实践和理论两个方面。在无产阶级斗争实践中，无产阶级政党始终坚决地起着推动作用；在阶级斗争理论方面，无产阶级政党更加了解无产阶级斗争和运动的条件、进程与结果，这是其他无产阶级群众无法相比的。[②] 同时，无产阶级政党没有自己的特殊利益，这也是其成员及其领导群体矢志不渝地忠诚于无产阶级政党的重要理由。马克思恩格斯曾这样指出，无产阶级政党"没有任何同整个无产阶级的利益不

---

① 公安学基础教程编写组：《公安学基础教程》，中国人民公安大学出版社2012年版，第81—82页。

② 《马克思恩格斯选集》第1卷，人民出版社1995年版，第285页。

同的利益"，无产阶级政党坚持和强调着"整个无产阶级共同的不分民族的利益"，始终代表着无产阶级和资产阶级斗争的"整个运动的利益"①。人民警察是中国共产党领导下的武装力量。忠于中国共产党是人民警察忠诚观的核心内容。人民警察忠于中国共产党体现为每一位人民警察必须坚持和服从党的绝对领导，接受中国共产党在思想上、政治上、组织上的一切领导；在实际工作中，贯彻党的路线、政策，服务于党的中心工作，坚决执行党的方针政策；严格遵守党领导公安工作的各项规定，自觉服从各级党组织的领导和监督，始终在思想上、政治上、组织上与党保持一致。

2. 人民警察忠于国家

警察的起源与本质，职能与任务与国家密不可分，警察随着国家的产生而产生，"警察是和国家一样古老的……国家是不能没有警察的"②。在任何国家，警察的基本属性都是与国家的国体一致的，警察都是国家统治阶级意志的忠实执行者，是国家机器的重要组成部分，实施着国家的政治统治职能和社会管理职能。人民警察在中国共产党的领导下，是人民民主专政的重要工具。人民警察的性质与国家的国体是完全一致的，维护国家安全与社会稳定是人民警察的首要任务。人民警察忠于自己所属的国家也应当是人民警察忠诚观的基本内容。人民警察忠于祖国，首先忠诚地履行人民民主专政的政治使命，对危害国家安全和社会稳定的敌对势力、敌对分子、犯罪分子坚决镇压制裁，同时尊重和依靠广大人民，

---

① 《马克思恩格斯选集》第 1 卷，人民出版社 1995 年版，第 285 页。
② 《马克思恩格斯选集》第 4 卷，人民出版社 1995 年版，第 114 页。

做人民的公仆和卫士，处理好人民内部矛盾。其次，忠诚地维护国家利益，坚决捍卫国家的主权、统一、安全、尊严和荣誉，始终把国家利益放在首位。

　　3. 人民警察忠于人民

　　在我国，国家、政党与人民的根本利益是水乳交融，完全一致的。人民警察忠于中国共产党、忠于祖国，就是忠于人民。忠于人民是人民警察忠于中国共产党、忠于祖国的基本要求。人民警察忠于人民是忠于中国共产党与忠于祖国的最终落脚点。人民警察忠于人民，首先要忠诚于人民的利益。人民的利益高于一切。人民警察要将人民的利益放在高于一切的位置，要将人民是否需要，是否受益，是否满意，作为自己一切工作的出发点。其次，要忠诚于人民赋予的权力，自觉接受人民的监督。人民警察的权力属于国家行政权力与司法权力的组成部分。国家的行政权力和司法权力，包括立法权力，全部源自民众权利的让渡。在我国，这些权利属于中华人民共和国的人民。[①] 人民警察的基本权力分为四大类，具体包括治安行政管理权力，刑事诉讼权力，武装权力和紧急状态处置权力。[②] 这些权力究其实质均来源于人民所属权利的依法让渡，同时人民警察的这些权力具有法定性、强制性、特许性、单向性等特点，如果能够依法依规慎重使用，可以保护人民的其他权利；如果人民警察滥用泛用乱用这些权力的话，对人民的权利则是极大伤害，这样就不是对人民的忠

---

　　① 曹英：《公安学：基本理论与中国视角》，中国人民公安大学出版社 2015 年版，第 163 页。

　　② 公安学基础教程编写组：《公安学基础教程》，中国人民公安大学出版社 2012 年版，第 93 页。

诚，而是对人民的背叛。人民警察忠实地履行人民赋予的权力是忠于人民的关键所在。最后，要忠诚于全心全意为人民服务的根本宗旨。公安工作的根本宗旨是全心全意为人民服务。在实际执法工作中，人民警察的执法目的、执法标准、执法方式要都能够做到为民用权，为民谋利，为民动情，真正做到全心全意为人民服务。这是人民警察忠于人民的生动表现。

4. 人民警察忠于法律

人民警察行使权力的过程就是执法的过程。人民警察执法是指在法定职责范围内，依照法定职权和程序，执行和适用法律规范，维护国家安全和社会治安秩序，保护公民合法权益的活动。① 党的十八届四中全会提出全面依法治国的基本方略，党的领导、人民当家做主与依法治国，三者是相互作用的统一整体。党的领导是根本保证，人民当家做主是本质要求，依法治国是治国方略。人民警察忠于中国共产党、忠于国家、忠于人民，忠于法律同样是相互依存、不可分割的统一整体。人民警察忠诚于党、国家与人民，体现在执法活动中就是忠诚于法律。人民警察忠诚于宪法及其他公安法律，就是在确保党的领导地位，确保人民在国家中的主体地位。人民警察忠诚于法律，首先忠诚于国家的根本大法宪法。人民警察要自觉维护宪法权威，捍卫宪法尊严，保证宪法实施。人民警察对于宪法的忠诚，可以说涵盖了人民警察忠诚观的四个基本内容，既是对国家的忠诚也是对法律的忠诚，既是对党的忠诚也是对人民的忠诚。其次忠诚于其他法律。其他

---

① 程琳：《公安学通论》，中国人民公安大学出版社 2014 年版，第 308 页。

法律指人民警察执法所依据的所有法律，即公安法律体系。所谓公安法律体系，"是以《人民警察法》为核心，横向以公安组织法、公安刑事法、公安行政法、公安监督法、公安救济法、警务保障法、警务国际与区际合作法为主要内容，纵向由公安法律、公安行政法规、公安地方法规、公安部门规章、公安地方规章组成，调整公安工作的各个方面，既相互独立，又有机联系的统一整体"①。人民警察忠诚于法律，是指人民警察在执法活动中必须以法律为准绳，严格执行宪法和法律的各项规定。

### （二）"人民利益高于一切"

人民警察的为民观是中国共产党为民观在警察队伍中的特殊体现，具体包括全心全意为人民服务，为民执法，人民利益高于一切三个基本内容。这三项基本内容体现了为民观的价值归属，人民警察为全体"人民"服务，全体"人民"是执法活动的主体，是人民警察执法的出发点与最终归宿，人民警察执法活动是否有意义的判断标准是是否符合人民的根本利益。

1. 全心全意为人民服务

这是人民警察为民观的核心内容，是党和国家对人民警察的必然要求，是人民警察的"人民"属性之所在。人民警察是中国共产党的队伍。中国共产党区别于其他政党的显著标志，就是能够和最广大的人民群众保持密切联系，就是一刻都不脱离群众，就是能够全心全意为人民服务，这是中国

---

① 程琳：《公安学通论》，中国人民公安大学出版社 2014 年版，第 313 页。

共产党人一切工作的出发点。人民警察做到全心全意为人民服务，第一，人民警察要有忠诚意识。全心全意，不"三心二意"，不"半心半意"，就是始终如一，矢志不渝的忠诚意识。全心全意为人民服务的前提是忠诚于人民。人民警察要忠诚于人民的主体地位，忠诚于人民赋予的权力，忠诚于自己对于人民应尽的义务与职责，忠诚于人民的根本利益。第二，人民警察要有公仆意识。巴黎公社成立前后，马克思恩格斯对公社的政治体制，特别是对于公社的掌权人有过详尽的探讨。他们认为一定要确保公社的权力真正掌握在人民手中，要挑选出"真心实意"的人，"出身平民、坚定、积极"的人，"公道正派"而且"有正义感"的人作为社会公仆为人民服务。[①] 诸如"野心家""向上爬的人""空谈家""阔佬"不会"把工人当作兄弟看待"，是不会做到为人民服务的。[②] 人民警察要有公仆意识，要"真心实意"地把自己当作人民的仆人，把人民当作"兄弟"，当作主人，坚定积极地公道正派地为人民服务。第三，人民警察要有服务意识。警察的社会服务职能，是与政治镇压职能与社会管理职能并列的一项重要职能。"警察不再仅仅是阶级专政的工具，也不仅仅是社会生活的'管理者'，更应该是社会的'公仆'，为社会、为公众提供公共安全服务。"[③] 警察职能是随着社会时代的变化而变化的。社会主义国家中的人民警察，究其"人民"属性，权力来源与宗旨意识，更应当明确其社会服务及为人

① 罗新璋：《巴黎公社文告集》，上海人民出版社 1978 年版，第 53—54 页。
② 同上。
③ 公安学基础教程编写组：《公安学基础教程》，中国人民公安大学出版社 2012 年版，第 66 页。

民服务的职能定位。

## 2. 执法为民

人民警察执法为民，是人民主体性特征的突出表现。国家的一切权力属于人民。中国共产党的执政地位是由人民所赋予的。人民当家做主是社会主义国家民主制度的根本特征。人民警察作为国家与中国共产党的武装力量，其拥有的执法权力理所应当属于人民，也理所应当运用手中的权力保卫国家政权，维护共产党执政地位，保障人民各项权利。第一，人民警察要明确执法权力归属。我国《宪法》第3条第3款明文规定："国家行政机关、审判机关、检察机关都由人民代表大会产生，对它负责，受它监督。"警察机关属于国家行政机关。人民警察的权力来源于人民，人民权利是人民警察权力的出发点与最终归属。人民警察应当树立"为民"用权的意识，明确手中的权力是人民赋予的，戒除一切特权思想；人民警察行使权力应以人民的基本权利为界限，人民通过法律赋予的权力可以行使，否则就不可以逾越应有的权力界限；人民警察应当依法依规使用手中的权力，不可以乱用滥用泛用或者该用时不用其权力。第二，人民警察执法要自觉接受人民监督。马克思主义经典作家一贯重视人民对于行政权力的监督。恩格斯在《给奥·倍倍尔的信》中提到一切自由的首要条件是，"一切官吏对自己的一切职务活动"依照法律"向每一个公民负责"①。"党内的官吏"是人民的"仆人"，人们不应该过分客气地对待他们，百依百顺地服从他们，而

---

① 《马克思恩格斯选集》第3卷，人民出版社1995年版，第324页。

是应当对他们进行批评。① 人民警察要自觉主动接受人民群众依照法律法规，通过各种途径和形式的监督，包括信访、举报、申述、意见征询、行政诉讼等。第三，人民警察执法要依靠人民。人民警察的为民宗旨在新中国成立之初经常被归结为群众路线的内容之一。② 人民警察的执法工作，要做到一切为了群众，一切依靠群众，从群众中来，到群众中去。具体来说，就是执法要服务群众，保护群众，宣传群众，组织群众，依靠群众，充分发挥人民群众的主动性与积极性。

### 3. 人民利益高于一切

人民利益高于一切是人民警察警务实践活动的价值判断标准。第一，人民警察没有自己的特殊利益。中国共产党没有自己的特殊利益，一切工作都是为着最大多数人的利益。人民警察与中国共产党一样，同样没有自己的特殊利益，维护和实现最广大人民的根本利益是一切工作的出发点和落脚点。第二，以符合最广大人民的根本利益作为自己工作的根本标准。人民警察保护人民，服务人民，为人民造福，为人民谋利，把人民群众是否拥护，是否赞成，是否高兴作为我们工作的唯一标准。人民警察工作的成败、功过，都应当看是否符合人民的意志和利益，都应当由人民作出检验和评判。人民警察要把人民的利益放在首位，人民警察的一切工作与言行，局部利益与个人利益，必须无条件地服从、服务于国家和人民的整体利益与大局利益，甚至为了国家和人民利益作出自我牺牲。人民警察不能凌驾于国家和人民利益之上，

---

① 《马克思恩格斯全集》第 38 卷，人民出版社 1972 年版，第 33 页。
② 程琳：《公安学通论》，中国人民公安大学出版社 2014 年版，第 115 页。

侵占、损害人民利益，颠倒人民与警察的关系。① 第三，"群众利益无小事"。国家和人民的整体利益体现在日常警务实践活动中就是每一个人民群众的具体利益。人民警察，特别是基层民警在处理每一个具体细小琐碎的案件时，仍然需要把每一个个体群众的利益、心声、冷暖放在心上。"细微之处见真情"，群众利益无小事，对个体群众利益的高度重视是实现最广大人民群众根本利益的点滴践行。

**（三）执法公正是主要内容**

人民警察公正观是人民警察对警察权力、警察制度、警察执法行为、警察个体道德应有公正性的基本态度与观点。其中执法公正是其核心内容，决定着其他内容的公正属性。人民警察公正观的基本内容主要围绕执法公正展开。警察执法公正涉及适用法律的公正与平等，公开透明客观规范地行使执法权力，执法结果实现公正。因此，人民警察公正观具体包括公正地适用法律、公正地行使执法权力、确保执法结果公正三项基本内容。

1. 公正地适用法律

这是人民警察公正观的第一要义。具体包括，第一，人民警察执法所依据的法律法规本身是公正的良法。人民警察执法的依据是公安法律法规，包括宪法、法律、行政法规、地方性法规、部门规章和地方规章中具体规定公安机关及其

---

① 刘宇：《人民警察核心价值观概论》，中国人民公安大学出版社 2012 年版，第 83 页。

人民警察权利义务及法律责任的规范。① 如果法律法规本身欠缺公正性，是偏私的法律法规，那么它们的执行结果必然不会是公正的。诸如一些已被废止的与宪法相悖的法律法规。还有部分规范性文件，存在公开保护某种特权、严重脱离实际、操作程序不严谨等容易导致执法"偏私"的情形。② 第二，人民警察执法应做到法律面前人人平等，即公正的良法可以得到平等地适用。人民警察执法做到法律面前人人平等具体包括，一切公民在人民警察执法所依据的法律法规面前，其法律地位和权利义务是一律平等的；一切公民在人民警察执法行为面前是一律平等的；一切公民在具体适用法律法规时是一律平等的。第三，人民警察执法应当公正地行使自由裁量权。警察的自由裁量权是"在法律、法规对警察机关行使权力只作了笼统规定而无具体明确规定的情况下，警察机关和警察人员根据情况因地制宜、自行斟酌选择作出具体警察行为的一种权力"③。法律设置自由裁量权的出发点是使执法者在法律规定的空间内，因时制宜、因地制宜，具体案件具体分析，使最终的执法结果不仅合法而且合理，适用法律各方对于结果均心服口服。自由裁量权的设置初衷是通过人为控制使执法结果既合法又合理，但是影响执法结果公正性的因素，包括不合法、合法不合理，也是由于自由裁量权的人为控制。行使自由裁量权的警察个体应当尽力避免由于自身的道德修养、法律认知、个体性格等主观因素而导致的执

---

① 程琳：《公安学通论》，中国人民公安大学出版社 2014 年版，第 309 页。
② 高文英：《论警察执法公正》，《中国人民公安大学学报》2003 年第 6 期。
③ 张建明等：《公安学基础理论》，中国人民公安大学出版社 2007 年版，第 82 页。

法不公正。

2. 公正地行使执法权力

第一，兼顾实质正义与程序正义。实质正义是所涉权利与义务的分配与设置是公平正义的；程序正义是实现权利与承担义务的方法与手段是公平正义的。实质正义是正义之本身，程序正义是正义的实现过程同样需要是正义的。在实质正义中，警察执法要做到所执之法为正义之良法，还要确保正义之法面前人人平等，在上述一般性正义的前提下，公正地行使自由裁量权；在程序正义中，警察执法要做到公开透明，确保执法行为是"看得见"的公正行为，执法程序符合正义之法规定的实现正义的程序规定。第二，兼顾公正与效率。人民警察执法应当兼顾公正与效率。公正与效率，二者本是相辅相成，互为条件的。没有效率的公正，谈不上公正的真正实现；没有公正的效率，失去了执法高效的真实意义。在现实执法操作中，由于"执法观念发生偏差，自由裁量权适用不当，公安行政行为的效力先定性"等原因①，人民警察的执法行为有时会出现顾此失彼的情况，关注公正丧失效率，追求效率却丧失公正，执法效果不尽如人意，最终公正与效率均没有得以真正实现。第三，兼顾公正与民意。人民警察的执法权力来源于人民，执法行为所依据的各项法律制度的设计，应当符合与满足大多数人民的意愿。同时，人民警察的执法行为不仅要合法也要合理，实现执法行为的合理化，遵循社会公众的意愿也是应有之义。现实生活中，公正与民

---

① 丁玲：《论公安执法的效率与公正》，《广州市公安管理干部学院学报》2009 年第 3 期。

意有时会出现"二律背反"的现象。由于法律制度的滞后性与普遍性，"每一项法律的制定在立法本意上只能够满足彼时彼地的大多数人们的意愿，并不一定适用于此时此地的大多数人的意愿"①，这样的情形下，法律就会与民意发生冲突，依据此法律作出的"公正"执法未必是符合民意的"公正"。同时，某些执法机关一味遵从民意，出现"民愤极大"的情况时，其执法行为被民意所绑架，对于群众深恶痛绝的违法犯罪分子"刻意地"从严从重处罚，这样的执法程序与执法结果走到了另外一个极端，所体现的绝不会是公正，而是对于公正的蔑视，其实质也是对于民意的蔑视。民意只有当其符合法律规定时，才值得遵循，事实上，人民警察只要做到执法行为的实质公正与程序公正，才是对于民意的最大遵循，才是兼顾了公正与民意。

3. 确保执法结果公正

古代哲学家亚里士多德把正义分为总体的正义与具体的正义。公正地适用法律是执法公正的前提与保障，但由于法律的滞后性与普遍适用性，在应用于具体案件时会出现刚性有余弹性不足的情形，如果执法人员一味僵化地适用法律，不考虑当时当地的具体情形，就难以保证执法结果的彻底公正，这与当初公正地适用法律的初衷是相背离的。人民警察在适用法律，行使执法权力时，不仅应当重视执法的总体正义，同时也应当重视执法的具体正义。实现执法行为的具体正义，在正确行使自由裁量权之外，还应当关注执法的"个

---

① 尹伟中：《警察伦理学导论》，中国人民公安大学出版社 2008 年版，第 149 页。

别平衡"。警察执法的个别平衡，是指"在遵循一般正义的大前提下，警务人员在现实执法过程中对法律制度进行一定的弹性调整，使执法行为更具合理性与合法性"[①]。人民警察执法的个别平衡与使用法律的人人平等比较而言，其实是法律上的"区别对待原则"。这就是说，如果当一个法律的强制执行结果是与社会整体正义相冲突的，其结果是违背法律设立初衷的，我们是否还应当僵化地完全没有一点变通地适用这样的法律。答案当然是否定的。警察执法行为应当依据法律的本质精神及法律所规定的自由裁量权，对于在执法过程中所遭遇的种种矛盾冲突逐一破解，对于最终结果会违背社会实质正义的法律规定给予重构，对于不同情形的具体案件"区别对待"，将实质正义与程序正义充分结合，以实现真正的公正执法。

### （四）价值冲突与道德两难的"试金石"

人民警察的廉洁观，是人民警察核心价值观中的道德要求。人民警察核心价值观中的忠诚观、为民观、公正观是廉洁观的道德归属，廉洁观是前三者的必然体现。基于廉洁的基本含义与本质属性，廉洁观应当包括三个基本内容，即基于忠诚，廉洁要做到克己奉公。基于为民，廉洁要做到一心为民。基于公正，廉洁要做到刚正不阿。克己奉公，一心为民，刚正不阿，体现了三对价值冲突。克己奉公，是私与公的冲突；一心为民，是官与民的冲突；刚正不阿，是与非，

---

① 尹伟中：《警察伦理学导论》，中国人民公安大学出版社 2008 年版，第 145 页。

曲与直的冲突。人民警察核心价值观正是在不同价值观的冲突与两难中，通过内心的价值判断与价值选择，最终得以确立的。人民警察能否廉洁，是其能否忠诚、为民、公正的最好的道德考验。

## 1. 克己奉公

克己奉公，明确地为人民警察提出了价值判断与价值选择的准则，克制"私"，奉行"公"，不偏私利，以公为重。克己奉公，本质上是先公后私，个人私利服从社会公利的精神。第一，确立"立警为公"的意识。人民警察是中国共产党的队伍，中国共产党没有自己的任何私利，是全心全意为着国家与民族大义的，是"立党为公，执政为民"的。这是人民警察"立警为公，执法为民"的源头。人民警察的权力是国家公共权力的一部分，人民警察履行职责是代表国家行使权力而非个人，如果警察运用警察权牟取个人私利，就完全背离了警察权力的公共属性。第二，人民警察应当克己。克己包括克制私欲私情私心，私益私利私权。人民警察的内在需求有时会与警察的职业要求发生冲突，偏重一方，另一方就会受到损失。人民警察同样是血肉之躯，同样有儿女情长，但如果选择个人私利会损害公共权益时，就应当坚决克制一己之私，以公益公利公权为重。第三，人民警察应当奉公。人民警察奉公，就是忠诚于国家、人民与法律，以国家、人民的利益为重，以维护法律的尊严为重，以一心为公，尽心尽责为重。人民警察克己的同时要做到奉公，仅有克己而不奉公，就是无所作为，人民警察应当积极有为，以公事为重。

2. 一心为民

一心为民蕴含的价值冲突是官与民的冲突。人民警察应当摒除"官本位"思想，时刻牢记权力来源与执法宗旨，不可以"管人者"自居，以"官老爷"自居，绝不可以颠倒"公仆"与"主人"的关系。第一，确立"执法为民"的意识。人民警察应当认识到，人民警察全部工作的意义与价值，就在于为人民服务，这是所有工作的出发点与归属点。第二，人民警察应当全心全意为人民服务。一心为民，不能半心半意，不能三心二意，不允许凌驾于人民群众之上要特权，刁难、欺压、勒索群众。人民警察要把人民群众视为父母，爱民、便民、为民、利民、护民，把人民群众"拥护不拥护，赞成不赞成，答应不答应，满意不满意"作为工作的根本标准。① 第三，人民警察一心为民应落实到实际行动中。为民不是停留在口头上面，也不是停留在文章里面，而是在每天的日常工作中都应当体现为民宗旨。人民警察要深入群众，深入实际，透彻了解人民群众的思想、情绪、困难、意见，切切实实疏导群众不满情绪，解决群众实际困难，这才是真正做到全心全意为人民服务。

3. 刚正不阿

刚正不阿，即清正廉洁，有公正与清廉两重含义。第一，确立公平正义的意识。人民警察是社会正义的化身，其使命与职责就是捍卫社会正义，维护社会公平的。公平正义是衡量人民警察执法效果的根本标准。第二，人民警察应当公道

---

① 尹伟中：《警察伦理学导论》，中国人民公安大学出版社 2008 年版，第57 页。

正派，一身正气。人民警察应当为人正直、正派、刚正，处事公正、公平、公道。第三，人民警察应当拒腐防贿，廉洁自律。人民警察的刚正不阿也体现在面对形形色色的诱惑之时，不为名利所动摇，不为金钱所收买，坚守节操，珍爱荣誉，慎言慎行，清清白白。

## 三　人民警察核心价值观与社会主义核心价值观的价值关系

人民警察核心价值观与社会主义核心价值观都属于马克思主义价值观。马克思主义指导思想是人民警察核心价值观与社会主义核心价值观的理论渊源。马克思主义是价值论和知识论这两个维度的统一。"马克思主义首先是人之为人的价值理念的提出和论证。以此价值理念为尺度，方才有对资本主义的批判；以此价值理念为目标，方才有共产主义理想的提出。"①

### （一）马克思主义经典作家对社会主义核心价值的探索

马克思主义经典作家对社会主义核心价值的探索与发展问题，其实质是科学社会主义的核心价值问题。对于这个问题，学术界有这样的代表观点："科学社会主义的价值是什么？这是一个过去长期被忽略的问题。因而，有必要从价值学角度入手来探索科学社会主义的价值，从价值的基本内容

---

① 李景源：《马克思主义："硬核"及其剥取》，人民出版社2006年版，第2页。

'真、善、美'说起，从抽象到具体，解析科学社会主义的核心价值；从点到面，阐释科学社会主义的终极目标，即为了全人类的解放、社会的全面发展和人的全面自由发展，从价值学的角度看就是探讨什么时候达到'自由'，怎样达到'自由'的问题，联系现如今社会主义国家的状况，分阶段来分析科学社会主义价值的实现问题。"① 在马克思恩格斯看来，"社会主义"作为一种学说以理论上的形式表现出来，但是其理论内容却深深扎根于其现实生活之中。② 恩格斯也是在这个意义上并在《社会主义从空想到科学的发展》一书中明确地界定了"社会主义"，即"现代社会主义，就其内容来说，首先是对现代社会中普遍存在的有财产者和无财产者之间、资本家和雇佣工人之间的阶级对立以及生产中普遍存在的无政府状态这两个方面进行考察的结果。但是，就其理论形式来说，它起初表现为 18 世纪法国伟大的启蒙学者们所提出的各种原则的进一步的、似乎更彻底的发展"③。马克思恩格斯从没有明确指出他们设想的科学社会主义及未来的共产主义，其核心价值是什么？但从他们对未来社会基本特征和发展趋势的思考中可以尝试性地做些总结。

1. 正义

学界均知，马克思在论述科学社会主义时几乎没有使用过"正义"概念，更多地使用了"平等""公正"等与正义相近的概念。同时，很多文献表明马克思还曾激烈地批判过

---

① 徐艳玲：《科学社会主义学》，山东大学出版社 2013 年版，第 234 页。

② 薛俊强：《恩格斯〈社会主义从空想到科学的发展〉研究读本》，中央编译出版社 2013 年版，第 149 页。

③ 《马克思恩格斯选集》第 3 卷，人民出版社 1995 年版，第 719 页。

"社会正义"。在《哥达纲领批判》中，马克思就生气地批判了拉萨尔在党的纲领上空谈所谓"公平的分配""平等的权利"。马克思这样写道："我较为详细地一方面谈到'不折不扣的劳动所得'，另一方面谈到'平等的权利'和'公平的分配'，是为了指出这些人犯了多么大的罪，他们一方面企图把那些在某个时期曾经有一些意义，而现在已变成陈词滥调的见解作为教条重新强加于我们党，另一方面又用民主主义者和法国社会主义者所惯用的、凭空想象的关于权利等等的废话，来歪曲那些花费了很大力量才灌输给党而现在已在党内扎了根的现实主义观点。"① 在《工资、价格和利润》中，在 1877 年致左尔格的信中，马克思也有过相似的说法。② 当然，我们结合马克思的写作背景与写作目的可以明白，马克思所批判的社会正义并不是一般的社会正义，而是资本主义的社会正义，其目的恰恰是为了肯定和实现真正的社会正义。马克思激烈批判社会正义的目的，一是为了揭露自由主义正义理论的意识形态本质，二是为了同庸俗社会主义的抽象正义观划清界限。③ 马克思恩格斯所设想的社会正义是共产主义社会正义，在共产主义社会中："由社会全体成员组成的共同联合体来共同地和有计划地利用生产力；把生产发展到能够满足所有人的需要的规模；结束牺牲一些人的利益来满足另一些人的需要的状况；彻底消灭阶级和阶级对立；通过消除

---

① 《马克思恩格斯选集》第 3 卷，人民出版社 1995 年版，第 306 页。
② 上海市社会科学界联合会：《马克思主义视野下的公平与正义》，上海市社会科学第八届学术年会文集 2010 年度，上海人民出版社 2010 年版，第 33—34 页。
③ 曹玉涛：《论马克思对"社会正义"的批判及其当代意义》，《河南师范大学学报》（哲学社会科学版）2005 年第 3 期。

旧的分工，通过产业教育、变换工种、所有人共同享受大家创造出来的福利，通过城乡的融合，使社会全体成员的才能得到全面发展。"①马克思在诸多国际工人运动与工人组织的领导工作中，也多次提到正义，把正义作为了工人阶级的重要价值观念。1864年，马克思在第一个国际性无产阶级革命组织——"国际工人协会"的《成立宣言》中指出，工人阶级的解放要求工人要"努力做到使私人关系间应该遵循的那种简单的道德和正义的准则，成为各民族之间的关系中的至高无上的准则"②。1866年，马克思在日内瓦代表大会通过的《国际工人协会章程和条例》中再一次庄严宣布："加入协会的一切团体和个人，承认真理、正义和道德是他们对一切人的态度的基础，而不分肤色、信仰或民族。"③

2. 公平

马克恩恩格斯眼中的社会公平不是道德上的公平，也不是法律上的公平，认定社会公平的基础只能是特定社会的历史基础，即特定社会的生产方式。恩格斯曾明确指出："在道德上是公平的甚至在法律上是公平的，从社会上来看可能远不是公平的。社会的公平或不公平，只能用一门科学来断定，那就是研究生产和交换这种与物质有关的事实的科学——政治经济学。"④恩格斯在《论住宅问题》一书中指出："公平则始终只是现存经济关系的或者反映其保守方面、或者反映其革命方面的观念化的神圣化的表现。希腊人和罗马人的公

① 《马克思恩格斯选集》第1卷，人民出版社1995年版，第243页。
② 《马克思恩格斯全集》第21卷，人民出版社2003年版，第15页。
③ 同上书，第535页。
④ 《马克思恩格斯全集》第25卷，人民出版社2001年版，第488页。

平认为奴隶制度是公平的；1789 年资产者的公平要求废除封建制度，因为据说它不公平。在普鲁士的容克看来，甚至可怜的行政区域条例也是对永恒公平的破坏。所以，关于永恒公平的观念不仅因时因地而变，甚至也因人而异，这种东西正如米尔伯格正确说过的那样，'一个人有一个人的理解'。"① "在日常生活中，需要加以判断的各种情况很简单，公正、不公正、公平、法理感这一类说法甚至应用于社会事物也不致引起什么误会，可是在经济关系方面的科学研究中，如我们所看到的，这些说法却会造成一种不可救药的混乱。"② 我们从这些论述中可以很明确地看出马克思主义社会公平的判断基础是现实的经济关系。唯有公平的经济基础，才会有公平的社会关系。在资本主义社会，社会公平体现为商品交换所表现的抽象平等和无产阶级出卖劳动力的自由，即所谓的"做一天公平的工作，得一天公平的工资"的"公平"，这都不是真正的公平。真正的公平是"真正的自由和真正的平等只有在共产主义制度下才可能实现；而这样的制度是正义所要求的"③。

3. 自由

自由是指每个人的自由和全面的发展，这是社会主义最高的价值追求，即"如何使每个人的生活条件达成真正的人的生存条件。④" 马克思在 1848 年的《共产党宣言》中就设

---

① 《马克思恩格斯选集》第 3 卷，人民出版社 1995 年版，第 212 页。
② 同上书，第 212 页。
③ 《马克思恩格斯全集》第 1 卷，人民出版社 1956 年版，第 582 页。
④ 薛俊强：《恩格斯〈社会主义从空想到科学的发展〉研究读本》，中央编译出版社 2013 年版，第 130 页。

想了未来社会是"自由人联合体"的社会模式，指出："代替那存在着阶级和阶级对立的资产阶级旧社会的，将是这样一个联合体，在那里，每个人的自由发展是一切人的自由发展的条件。"① 恩格斯在《共产主义信条草案》中提出，未来共产主义社会中"社会的每一个成员都能完全自由地发展和发挥他的全部才能和力量，并且不会因此而危及这个社会的基本条件"②。恩格斯也论述过人的全面自由发展的问题。他主要是从社会占有生产资料为人真正实现人自身的生活提供基础和现实条件的意义上说明这个问题的。历史发展到一定水平之后，人们支配和控制着自然界和社会，成为自然界的、社会的和人自身的真正主人，即人们"成为自然界的自觉的和真正的主人，因为他们已经成为自身的社会结合的主人了"。从这时起，人们实现了完全地彻底地解放与自由，即人们此时可以"完全自觉地自己创造自己的历史"③。具体地说，在未来社会每个生产者将不被产品所控制，不被物的依赖关系，诸如商品、货币和资本所统治。在这个意义上，社会主义的实现意味着包括每个人在内的人类从必然王国到自由王国的飞跃。

### 4. 和谐

马克思恩格斯认为新的生产方式是促使社会和谐的基础。在《共产党宣言》中，马克思、恩格斯就指出，资产阶级在反对封建制度的斗争中起过进步作用，并在占统治地位不到

---

① 《马克思恩格斯选集》第 1 卷，人民出版社 1995 年版，第 294 页。
② 《马克思恩格斯全集》第 42 卷，人民出版社 1979 年版，第 373 页。
③ 《马克思恩格斯选集》第 3 卷，人民出版社 1995 年版，第 757—758 页。

100 年的时间里，创造了比先前各个历史时期更大的生产力。但是，随着社会生产力的发展，资本主义生产关系渐渐不能与之相适应了，引发很多矛盾，诸如两极分化、人的异化等。马克思、恩格斯认为，人类只有进入共产主义社会才能实现真正的社会和谐，才能从根本上消除这种不和谐的现象，这是人类历史发展的客观趋势。在《德意志意识形态》中，马克思、恩格斯就认为，只有在消灭私有制、消灭阶级、消灭旧的分工以后，也就是说，只有在共产主义社会中，"个人的独创的和自由的发展不再是一句空话"。这时，人的发展不仅取决于"经济前提"和"一切人的自由发展的必要的团结一致"，而且还取决于"在现有生产力基础上的个人的共同活动方式"①。恩格斯还指出了旧式分工的消灭在实现和谐社会中的作用："要不是每一个人都得到解放，社会也不能得到解放。因此，旧的生产方式必须彻底变革，特别是旧的分工必须消灭。"② 马克思主义追求的未来理想社会是属于整个人类的，是全世界的，追求的是普遍幸福的理想社会，即"各国人民之间的民族分隔和对立日益消失"③。因此，要实现未来理想社会，必须"以生产者自由平等的联合体为基础的、按新方式来组织生产的社会，将把全部国家机器放到它应该去的地方，即放到古物陈列馆去，同纺车和青铜斧陈列在一起"④。这就是说，由民族、国家内部的社会和谐走向国家之间、民族之间的世界和谐，最终实现阶级和国家消亡，在真

---

① 《马克思恩格斯全集》第 3 卷，人民出版社 1960 年版，第 516 页。
② 《马克思恩格斯选集》第 3 卷，人民出版社 1995 年版，第 644 页。
③ 《马克思恩格斯选集》第 1 卷，人民出版社 1995 年版，第 291 页。
④ 《马克思恩格斯全集》第 21 卷，人民出版社 1965 年版，第 198 页。

正意义上最终实现人类理想社会。马克思、恩格斯还强调人与自然的和谐发展，认为为了实现人类社会的最终目标，就必须正确处理人与自然的关系。人类不能凌驾于自然之上为所欲为，要彻底克服资本主义的无政府状态所必然导致的资源浪费和环境破坏，需要对其生产方式和以此生产方式为基础的整个社会制度实行完全的变革。他们认为，到共产主义高级阶段，社会成员的精神境界极大提高，体力和智力获得充分的、自由的发展和运用，从而实现人类的彻底解放和全社会乃至全世界的和谐。

### （二）社会主义核心价值观的"价值"内涵

社会主义核心价值观是对中国特色社会主义核心价值的高度凝练，是马克思主义经典作家对社会主义核心价值一般化探索后的特殊实现。我们有必要探讨社会主义核心价值观的"价值"内涵，其实质是对于中国特色社会主义核心价值的深入分析。首先，从社会主义理论形式及其发展规律来看，我们不能割断其历史发展。任何学说与理论，除去它的阶级根源、社会根源以外，都有它的思想根源，和以往的学说有一定的联系。马克思、恩格斯的科学社会主义学说不仅为我们提供了分析研究社会主义社会的方法论原则，还提供了他们运用这些方法论原则分析社会实践的光辉典范，坚持和发展马克思主义经典作家对社会主义核心价值的探索，是有重大裨益的。其次，理清科学社会主义的核心价值有利于我们与各种虚假的错误的社会主义划清界限。中国特色社会主义取得了举世瞩目的成就，但我们也不应该忘记社会主义制度在中国的实现与发展也并不是一帆风顺的。20世纪五六十年代由于各种各样虚假的错误的社会主义思潮泛滥成灾，科学社会主义受到了阻碍，让我们付出了巨大的代价和牺牲，为了使社会主义取得真正的全面的胜利，我们必须同形形色色的非科学的社会主义划清界限。最后，马克思主义经典作家所揭示的科学社会主义的种种核心价值，是以分析历史事实及其发展过程为出发点的，即关于未来社会的观点是根据现在的历史事实和发展过程分析得出的，随着事实过程的改变或分析的深入，关于未来社会的观点也要随之改变。社会主义社会有其自身不断发展和变化的过程，对它的认识也应不断地深入和发展。①

1. 社会主义核心价值观是坚持人民主体地位的价值理念

社会主义诞生至今，从空想社会主义者对社会主义核心价值的追求、马克思、恩格斯对未来社会核心价值的探索再到中国共产党人建设社会主义社会的伟大实践，其核心的价值理念无一不指向人的自由与解放。社会主义理论与实践上的价值取向与马克思主义价值哲学中价值的核心指向、根本源泉、本质属性相吻合。马克思主义价值哲学中价值的核心指向是人的解放与自由、根本源泉是人的实践活动、本质属性是人的主体性弘扬，这也是社会主义核心价值观的价值学基础。党的十八大报告明确指出："必须坚持人民主体地位。中国特色社会主义是亿万人民自己的事业。要发挥人民主人翁精神，坚持依法治国这个党领导人民治理国家的基本方略，最广泛地动员和组织人民依法管理国家事务和社会事务、管

---

① 李玉硕：《恩格斯关于未来社会的方法论——读〈社会主义从空想到科学的发展〉》，《学术交流》1986 年第 6 期。

理经济和文化事业、积极投身社会主义现代化建设，更好保障人民权益，更好保证人民当家做主。"① 首先，坚持人民的主体地位表现为"中国特色社会主义事业是亿万人民自己的事业"，人民是中国特色社会主义事业的"主人翁"。马克思主义的核心价值理念是人之为人，即"每个人的全面而自由的发展"，人的"全面发展"，包含多层含义，用马克思的话说，就是"人对人的本质和人的生命，对象性的人和人的产品的感性的占有"，就是让"人以一种全面的方式，就是说，作为一个完整的人，占有自己的全面的本质"②。人的"自由发展"，用恩格斯的话说，就是人们"成为自身的社会结合的主人"；人们"完全自觉地自己创造自己的历史"；人们使之起作用的社会原因"大部分并且越来越多地达到他们所预期的结果"③，也即人"成为自己的社会结合的主人，从而也就成为自然界的主人，成为自身的主人——自由的人"④。中国特色社会主义是亿万人民自己的事业，亿万人民是中国特色社会主义事业的主人翁，就是使人民成为了中国特色社会主义社会的主人，使人民自觉地自己创造自己的历史，使我们的社会主义社会大部分并且越来越多地达到人民自己所预期的结果，从而使人民以最全面的方式不仅占有社会主义社会发展的一切成果，其核心指向也就是占有了"自己的全面的本质"，逐步实现了自己的最全面最自由的发展。其次，坚持

---

① 胡锦涛：《坚定不移沿着中国特色社会主义道路前进为全面建成小康社会而奋斗——在中国共产党第十八次全国代表大会上的报告》，2012 年 11 月 8 日。

② 《马克思恩格斯全集》第 3 卷，人民出版社 2002 年版，第 303 页。

③ 《马克思恩格斯选集》第 3 卷，人民出版社 1995 年版，第 758 页。

④ 同上书，第 760 页。

人民的主体地位还表现为"最广泛地动员和组织人民依法管理国家事务和社会事务、管理经济和文化事业、积极投身社会主义现代化建设"。无论是人自身的价值，还是某一个社会形态的价值，一切价值的实现都要以人的实践为基础。空想社会主义者所追求的社会价值没有实现的原因之一就是没有把价值实现的基础建立在人的实践活动之上，而是建立在了纯粹的"理性"之上，科学社会主义摒弃了这一方法论的错误，坚持唯物主义理论，认为社会核心价值的创造与实现一定是有规律的人的实践活动。中国特色社会主义既是理论更是实践，广泛地动员所有人民参与国家社会事务、经济文化事业，是其实践性的根本体现，更是社会主义社会核心价值创造与实现的根本要义。

2. 社会主义核心价值观是坚持社会主义本位价值的价值判断

社会主义这一提法原本就建立在对资本主义社会做出价值判断的基础之上。空想社会主义和科学社会主义对于未来理想社会的描述也均是以对当时黑暗的资本主义社会的价值判断为前提的，对于社会主义社会核心价值的探索与发展更是一种与资本主义社会形成鲜明对比的价值判断。社会主义社会优越于资本主义社会，共产主义社会是人类的理想社会，如此种种提法也莫不包含着合理的价值判断。这样的价值判断在当代中国的核心指向就是坚持社会主义，包括中国特色社会主义道路、中国特色社会主义理论体系，中国特色社会主义制度与中国特色社会主义文化。"党和国家的长期实践充分证明，只有社会主义才能救中国，只有中国特色社会主义才能发展中国。"① 我们在今天依然坚持社会主义这一价值判断的首要表现是"只有社会主义才能救中国",这是我们"回首近代以来中国波澜壮阔的历史,展望中华民族充满希望的未来"② 得出的坚定结论。与以往空想社会主义者对未来社会"理性"的描绘、对自身阶级属性"幻想"的认识不同,科学社会主义的理论基础则是建立在对现实社会历史发展规律的分析,尤其是建立在对无产阶级现实运动的历史基础之上的,诚如恩格斯指出的科学社会主义已由"新的历史观"③ 证明了"以往的全部历史,除原始状态外,都是阶级斗争的历史"④。社会主义应当被"看作两个历史地产生的阶级即无产阶级和资产阶级之间斗争的必然产物",社会主义的任务是"研究必然产生这两个阶级及其相互斗争的那种历史的经济的过程;并在由此造成的经济状况中找出解决冲突的手段"⑤。新中国成立 60 多年来,中国人民不断地尝试在由"无产阶级"和"资产阶级"之间相互斗争造成的历史的经济的"状况"中找出解决冲突的手段,这一过程充满了艰辛和苦楚。"只有社会主义才能救中国",这是由我们的历史经验和社会实践告诉我们的真理,这是我们经过了实践检验的正确的价值判断。其次,坚持社会主义在当今中国更为重要的表现是

---

① 习近平:《紧紧围绕坚持和发展中国特色社会主义 学习宣传贯彻党的十八大精神》(在十八届中共中央政治局第一次集体学习时的讲话),2012 年 11 月 17 日。

② 胡锦涛:《坚定不移沿着中国特色社会主义道路前进为全面建成小康社会而奋斗——在中国共产党第十八次全国代表大会上的报告》,2012 年 11 月 8 日。

③ 恩格斯在《社会主义从空想到科学的发展》一文中指"唯物主义历史观"。

④《马克思恩格斯选集》第 3 卷,人民出版社 1995 年版,第 739 页。

⑤ 同上书,第 739 页。

坚持中国特色社会主义。科学社会主义的科学性在于其本质意义是由唯物史观和剩余价值学说揭示出来的，但是这并非科学社会主义"科学性"理论内涵的全部，科学社会主义还必须建立在变化着的现实基础之上，恩格斯曾批判过各种不伦不类的和空想的社会主义，认为对所有这些人来说社会主义只是"绝对真理、理性和正义"的表现。恩格斯认为要把社会主义变为科学，就必须首先把这些"绝对真理、理性和正义"的东西"置于现实的基础之上"①。中国特色社会主义就是科学社会主义"绝对真理、理性和正义"的现实延伸和真实发展，是置于中国社会主义社会伟大实践这一最大的现实的基础之上的。立足于中国社会，立足于中国经济、政治和文化实践，坚持社会主义就是坚持中国特色社会主义，这是科学社会主义在当代中国的最好表现，既符合科学社会主义的唯物史观，也符合马克思恩格斯的辩证法态度："辩证法对每一种即成的形式都是从不断的运动中，因而也是从它的暂时性方面去理解；辩证法不崇拜任何东西，按其本质来说，它是批判的和革命的。"② 我们也并不崇拜任何东西，我们坚持中国特色社会主义是在历史实践中批判地革命地坚持了社会主义的本质。

3. 社会主义核心价值观是坚持共产主义远大目标的价值理想

社会主义作为一种新的社会理念和社会制度，符合人类社会发展的方向，体现着人类社会进步的价值理念，空想社

---

① 《马克思恩格斯选集》第 3 卷，人民出版社 1995 年版，第 732 页。
② 《马克思恩格斯文集》第 5 卷，人民出版社 2009 年版，第 22 页。

会主义者和科学社会主义者对未来社会的探索与描述均指向更加公正更加富裕，人人可以自由发展的美好社会，即马克思恩格斯早在《共产主义宣言》中提出的"共产主义社会"。恩格斯在早期《社会主义从空想到科学的发展》一书中也描述了未来社会的基本特征和发展趋势，主要包括："全体社会成员共建共享社会发展的成果；全体社会成员对社会事务进行公共管理；社会每个个体得以实现自由和全面的发展；社会制度及其作为虚假意识之表征的意识形态的消失。"① 恩格斯指出："自从资本主义生产方式在历史上出现以来，由社会占有全部生产资料，常常作为未来的理想隐隐约约地浮现在个别人物和整个整个派别的头脑中。但是，这种占有只有在实现它的实际条件已经具备的时候，才能成为可能，才能成为历史的必然性。正如其他一切社会进步一样，这种占有之所以能够实现，并不是由于人们认识到阶级的存在同正义、平等等等相矛盾，也不是仅仅由于人们希望废除阶级，而是由于具备了一定的新的经济条件。"② 现在我们必须清醒地认识到，"我国仍处于并将长期处于社会主义初级阶段的基本国情没有变，人民日益增长的物质文化需要同落后的社会生产之间的矛盾这一社会主要矛盾没有变，我国是世界最大发展中国家的国际地位没有变"。在任何情况下，我们"都要牢牢把握社会主义初级阶段这个最大国情，推进任何方面的改革

---

① 薛俊强：《恩格斯〈社会主义从空想到科学的发展〉研究读本》，中央编译出版社 2013 年版，第 133—136 页。

② 《马克思恩格斯选集》第 3 卷，人民出版社 1995 年版，第 755—756 页。

发展都要牢牢立足社会主义初级阶段这个最大实际"①。中国特色社会主义核心价值的价值理想是追求共产主义社会，这是我们永远不会改变的价值追求，但是在现阶段我们还不具备实现共产主义的"新的经济条件"，"由社会占有全部生产资料的"社会历史条件并不具备，因此我们必须正视现有条件和历史阶段，在现有经济和历史条件下，扎扎实实地顽强奋斗、艰苦奋斗、不懈奋斗，力争在"中国共产党成立一百年时全面建成小康社会"；在"新中国成立一百年时建成富强民主文明和谐的社会主义现代化国家"②，"实现全面建成小康社会、建成富强民主文明和谐的社会主义现代化国家的奋斗目标"，就是"实现中华民族伟大复兴的中国梦"③，这是中华民族近代以来最伟大的梦想，也是有中国特色的社会主义核心价值理想。

### （三）"价值"内涵具有一致性

人民警察核心价值观与社会主义核心价值观，都是"观念形态"的价值观，即"价值观念"。这两种价值观念具有价值观的基本特性，诸如总是和特定主体相联系，形成与发展的前提是人的主体意识，形成与发展的基础是人的实践活动，是关于价值判断、价值选择与价值追求的基本观点，具有系统性、综合性和稳定性特质。这两种价值观的"价值"内涵

---

① 胡锦涛：《坚定不移沿着中国特色社会主义道路前进为全面建成小康社会而奋斗——在中国共产党第十八次全国代表大会上的报告》，2012 年 11 月 8 日。
② 同上。
③ 习近平：《在第十二届全国人民代表大会第一次会议上的讲话》，2013 年 3 月 17 日。

完全从属于马克思主义价值观的"价值"内涵，具有一致性，具体表现为以下内容。

1. 价值主体一致

价值观念中的价值主体，是探讨某种价值观念"一切为了什么人"的问题。人民警察核心价值观，之所以是"核心"价值观，最主要的原因在于它是"人民主体论"的价值观，是"一切为了人民"的价值观。社会主义核心价值观，其核心价值理念是坚持人民的主体地位，这同样是一种"人民主体论"的价值观，是"一切为了人民"的价值观。人民警察核心价值观与社会主义核心价值观，这两种价值观念，拥有同样的价值主体。人民警察核心价值观中的"人民主体"与社会主义核心价值观中的"人民主体"中的"人民"是完全一致的。正是由于人民的带有"阶级性"的实践活动，才会有社会主义革命，建立了社会主义制度与社会主义国家。社会主义属性的实践活动，与资本主义属性的实践活动，最核心的区别就是人民的主体性，是人民对于社会正义、公平、自由、和谐的价值追求与价值实践。人民建立了属于全体人民的社会主义制度与国家之后，为了维护阶级秩序与社会秩序，"人民警察"，这一充分彰显人民主体性的警务实践随之产生，人民警务实践活动的真实主体是全体人民。在公安队伍中提出人民警察核心价值观，是对人民警察是人民民主专政国家机器的特别强调。人民警察核心价值观是社会主义核心价值观在公安队伍中的具体表现。

2. 本位价值一致

人民警察核心价值观，"忠诚、为民、公正、廉洁"，体现了警察价值中的本位价值，即"安全，秩序，正义"。社会主义核心价值观，同样体现了社会主义的本位价值。社会主义的本位价值是从空想社会主义者，科学社会主义者到中国特色社会主义者一以贯之的，都是对于社会正义、公平、自由、和谐的执着追求。人民警察核心价值观体现的警察本位价值，"安全，秩序，正义"，是理想社会本位价值"正义、公平、自由、和谐"的特殊表现，体现了人民警察这一群体的特殊使命。人民警察核心价值观体现的本位价值与社会主义核心价值观所体现的本位价值，在价值本质上都是价值主体为满足自身需要与目的所追求的某种价值。人民警察核心价值观与社会主义核心价值观具有相同的价值主体，价值主体对于社会正义、公平、自由、和谐的追求，就是为了满足自身的根本需要，对于社会本位价值的追求，体现在警务实践活动中的本位价值就具体化为安全、秩序与正义，价值主体对于"安全、秩序、正义"本位价值的追求与捍卫，其实质也是对于社会"正义、公平、自由、和谐"本位价值的追求与捍卫，两者并没有实质意义上的区别。

3. 终极价值追求一致

马克思主义价值观中的"价值"，终极价值追求是人的彻底解放与自由全面的发展。社会主义核心价值观蕴含的本位价值，正义、公平、自由、和谐，全部指向于人的彻底解放与自由全面的发展。社会主义核心价值的价值主体对于正义、公平、自由与和谐的追求，是为了满足自身的需要，其根本需要或者说价值追求的根本目的，就是为了实现自身的彻底解放与自由全面的发展。人民警察核心价值观蕴含的本位价值，安全、秩序、正义，是阶级社会的产物，具有明显的阶级性与专政性，对于这样本位价值的追求与实现，必然是会

以一部分人对另一部分人的统治或服从为代价的。如果局限
于某一个特定历史时期或社会环境中，警务实践活动的本位
价值是与社会主义本位价值，与马克思主义价值观中的"价
值"内涵相悖的。但是如果将人类对于警务价值的追求置于
整个历史发展长河中，就会得出不同的理解。警务实践活动
本位价值的主体是人民，这一主体自身就有阶级性，人民通
过警务实践活动，追求安全、秩序与正义，目的是维护统治
秩序与社会稳定，最终目的依然是对于社会核心价值，正义、
公平、自由与和谐的追求，是对于人的彻底解放与自由全面
发展的追求。

4. 价值表现形态一致

人民警察核心价值观是人民警察对于警务实践活动价值
的价值判断，价值选择与价值追求。这些价值判断，价值选
择与价值追求的最高表现形态就是人民警察崇高的理想信念。
社会主义核心价值观的价值表现形态同样是共产主义远大理
想与中国梦的具体理想。人民警察核心价值观与社会主义核
心价值观的价值表现形态完全一致，都是以理想信念的基本
形态表现出来的。人民警察对于"忠诚、为民、公正、廉洁"
理想信念的追求，就是在踏踏实实地践行中国特色社会主义
共同理想，就是在实现共产主义远大理想。

# 第三章　人民警察核心价值观的历史研究

人民警察核心价值观是 21 世纪新时期警察队伍的核心理念与建设要求，是公安机关历史发展的现实回应与高度凝练。我们有必要充分地梳理人民警察核心价值观在公安历史发展沿革中的理论渊源与实践经验，总结出"忠诚、为民、公正、廉洁"的发展历史与培育实践，为人民警察核心价值观建设提供丰富的史料支撑与有力论据。

## 一　人民警察核心价值观的历史演进

### （一）新民主主义革命时期的初期表现

新民主主义革命时期包括大革命时期、土地革命时期、抗日战争时期、解放战争时期。在这一历史时期，中国共产党成立、发展、壮大，最终领导中国人民取得了革命胜利，建立了中华人民共和国。人民警察队伍的发展壮大是与中国共产党、中国革命、中华人民共和国的发展同步的。人民警察核心价值观随着人民警察队伍的发展壮大逐步形成。

1. 接受党的领导

中国共产党成立之初，为保卫党的安全，保卫工农革命运动的顺利开展，在激烈的阶级斗争中，产生了以"惩办工贼、镇压土豪劣绅、维护治安秩序、防止反革命破坏、保卫工农运动深入发展"的保卫工作。[①] 保守秘密、听从指挥、忠诚于党是当时保卫工作的唯一要求。大革命失败之后，中国共产党开始筹建保卫组织。1927 年 8 月，中共中央在武汉召开紧急会议，在《党的组织问题决议案》中，提出要建立可以"探听反革命线索及其他各种消息各地环境"的"秘密机关"。11 月，开始建立党的保卫组织——中央特科。中央特科对于保卫中共中央安全，掌握敌情动态，建立秘密通信联络，营救被捕领导人做出了贡献。从 1927 年秋收起义到 1930 年，中共中央在全国先后创立了十几个革命根据地。为保卫新生革命政权，抵抗国民党反动派的"清党"，屠杀，建立起作为革命政权肃反机关的肃反委员会。它是党领导的与中央特科同时存在的保卫组织，行使了一定的警察职能，但还不是正式的公安机关。肃反委员会的成员，政治上要求非常严格，"强调委员成分要注意选择雇农、贫农、工人，还应该是共产党员"[②]。1928 年中共六大指出，"党应派遣代表往各大乡村实行组织地方政府的工作，……夺取政权后的根本任务，即在建立足以保证新政权及其革命政策之实现的政权机关"[③]。1931 年 11 月，国家政治保卫局成立。国家政治保卫局的组织原则，是"完全集权的"，"下级对上级的命令绝对服从"，

---

①　中国人民公安史稿编写小组：《中国人民公安史稿》，警官教育出版社 1997 年版，第 5 页。

②　同上书，第 23 页。

③　《苏维埃政权组织问题决议案》，载中央档案馆编《中共中央文件选集》第 4 册，中共中央党校出版社 1983 年版，第 237 页。

是"一贯的垂直系统"①。这样的领导体制使国家政治保卫局成为了凌驾于地方党政军之上的自成体系的"独立系统",有着特殊的权力,严重脱离了党和群众,影响恶劣。1936年,刘少奇同志在《公开工作与秘密工作的区别与联系》中就明确指出:公开工作是为了实现党的纲领,不脱离党的正确指导。秘密工作不脱离广大的群众。这样才能使两者均得到党的支持与群众的掩护。政治保卫局绝对的个人集权与垂直领导体制造成肃反扩大化,给革命带来惨痛损失。

抗日战争开始之后,中共中央决定中央社会部领导下的各级公安机关实行党和政府双重领导体制。1939年8月25日,中共中央作出《关于巩固党的决定》。随后于10月10日又作出《关于反奸细的决议》,决定、决议指出:党要加强对锄奸保卫工作的领导,纠正保卫工作的垂直领导,动员全党全军和广大群众担负锄奸保卫任务。决议要求党的书记与军队首长"加强领导保卫部门的工作,把这部门工作视为党的工作不可分离的组成部分"。1940年下半年,中共中央社会部制定《公安局组织纲要》,在规定了公安局隶属于各级政府,在政府的领导下开展工作的同时,再次明确要求"各级党的保卫委员会应随时检查各级公安局对党的锄奸政策的执行,及时加以指导"。公安局"应坚决执行党委的决定"。这些规定加强了党对公安保卫机关的领导,并把公安保卫机关置于党的监督之下。这是我们党在公安保卫工作中首次确立党对公安工作的领导。1940年,中共中央社会部修改并转发

---

① 中国人民公安史稿编写小组:《中国人民公安史稿》,警官教育出版社1997年版,第32页。

了晋察冀边区《公安局警务公约》，对警务人员各方面的行为规范提出了明确要求，进一步强调了公安机关服从命令听从指挥的根本要求。敌后抗日根据地，为适应严酷环境，加强对锄奸保卫工作的领导，普遍建立健全了由党政军和锄奸保卫机关的领导组成的锄奸保卫委员会，实行统一领导。七大以后，晋冀鲁豫边区政府公安总局，专门制定了《公安人员守则》，提高了组织性和纪律性，守则要求公安人员"忠实于革命事业，忠实于抗日民主政权""坚守革命立场""服从组织领导"。解放战争开始之后，全国统一的人民公安机关也同样是在共产党的领导下，始终坚持忠诚原则的前提下，逐步建立和发展起来。

2. 公安机关来源于人民，是为人民服务的专政机关

保卫工作起源于工农运动，是人民的武装力量。中国共产党成立之初，就成为了领导工人运动的主要力量。为保卫工人运动的顺利开展，惩办工贼，镇压土豪劣绅，维护治安秩序，防止反革命破坏，产生了党的保卫工作。这时的保卫工作虽然只是工人运动的组成部分，但对后来的公安保卫工作有着不容忽视的影响。北伐战争开始后，农民运动也在中国共产党的领导下，如火如荼地开展起来。在农会的领导下，发动群众，对残酷镇压农民运动，破坏革命的土豪劣绅进行制裁。农民自卫军迅速壮大，对维持农村治安，禁止鸦片烟毒和聚众赌博，防止反革命破坏，支援北伐战争做了大量工作。

保卫群众利益，进行阶级斗争是保卫机关的主要任务。大革命失败后的武装起义，南昌起义和广州起义均进行了建立公安机关的尝试。如南昌起义中建立的政治保卫处和公安

局。广州起义中建立的肃反委员会。这些机构的主要任务就是发动群众，镇压反动派，保卫武装起义。革命根据地创建初期建立的肃反委员会，其任务除了镇压土豪劣绅外，主要是"护秋护粮，保卫群众利益"①。

保卫机关的性质是工农民主政权的专政机关。1931 年 11 月《中华苏维埃共和国宪法大纲》明确规定，国家政治保卫局是保卫苏维埃政权的一个机关，是在苏维埃政府领导之下进行公开的、秘密的与一切军事的、政治的、经济的反革命做斗争的专政机关。②

我们党的保卫工作与保卫机关始终与群众运动密不可分。随着革命根据地的开辟，各地普遍建立起赤卫队、暴动队、少先队、儿童团等组织，配合武装斗争，保卫革命政权。主要的工作有站岗放哨、警戒敌人的进攻和破坏、了解敌情，配合武装斗争、监视地主豪绅，防止他们进行破坏、维护社会治安、保卫生产，保护群众利益。抗战开始之后，随着抗日根据地的发展，各地的锄奸保卫组织也普遍地建立起来了。各级锄奸保卫机关在党委和抗日民主政府领导下，通过召开会议、报刊、编印材料文艺表演、宣扬英雄模范事迹、选择典型案例公审公判等不同形式宣传动员教育群众。在发动群众的基础上，建立了锄奸委员会、锄奸团等群众性锄奸组织。

保障人权保护人民，确立了全心全意为人民服务的宗旨。1940 年的《公安局警务公约》明确规定了警务人员的重要任

---

① 中国人民公安史稿编写小组：《中国人民公安史稿》，警官教育出版社 1997 年版，第 23 页。

② 同上书，第 31 页。

务是保障人权，保护人民。具体强调："警务人员，抗日当先，拥护政府，保障民权。……缉匪捕盗，勇敢向前，保护人民，维护治安。"① 1945 年，党的七大把"中国共产党人必须具有全心全意为中国人民服务的精神"写入了党章。广大锄奸保卫干部，贯彻中共七大精神，提高了组织性和纪律性，增强了全心全意为人民服务的基本观念。有的根据地，如晋冀鲁豫边区政府公安总局，专门制定的《公安人员守则》就要求公安人员"团结广大群众在自己的周围"。

解放战争时期，明确了公安工作为人民服务的性质、任务、纪律等。1946 年 5 月，晋察冀边区太行区公安局发布了《革命警察之性质、任务、条件、守则》，提出新民主主义社会的警察是保障广大人民的自由民主权利以及一切利益的有力组织，完全是为人民服务的。1946 年 9 月，第四次东北行政委员会通过了《东北各级公安机关组织暂行条例》。条例规定各公安机关的主要任务是防止与镇压破坏民主的反革命分子，保护东北人民之民主权利；动员与领导东北人民，教育提高群众防特防匪工作；维护社会治安，巩固民主秩序，保障人民生命财产之安全。条例要求公安干部必须坚决贯彻为老百姓办事的优良作风，必须扫除贪污腐化、敲诈欺压人民的伪满警察官僚衙门作风。② 1946 年 8 月，旅大市公安总局警察学校成立，办学的唯一宗旨就是"一切为了人民解放战

---

① 中国人民公安史稿编写小组：《中国人民公安史稿》，警官教育出版社 1997 年版，第 85 页。

② 《东北行政委员会对建立改造公安机关的指示》（1946 年 9 月 10 日），转引自中国人民公安史稿编写小组《中国人民公安史稿》，警官教育出版社 1997 年版，第 137 页。

争，培养干部，建设一支由共产党领导的、为人民服务的、新型人民警察队伍"①。教育方针是端正学员的立场和思想作风，提高政治觉悟和思想水平，树立为人民服务的革命人生观。

### 3. 公正的实现依靠法制保障

革命根据地创建初期，为保护新生的革命政权，在共产党和工农民主政权领导下建立了肃反委员会。肃反委员会是履行专政职能的人民民主专政机关。1930 年前后，随着革命根据地的巩固，一些地区总结经验，纠正盲动偏向，制定了一些肃反政策和法规，体现了区别对待的思想和革命法制精神。如 1929 年 7 月，毛泽东主持召开了中共闽西特委第一次代表大会，大会对怎样处理土匪和对待流氓无产阶级的问题上就提出了区别对待的政策，1929 年 10 月，方志敏领导下的信江特区苏维埃代表大会通过《惩治反革命暂行条例》。1930 年，赣东北苏维埃政府颁布了《赣东北特区暂行刑律》。1930 年，鄂豫皖六安县六区苏维埃代表大会制定了《肃反条例》。1930 年 5 月，右江工农民主政府颁布了确定反革命标准的《土地法暂行条例》。虽然这些规章制度并未普遍贯彻，但是对于规范肃反程序，公平公正处理肃反案件确是积极的探索与尝试。

1931 年以后，一些根据地程度不同地发生了肃反扩大化的错误，错误地捕杀了一批党政军干部。党中央和根据地的一些领导同志意识到肃反扩大化削弱革命力量、涣散革命队

---

① 《大连公安历史长编》，转引自中国人民公安史稿编写小组《中国人民公安史稿》，警官教育出版社 1997 年版，第 180 页。

伍、脱离人民群众的危害，采取措施制止和纠正这种错误，开始注重调查、证据、程序与监督。1931 年 8 月，周恩来就反革命组织的侦察，反革命分子的捕获、审问和处理工作作出指示，明确指出，一定要"搜集各方面的材料""不靠供词""坚决废除审问中的肉刑"。其他一切的，如党部、青年团部、工会以及一切革命组织与革命机关等，不能直接办理肃反的工作，这些工作"一概要集中到政治保卫处的系统中"。革命法庭必须建立，革命秩序以及法律必须发生其特有的作用。[①] 1931 年 12 月，周恩来对闽西肃反中存在的问题，指出："抓反革命，一定要有充分证据。是敌人，一个也不能放过。是好人，一个也不能冤枉。"[②] 1931 年 12 月，《处理反革命案件和建立司法机关的暂行程序》（第六号《训令》）颁布。训令对于有权开展侦查、逮捕、预审、审讯和判决的机关作了明确规定。同时明确了必须坚决废除肉刑，被判处死刑的人犯有权上诉。1935 年 10 月，为纠正西北革命根据地的错误肃反，毛泽东指示说，肃反工作要慎重，要做好调查研究工作。

抗战开始后，中共中央一再指出，锄奸工作要"注意切实证据，勿用刑讯，严防诬陷"；[③] "在审讯方法上要坚决废

---

① 中国人民公安史稿编写小组：《中国人民公安史稿》，警官教育出版社 1997 年版，第 57 页。

② 根据当时中共长汀县委妇女部长李坚贞的回忆，《永恒的怀念》人民出版社 1977 年版，转引自中国人民公安史稿编写小组《中国人民公安史稿》，警官教育出版社 1997 年版，第 57—58 页。

③ 毛泽东在中共六届六中全会上所作《论新阶段》的报告（1938 年 9 月），转引自中国人民公安史稿编写小组《中国人民公安史稿》，警官教育出版社 1997 年版，第 88 页。

止肉刑，主要的不依靠口供，而依靠证据。"① 1941 年，中央政策委员会讨论修改了《抗日根据地的锄奸政策》（草案）。随后，延安《解放日报》发表了社论《决定锄奸政策的出发点》。这些文件指出必须反对乱捉、乱打、乱罚、乱杀的"左"倾有害错误，制定和重申了各项具体的锄奸政策，并提出了保障锄奸政策实施的措施。在加强抗日民主政权建设中，明确了锄奸保卫机关的性质任务，加强了民主法制建设。1941 年 5 月 1 日，《陕甘宁边区施政纲领》（简称"五一"施政纲领）颁布实施。施政纲领第六条："保证一切抗日人民（地主、资本家、农民、工人等）的人权、政权、财权及言论、出版、集会、结社、信仰、居住、迁徙之自由。除司法系统及公安机关依法执行职务外，任何机关、部队、团体不得对任何人加以逮捕审查或处罚，而人民则有用无论任何方式控告任何公务人员非法行为之权利。"② 第七条规定："改进司法制度，坚决废止肉刑，重证据而不轻信口供。"③ 随之，各抗日根据地普遍制定了保障人权条例，保障人民的各项自由权利和民主平等权利。在行政立法中，出现了一大批行政法规，如《陕甘宁边区保安处组织规程》《晋察冀公安局组织条例》《便衣队工作条例》《看守所工作条例》《检查工作条例》等，进一步健全了锄奸保卫机关的规章条例。此外，各根据地还进行了刑事立法建设。如陕甘宁边区于 1942 年起草

---

① 《中央关于反奸细斗争的决议》（1939 年 10 月 10 日），转引自中国人民公安史稿编写小组《中国人民公安史稿》，警官教育出版社 1997 年版，第 88 页。
② 中国人民公安史稿编写小组：《中国人民公安史稿》，警官教育出版社 1997 年版，第 114 页。
③ 同上。

的《刑法总分则草案》等。

解放战争即将取得胜利之际，顺利接管城市、建立人民公安机关、迅速稳定社会治安是公安工作的主要任务。公安工作的法制建设得到进一步强化。大批关于公安工作的规章制度出台，包括晋冀鲁豫边区政府1946年3月5日《关于公安司法关系及城市管理分工的指示》，1946年4月，晋察冀边区冀中各县公安局长联席会议作出的《侦讯和逮捕人犯批准权限和手续的规定》。其他还有热河省政府发布的《关于目前特种刑事处理暂行规定》和北岳区行政公署施行的《刑事及特种刑事的复核审判程序》等。这些规章制度对严格办案程序，注重证据，控制处决人犯的批准权等都作了详细规定。晋察冀和晋冀鲁豫边区还就外侨旅行居住，出入境通行制度、户籍制度、交通管理等，都作了明确和严格的管理规定，建立了法规性质的治安管理工作制度。同时，以法律法规的形式明确了公安机关的性质、职能、权限以及机构设置、领导关系、办事规范等。先后颁发公布了《华北人民政府公安部暂行组织条例（草案）》（1948年）《华北人民政府各级公安机关组织条例》（1948年9月21日）《华北人民政府公安部办事细则》（1948年11月3日）《农村治安工作条例（草案）》（1948年8月20日）《机关保卫工作暂行条例（草案）》（1948年）。如《农村治安工作条例（草案）》规定，治安员必须忠实坚定，积极负责，办事公正，同时对治安员的权限也作出了严格的规定。

4. 廉洁是重要的政治纪律

土地革命时期，公安队伍的廉政建设主要以中国共产党的各项廉政制度为依托。1927年4月27日，党的五大在武汉召开，在《组织问题决议案》中第一次提出了"政治纪律"这个概念。《决议案》第三条指出，党内纪律非常重要，但"宜重视政治纪律"。五大首次选举产生了中央监察委员会，成立了党内专门的纪律机构。1928年6月，中共六大通过了《组织问题决议案提纲》，讨论了党内存在的包括小资产阶级意识等多种错误思想并提出了纠正措施。1930年5月1日，右江工农民主政府针对一些地方的肃反工作出现的不讲区别、不讲政策的现象，颁布了《土地法暂行条例》，其规定："只没收豪绅地主之反革命财产，""绝对禁止侵犯群众之利益"。1931年11月，各级苏维埃政府中建立了政治保卫局。在国家政治保卫局第七号命令中有这样的规定，政治保卫局派出的情报人员是"对政治经济组织观念清楚，保证政治环境不能动摇其意志，金钱美人不能收买，不受敌人任何挑拨离间者"[1]。1933年9月，中共中央发布了"三大纪律八项注意"，制定了《关于成立中央党务委员会及中央苏区省县监察委员会的决定》。监察委员会的职责是：检查违反党的总路线和各种不正确的倾向与官僚主义腐化现象。[2] 1934年，在中央苏区开展了反贪污、反浪费、反官僚主义的三反运动，对于整顿党的作风，治理干部队伍中出现的贪污腐化起到了一定作用。

　　1938年，扩大的六届六中全会通过了《关于各级党委暂行组织机构的决定》，要求在各解放区党委下设置监察委员

---

[1] 《国家政治保卫局命令》第七号，转引自中国人民公安史稿编写小组《中国人民公安史稿》，警官教育出版社1997年版，第34页。

[2] 杜荣庆、程安辉：《警察廉政概论》，中国人民公安大学出版社2009年版，第22页。

会，对党的机关、干部及党员实行监督审查职责。1939 年 8 月，晋察冀边区公安总局对于秘密锄奸组织的"政治警察"提出了明确要求："禁止贪污腐化""不得籍名诈财""绝对听从指挥，忠实执行任务。"① 1941 年年底，晋察冀边区政府颁布了《公安局警务公约》，中共中央社会部修改并转发了晋察冀边区的公约，反复强调警务人员要做到奉公守法，忠正清廉。1941 年，晋察冀边区政府在边区公安局或其分局下设了公安督察员，负责"检查督促县公安局长的工作并保证上级公安局的指示与任务的彻底完成"。公安机关产生了专门行使监督权的督查人员。② 1945 年，党的七大党章恢复了党的监察机关，规定了监察机关的产生方式、职能和领导体制，同时明确规定了各级监察机关受同级党委领导。

解放战争开始之后，中原解放区临时人民政府制定了《公安人员规约》，《规约》要求公安人员应当做到"是非明辨，奉公守法，忠正清廉，立场坚定，不徇私情，纪律必严，服从领导"③。解放战争进入后期，各个解放区开始培养大量的公安干部以适应新的革命形势，办学宗旨与教育方针是端正学员的立场和思想作风，提高政治觉悟和思想水平。很多公安机关还专门编写了公安员教材，从"群众需要什么样的公安员？""公安员要做什么事情？""公安员要遵守的纪律"等问题入手，明确规定了公安员的权力、责任、义务。同时还规定了公安员的工作作风及做一个模范公安员的条件。

---

① 杜荣庆、程安辉：《警察廉政概论》，中国人民公安大学出版社 2009 年版，第 23 页。

② 同上。

③ 同上书，第 24 页。

### （二）社会主义革命和建设时期的继续发展

1. 加强党对公安工作的领导

1949 年 10 月，全国公安高级干部会议召开，研究确定了公安机关实行党组制的指导方针。公安机关的党组制是指公安机关的负责同志均要参加各级党委任委员或常委；公安部门的党组受同级政府党组领导；各级公安部门接受同级政府领导。毛泽东坚决反对由于公安工作的特殊性而向党保守秘密的错误倾向。1950 年 9 月，毛泽东在罗瑞卿的一份总结报告中明确批示：“保卫工作必须特别强调党的领导作用，并在实际上受党委直接领导，否则是危险的。”① 这份批示对公安保卫工作产生了重要影响。

1951 年 6 月，公安部召开第一次全国公安人事工作会议。会议强调，公安部门人事工作的主要任务应是加强公安部门的思想领导和政治领导，是政治的、思想的工作机关。它的经常的、主要的工作，应是管理干部的工作，管理公安机关党的工作，管理政治宣传教育工作。1952 年，《关于建设公安部门政治工作的决议》通过，《决议》明确规定：“人民公安机关是人民民主专政的重要支柱之一，具有党和国家赋予的特权，担负着同反革命进行隐蔽斗争的严重政治任务。这种情况要求人民公安工作人员必须具有高度的政治觉悟和纪律性。”在此基础上，公安部和省、市公安机关在人事局、处的基础上建立了政治部，其他各级公安机关也建立了相应的

① 《毛泽东年谱》（1949—1976）第 1 卷，中央文献出版社 2013 年版，第 198 页。

政治工作机构。《关于建设公安部门政治工作的决议》规定了公安机关政工部门的基本任务是：保证党在政治上、思想上的绝对领导，贯彻党的政策、方针，保证公安队伍的纯洁，提高公安队伍的战斗力，保证公安任务的顺利完成。1956 年1 月，公安部召开第一次全国公安政治工作会议，进一步提出了健全公安政治工作机构，加强思想政治教育，加强组织工作的相关措施，有力地保证了党对公安工作的绝对领导，有力地保证了党的路线、方针、政策在公安队伍中的贯彻执行。罗瑞卿在第一次全国公安政治工作会议上作了《政治工作是完成公安工作任务的保证》的重要讲话。他指出："要把政治工作做好，要建立起巩固的思想阵地，要把非无产阶级的、非政治的东西，违背党的原则、违背人民的利益的东西去掉。""把这个工作做好了，党的路线、政策的贯彻执行就有了保证，公安队伍就加强了。"[1] 1958 年，第九次全国公安会议上通过《公安人员八大纪律十项注意》，明确要求公安干警要"服从领导听从指挥，遵守政策遵守法律"；"立场坚定敌我分明"。1964 年，毛泽东重申，"人民公安机关必须永远置于无产阶级政党的领导和人民群众的监督之下"。1966 年 1月，彭真在公安部党组会议上又再三强调："公安工作不是垂直领导，而是党委领导，是双重领导。""公安部是中央直接抓的，是我联系的，经我过手的任何大事情，都是报告中央政治局常委同志的。地方的各级公安部门，也主要是各级党委领导的。""这次会要讲清楚，公安部门的工作，特别是重

---

[1] 《罗瑞卿论人民公安工作》（1949—1959），群众出版社 1994 年版，第258 页。

大事情，要向党委报告。"①

### 2. 贯彻群众路线

公安工作的根本宗旨是全心全意为人民服务，这就是为民宗旨。在新中国成立之初，经常将其归结为群众路线。1951 年，毛泽东为全国公安工作会议作出批示：全国各地公安机关已经实行的有效的工作路线，是"党委领导，全党动员，群众动员"，要打破关门主义和神秘主义的工作方式。他同时要求，全国各地要"普遍地组织群众的治安保卫委员会"②。时任公安部长罗瑞卿同志充分贯彻了公安工作的群众路线，在多次重要讲话中反复强调。1951 年 5 月，他在第三次全国公安会议上的报告中就着重指出公安机关的工作路线之一就是广泛发动群众，"人民公安工作必须懂得群众，相信群众，动员群众，依靠群众，把公安工作成为人民自己反对反革命分子的武器"③。1951 年 9 月，罗瑞卿在第四次全国公安会议上的报告又指出"放手发动群众，并大胆相信和依靠群众"④。1959 年 9 月，在公安部欢送他调离大会上的讲话，罗瑞卿再次强调了群众路线，"群众路线这一条也是我们不能忘记的"⑤。"有公安工作一天，就永远应当走群众路线。"⑥

### 3. 公正的曲折发展

1955 年 2 月 19 日，公安部经中共中央批准下达了《关于

---

① 公安部政治部：《政治理论教程》，群众出版社 2006 年版，第 81 页。
② 《建国以来毛泽东文稿》第 2 册，中央文献出版社 1988 年版，第 300 页。
③ 《罗瑞卿论人民公安工作》（1949—1959），群众出版社 2003 年版，第 82—83 页。
④ 同上书，第 122 页。
⑤ 同上书，第 494 页。
⑥ 同上书，第 495 页。

各级人民公安机关必须严格遵守宪法和法律的指示》，要求全体公安干警认真遵守宪法，严格按照法律规定办事，更好地保卫人民的民主权利，更准确地打击一切反革命分子和各种犯罪分子。宪法颁布之后，又先后制定颁布了《中华人民共和国逮捕拘留条例》（1954 年 12 月）《派出所组织条例》（1954 年 12 月）等一系列法规条例，推动了公安法制建设的开展。

1956 年，召开了第八次全国公安会议，贯彻中共八大精神，提出了新时期公安工作的方针。会议提出的公安工作方针之一是收缩和精简。公安机关实行精兵简政，克服机构重迭、人浮于事的现象。方针之二是加强和提高，即加强人民公安机关的法制建设，改进和提高各项业务，提高公安干部和公安工作的质量。这包括有计划地组织全体公安人员学习法律知识，从思想上树立严格遵守法制的观念；大力办好现有的公安学院（校），认真培养干部；努力加强政治工作，提高全体公安人员的政治觉悟等。

1957 年 2 月，毛泽东的讲话《关于正确处理人民内部矛盾的问题》发表。公安部结合广东省化县公安局副局长陈立达过激处理群众事件造成的不良影响，要求各省、自治区、直辖市公安厅、局的负责人，在党委的统一领导下，认真领导全体公安干警学习毛泽东的讲话精神，强调在公安工作中要正确区分和处理两类不同性质的矛盾。

1957 年，全国工农业生产开始"大跃进"。在这样的形势下，公安部于 1958 年 1 月提出了《1958 年全国公安工作计划要点》，讨论了公安工作如何"跃进"的问题。随后，一个以"十无"（无案件、无事故等）、"双百"（反革命和其他刑事案破案率百分之百）为主要特征的公安工作"大跃进"在全国兴起，直到发展到发动群众性破案战役、人民公社办劳动教养和大搞集训，严重混淆了两类不同性质的矛盾，伤害了很多好人，破坏了公安工作的秩序与正常规律。1959年1月下旬，召开了全国政法工作会议，研究贯彻中共中央关于实行"三少"（杀人要少，捕人要少，管制要少）政策，一定程度上纠正了公安"大跃进"的"左"倾错误。1961年2月，第十一次全国公安会议召开，继续纠正"左"倾错误。1962年"七千人大会"召开之后，中央政法领导小组于6月写出了四年政法工作总结报告稿，总结了政法工作的经验与教训，对于纠正政法工作中存在的"左"的错误起了一定的推动作用。

"文化大革命"开始之后，1967年1月13日，中共中央、国务院发布了《关于在无产阶级文化大革命中加强公安工作的若干规定》（简称《公安六条》）。《公安六条》是在整个"文化大革命"期间，指导公安机关进行职能活动，具有临时法规效力的重要文件。六条的内容诸如："凡袭击革命群众组织，殴打和拘留革命群众的，都是违法行为"等。《公安六条》导致社会治安混乱局面。1974年10月，邓小平恢复和主持中央工作之后，公安工作才开始了全面整顿。

4. 廉洁纪律常抓不懈

1949年11月，依据中共中央《关于成立中央及各级党的纪律检查委员会的决定》，中央成立了纪律检查委员会。1955年12月，中央监察委员会向公安部派驻了监察员。1963年8月，中央监察委员会向公安部派驻了监察组。1951年至1953年，各级公安机关普遍开展了整风运动和"三反""新三反"运动。1952年，在全国公安机关的"三反"运动中，查处贪污分子 3632 人，问题重大的 253 人。其中原公安部行政处处长宋德贵因贪污被判处死刑。[1] 检查整顿了旧警察作风，揭露和严肃处理利用职权贪污受贿、贪赃枉法等违法乱纪行为。如华东地区共有警察 3 万多名，其中旧警察有 1 万多名，有贪污行为的高达 80%。[2] 1963 年的全国"四清"运动中，公安机关进行了"三清五查"，包括清公款公物，清赃款赃物，清看守所财务；查阶级立场，查政策纪律，查特权思想，查革命意志，查骄傲情绪。[3] 这些运动对解决少数民警违法乱纪问题起到了一定作用。

### （三）改革开放和社会主义现代化建设时期的凝练深化

1. 加强党对公安工作的绝对领导

党的十一届三中全会之后，中共中央历年来有关公安工作的文件、历次全国公安工作会议和中央政法工作会议，都强调加强党对公安工作的绝对领导。1991 年，公安部召开了第十八次全国公安会议，作出了《中共中央关于加强公安工作的决定》。会议指出：坚持人民民主专政，充分发挥公安机关的职能作用，全力维护国家的稳定和发展。强调中国共产党对公安工作的集中统一领导，加强组织纪律性，严防分散主义倾向。1994 年 1 月 8 日，公安部正式向全国公安机关印发关于实施《人民警察职业道德规范》的通知，强调对党忠

---

[1]　中国人民公安史稿编写小组：《中国人民公安史稿》，警官教育出版社 1997 年版，第 429 页。

[2]　邵景均：《新中国反腐简史》，中共党史出版社 2009 年版，第 24 页。

[3]　杜荣庆、程安辉：《警察廉政概论》，中国人民公安大学出版社 2009 年版，第 25 页。

诚，具体包括坚定信念，听党指挥，维护宪法，忠于祖国。2000 年，公安部颁行《公安机关人民警察内务条令》，规定新录用的公安民警必须对党宣誓。2003 年，《中共中央关于进一步加强和改进公安工作的决定》再次强调：公安工作必须置于党的绝对领导之下，确保公安队伍永远忠于党、忠于祖国、忠于人民和忠于法律的政治本色。2006 年 1 月，公安部印发《公安部关于进一步加强思想政治工作落实从优待警的若干意见》，要求各级公安机关"大力弘扬忠诚可靠、团结奋进、英勇善战、秉公执法、纪律严明、无私奉献的新时期人民警察精神"。2011 年，公安部对 1994 年印发的《人民警察职业道德规范》进行了修订，进一步强调人民警察要忠诚可靠，表现为听党指挥，热爱人民，忠于法律。2015 年的中央政法工作会议，习近平作出重要指示强调，要确保刀把子牢牢掌握在党和人民手中。

2. 重新明确和肯定了全心全意为人民服务的根本宗旨

1978 年 12 月，党的十一届三中全会召开，会议讨论确定把全党工作重点转移到社会主义现代化建设上来，开始全面纠正"文化大革命"和以前的"左"倾错误。1979 年 1 月和 8 月，公安部连续召开两次全国公安厅局长会议，在正确认识敌情变化、辩证对待公安工作的历史经验、恰当看待当前公安队伍的状况等重大问题上提高了认识，统一了思想。1979 年 11 月，公安部召开了第四次全国公安政治工作会议，重新明确和肯定了包括坚持人民警察全心全意为人民服务的宗旨；坚持党的领导和群众路线等公安政治工作行之有效的基本原则和基本方法。1980 年 10 月，根据中共中央总书记胡耀邦的指示，针对少数公安干警违法乱纪现象突出的问题，召开了树立和发扬公安队伍优良作风的工作会议。1982 年 11 月，召开了全国公安厅局长会议。会议要求全国公安机关结合中共十二大文件的学习，向全体公安干警进行全心全意为人民服务的教育，增强群众观念；进行社会主义民主和社会主义法制的教育，树立遵守、执行、维护宪法和法律，严格依法办事的观念。1991 年，公安部召开的第十八次全国公安会议指出：坚持党委领导下专门工作与依靠群众相结合的工作方针。在加强专门工作的同时，在一切工作中贯彻群众路线，密切联系群众，依靠群众，全心全意为群众服务，保障群众的安全和民主权利。

1997 年党的十五大召开后，人民公安工作对全心全意为人民服务的根本宗旨作了新的阐释与发展。2000 年，公安部决定在公安机关开展"三项教育"活动，确立全心全意为人民服务的宗旨教育、实事求是的思想路线教育和严格公正文明执法的法制教育，改变形式主义、官僚主义与不正之风。2003 年，第二十次全国公安会议召开，确立了"立警为公，执法为民"的执法理念。这是对公安机关为民宗旨的科学概括。2011 年，重新修订的《人民警察职业道德规范》再次强调公安干警要情系民生，服务社会，热情周到。2013 年 1 月的全国政法工作会议，习近平强调要进一步增强人民群众安全感和满意度，进一步提高政法工作亲和力和公信力。2014 年 1 月的全国政法工作会议，习近平再次强调保障人民安居乐业是政法工作的根本目标。

3. 强调公平正义的公安法治建设快速发展

十一届三中全会之后，全国公安系统开始拨乱反正。1979 年 1 月的全国公安厅局长会议制定了《1979 年公安工作要点》，强调要加强社会主义法制，保障人民民主权利。要点指出公安机关对宪法规定的公民权利，必须坚决保障；但对妨碍和破坏社会秩序的行为，必须依法管理，从而保障绝大多数人的民主和根本利益。全国公安机关据此加强了对广大干警的法制教育，增强法制观念，严格依法办事，坚决禁止和严肃处理各种违法乱纪行为。

　　在十一届三中全会强调社会主义民主和社会主义法制建设的大背景下，公安法制工作进入了新中国成立以来最好的发展时期。据统计，从 1979 年到 1991 年，经全国人大及其常务委员会修改、制定的与公安工作直接有关的法律有 7 件；经国务院批准、制定的法规和规范性文件有 75 件；公安部制定或与有关部门联合制定的部门规章和规范性文件有 700 多件。以上三项合计，约占新中国建立后制定的公安法规总数的 50% 多。在此期间，各省、自治区、直辖市人大及其常委会和人民政府，为公安工作制定的地方法规、规章也达 600 余件。这些法律、法规和规章，使新中国成立后的公安工作初步做到了有法可依，基本上形成了层次分明的公安工作法制体系。公安机关的法制机构得到了重建和加强，1979 年之后到 1991 年，各地各级公安机关都建立了主管法律事务的法制机构。1985 年开始，全国一部分公安局先后配备了法律顾问，对保证公安机关依法办案起了积极的作用。公安机关重视对广大公安干警的法律教育，使广大干警知法懂法，增强法制观念和法律意识，做到有法必依，执法必严，违法必究。

　　1991 年，公安部召开的第十八次全国公安会议强调了努力加强公安法制建设，注重调查研究，坚持实事求是。1995 年，《人民警察法》颁行，这是共和国公安史上人民警察科学

化、正规化、制度化、法制化的标志性实践。1997 年，公安
部在贯彻 1992 年《关于坚决制止干警刑讯逼供的决定》和
1995 年《关于集中开展制止刑讯逼供专项教育整顿的通知》，
决定在全国公安机关对刑讯逼供、滥用枪支警械、滥用强制
措施等问题进行专项治理。2003 年中共中央在《关于进一步
加强和改进公安工作的决定》中指出，在公安机关的组织机
构、监督制约等方面实现标准化、程序化、法制化和科学化。
决定特别强调，全体民警必须牢固树立大局意识、政治意识、
忧患意识、群众意识和法治意识。2011 年《人民警察职业道
德规范》强调人民警察要秉公执法：事实为据，秉持公正，
惩恶扬善。2013 年 1 月，全国政法工作会议召开，习近平强
调公安工作要努力让人民群众在每一个司法案件中都能感受
到公平正义，坚持依法治国基本方略。2014 年 1 月，习近平
在中央政法工作会议上指出公平正义是政法工作的生命线，
要把促进社会公平正义作为政法工作的核心价值追求。

　4. 反对腐败和加强廉政建设

　　1979 年，公安部连续召开两次全国公安厅局长会议，进
行思想上的拨乱反正，指出要恰当地看待当前公安队伍的状
况，肯定主流，即绝大多数干警在粉碎"四人帮"以后，精
神振奋，刻苦学习，积极工作，遵纪守法。但是也确实存在
很多问题，诸如有极少数人品质很坏，不正之风严重，甚至
违纪违法，腐蚀公安队伍肌体，败坏公安机关声誉，破坏内
部团结和警民关系。因此，教育整顿队伍是一项重要迫切的
任务。1980 年，针对少数公安干警违法乱纪突出的问题，又
召开了树立和发扬公安队伍优良作风的工作会议，强调公安
干警的优良作风包括廉洁奉公、遵纪爱民等五句话。1982 年

11 月，全国公安厅局长会议召开，专门讨论制止少数公安民警违法乱纪，解决公安队伍的思想不纯、作风不纯、组织不纯的问题。1982 年 12 月到 1983 年 6 月，全国公安机关在全体公安干警中进行纪律作风整顿，同时严肃查处了一批严重违法乱纪人员。

1983 年 4 月，中共中央政法委召开全国公安工作会议，提出要有准备有步骤地实行统一的民警体制，逐步实现公安机关建设正规化。1983 年 12 月，公安部重申了《公安人员八大纪律十项注意》，并印发中央政法委员会制定的《政法公安人员守则》（试行），对公安人员的执法和作风提出了严格要求。1984 年 3 月，中共中央书记处一次会议上指出，人民警察队伍必须有严明的组织纪律，要加速正规化建设。1984 年 5 月 25 日，公安部召开了第五次全国公安政治工作会议，会议正式提出了"从严治警"的方针。会议通过了《中华人民共和国人民警察内务条令（试行）》，《人民警察奖惩条例（试行）》和《人民警察基层单位政治指导员工作条例（试行）》。各地公安机关通过抓正面教育，树先进典型；抓组织和制度建设；整顿纪律作风和警容风纪等措施，认真贯彻"从严治警"的方针和试行三个条例。1985 年 4 月，第一次全国公安纪检工作会议召开，强调要端正党风，加强纪律，有效纠正新的不正之风，贯彻"从严治警"。1986 年，全国公安基层政治工作会议召开，开始坚决纠正带有公安行业特色的六种腐败现象。1988 年，公安部依据党中央国务院发布的《关于党和国家机关必须保持廉洁的通知》发出了为警清廉的通知。

1990 年 3 月，公安部召开全国公安廉政建设工作会议，分析了公安队伍的廉政状况与存在问题，指出了公安队伍中存在的主要腐败现象，强调要抓四个方面的工作，包括立足于教育，提高公安干警的政治觉悟；严肃认真地查处违法违纪和犯罪案件；加强廉政制度建设，强化监督机制；认真地清理整顿保安服务公司，健全管理制度与审计监督等。1991年 6 月，中央纪委和公安部党委联合召开全国公安系统党风和廉政建设座谈会，确定了公安系统党风廉政建设目标和措施，包括：建立责任制，层层抓落实；采取有力措施，防止和减少公安机关内部恶性案件的继续发生，继续严肃查处违法违纪案件；继续抓好廉政制度建设，建立健全对权力运用的制约监督机制；加强教育培训，提高民警素质等。① 1993年，公安部颁布了《公安机关和公安干警十不准的规定》。1994 年 8 月 26 日，公安部下发《关于认真贯彻执行〈国务院关于禁止在公路上乱设卡、乱罚款、乱收费的通知〉的通知》，把治理公路"三乱"作为反腐败，纠正不正之风的一项重要内容。2007 年发布《关于加强基层所队党风廉政建设的意见》。2009 年 4 月，全国公安机关反腐倡廉建设会议，提出以完善公安特色惩治和预防腐败体系为重点，以改革创新精神全面推进公安机关反腐倡廉建设。2010 年以来，全国公安机关反腐倡廉电视电话会议几乎每年召开，反复强调从完善制度机制、严明纪律规范、狠抓作风建设、严格落实责任等方面广泛深入全面持久地开展公安系统反腐倡廉建设。2011年，公安部发布重新修订的《公安机关人民警察职业道德规

---

① 杜荣庆、程安辉：《警察廉政概论》，中国人民公安大学出版社 2009 年版，第 27 页。

范》强调人民警察要清正廉洁，具体包括艰苦朴素，情趣健康，克己奉公。2011 年 10 月，公安部党委提出忠诚、为民、公正、廉洁的人民警察核心价值观。

## 二 人民警察核心价值观历史演进的 深刻启示

纵观人民警察核心价值观的历史演进，人民警察核心价值观的四个内容，在历史上无一不是经历了斗争与反复，甚至是在导致了严重的错误，吸取了沉痛的经验教训之后，才被重新强调、逐步建立，直至发展到今天成为警察队伍共同遵循的核心价值观。可以说，人民警察核心价值观是在各种价值的冲突与交锋之中逐步确立与形成的。

### （一）绝对忠诚是首要价值准则

公安历史上，忠诚的价值之争，集中体现为接受党的绝对领导与公安工作的高度集权。人民警察组织及其职能起源于保卫工作。从土地革命战争时期开始的保卫组织就是在党的直接领导下产生的。在保卫机构中保证党的绝对领导成为了重要的原则。历史教训与现实经验更是一次次地告诫我们，诚如毛泽东同志所言：“保卫工作必须特别强调党的领导作用，并在实际上受党委的直接领导，否则是危险的。”[1] 1931年之后在各级苏维埃政权中成立的国家政治保卫局，由于缺

---

[1] 《毛泽东年谱》（1949—1976）第 1 卷，中央文献出版社 2013 年版，第 198 页。

乏保卫工作经验，照搬苏联工作模式，过分强调政治保卫局的集权原则，组织上是自成体系的垂直系统，工作上是下级绝对服从上级命令的垂直领导，其他各级党组织和政治机关无权过问与干涉保卫局工作，致使各级政治保卫局严重脱离了党委和政治机关的直接领导和监督。1931 年以后，在一些革命根据地，不同程度地发生了肃反扩大化的错误。这造成了严重的后果，包括损害了党、红军和苏维埃政府在人民中的威信，破坏了党群关系；错捕错杀了一批领导干部，削弱了革命力量，涣散了革命队伍等。导致肃反扩大化的原因有很多，脱离于党的高度集权的领导体制是其错误根源，其中"没有限制"的职权是主要原因，"肃反的组织——肃反委员会与地方政治保卫局，在一个时期内，竟成了超过党、超过政权的独裁机关。如各地肃反委员会一般的都没有集体的领导，同时也很少受政权和党的监督与领导。有些地方政治保卫局（如江西）与上级断了关系后，竟不受当地的党和政权的指导"①。1935 年遵义会议之后，党中央开始强调党委和政治机关在肃反保卫工作中的领导作用。1935 年 11 月 26 日，《中共中央关于肃反工作的指示信》指出：政治保卫局"特别应该把自己的工作中心放在红军及武装部队中，保障红军中之共产党的领导及其战争力之加强。这种工作必须和政治工作一起进行，要避免肃反工作之脱离政治工作和政治机关之现象"②。历史的经验与教训让我们的保卫工作最终选择了党

---

　　①　《苏区中央局关于苏区肃反工作决议案》，载中央档案馆编《中共中央文件选集》第 8 册，中共中央党校出版社 1985 年版，第 18 页。
　　②　《中国人民解放军政治工作保卫工作》，解放军出版社 2006 年版，第191 页。

的领导，做到对党的绝对忠诚是保卫工作的首要价值准则。

### （二）全心全意为人民服务是根本宗旨

1. 全心全意为人民服务与群众路线

为民的首要表现是全心全意为人民服务，这是公安工作的根本宗旨。与为民相关的还有一个问题需要探讨——群众路线。这是公安工作的根本路线。公安历史中，群众路线与为民宗旨可以说是同步发展的。在对象上，群众与人民未严格区分，《现代汉语词典》中"群众"一词的基本词义为：泛指人民大众；指没有加入共产党、共青团组织的人；不担任领导职务的人。公安工作中的人民也就是群众，群众、人民、民众均为同义语，与警察、政党相区别。在内容上，路线与宗旨含义近似，公安工作群众路线，是公安工作一切为了群众，一切依靠群众，从群众中来，到群众中去的基本工作路线。一切为了群众是其出发点与归宿，与公安工作全心全意为人民服务的根本宗旨，在本质内涵上是完全一致的。在形成过程上，公安保卫工作首先依靠工农群众运动开展，随后提出密切同群众的关系，最终确立了全心全意为人民服务的宗旨。公安保卫工作起源于工农运动。中国共产党成立之后，工农运动发展迅猛，在镇压反动势力、维持社会治安、支持革命活动、保卫革命生产、保护新生革命政权等均发挥了巨大的威力。1938年党的六届六中全会报告指出，锄奸工作必须发动群众，依靠群众。根据中央动员群众锄奸的精神，中央社会部在《群众锄奸组织纲要（草案）》中规定：锄奸工作不仅要依靠锄奸保卫机关的专门工作，而且必须依靠广大群众开展锄奸运动。所以，全心全意为人民服务是公安队伍的核心价值取向，具体表现就是公安工作的群众路线。

2. 群众路线在公安工作中发挥过巨大作用

毛泽东同志非常推崇群众路线，他早在《湖南农民运动考察报告》中就提到农民从政治上打击地主的方法，包括"把土豪劣绅捉了，关进知事公署的监狱，关起来，要知事办他的罪。现在监狱里关人和从前两样，从前是绅士送农民来关，现在是农民送绅士来关"①。"在地主权力被农民权力完全打下去了的时候，……警备队、警察、差役，一概敛迹，不敢下乡敲诈。"② 毛泽东认为枪毙大土豪、大劣绅，造成一点小小的镇压反革命派的恐怖现象，对于肃清封建余孽，极有效力。③ 土地革命战争初期，我党发动和依靠广大工农群众，在创建革命根据地的斗争中，包括肃反工作都取得了很大成绩。1935 年 11 月 26 日，《中共中央关于肃反工作的指示信》指出："保卫局之工作，要更大的依靠民众，以争取民众作为我们工作的最高标准，一切逮捕与处置，只有在获得群众之帮助和拥护的基础上进行。"④ 抗日战争时期的锄奸工作也充分贯彻了群众路线。

3. 群众路线与保卫工作一样，必须要首先接受党的领导，切不可放弃党对公安群众工作的掌控与指挥

在全党的整风运动中，毛泽东制定的"九条方针"，其基本点就强调了党委领导下的群众路线。解放战争时期明确强

---

① 《毛泽东选集》第 1 卷，人民出版社 1991 年版，第 25 页。
② 同上书，第 30—31，28，29，73 页。
③ 同上。
④ 《中国人民解放军政治工作保卫工作》，解放军出版社 2006 年版，第 193 页。

调要把城市公安工作建立在群众支持和参与的基础之上，特别指出这种群众路线，不是"盲目的依靠群众行动，乱开斗争会，及用散漫的群众行动管理公安和进行锄奸"，而是"必须以专门机关为主，取得群众的配合与协助""教育群众自觉遵守秩序"①。在这个问题上，我们有过沉痛的历史教训，如较早解放的石家庄市，在发动群众清查坏人之前，就组织工会与贫民会，"笼统地提出了'由工人贫民当家''工人武装'及'翻身报仇'等口号，在日报上每日登载这类煽动的文字和消息"②。结果使反动党团、特务分子及逃亡地主混入工会、贫民会及纠察队，"使用肉刑，打死人，没收了数家商店，在全市引起恐慌"。公安队伍全心全意为人民服务的根本宗旨与价值追求，决定了公安工作的根本路线是群众路线。但是这种群众路线绝对不是不加任何领导与掌控的群众路线，而是建立在党委绝对领导之下的群众路线，要区分专门工作与群众工作的界限，做到专门机关与广大群众相结合，所有的这一切应当全部在党委领导之下开展，坚决克服群众路线的盲目性与散漫性。

### （三）公正执法需要健全的法治保障

公安队伍的法治之路是曲折的，有很多经验教训值得总结。

---

① 中共中央社会部关于城市治安工作经验的通报（1948 年 8 月 4 日），转引自中国人民公安史稿编写小组《中国人民公安史稿》，警官教育出版社 1997 年版，第 168 页。
② 中共中央工作委员会关于收复石家庄经验的介绍（1948 年 2 月 19 日），转引自中国人民公安史稿编写小组《中国人民公安史稿》，警官教育出版社 1997 年版，第 168 页。

1. 把根据形势判断临时颁布的政策、方针，甚至是个别领导人的批示、意见当作逾越法律的最高指示，是极端危险的

如 1950 年 10 月到 1951 年 10 月，镇反运动的第一阶段，据不完全统计，一年时间里中共中央对镇反的书面指示和批示就有 179 次，其中毛泽东亲自作出的指示、批示就有 126 次。[①] 1955 年 7 月 1 日，中央发出《关于开展斗争肃清暗藏的反革命分子的指示》，内部肃反运动开始，持续了三年时间。通过内部肃反，预防和打击了各种反革命破坏活动，保卫了社会生产生活的安全，同时也存在一些失误，运动中一度出现逼供信现象，造成一些冤假错案，错捕了一些好人。1957 年 4 月，中央发出《关于整风运动的指示》，5 月 15 日毛泽东写了《事情正在起变化》，在全国范围内开展了大规模的反右派斗争，不可避免地出现了打击面过宽乃至错捕人的问题，造成了不良后果。1958 年，公安部在全国大跃进的形势下，提出了公安工作大跃进的方向和目标，不切合实际的提出种种"四无""十无"到几十"无"的工作目标。1967 年 1 月 13 日中共中央、国务院发布了《关于在无产阶级文化大革命中加强公安工作的若干规定》，即《公安六条》。《公安六条》是由林彪、江青把持的中央文革小组组织起草的，在整个文化大革命期间，是指导公安机关进行活动具有临时法规效力的重要文件，借助公安权力，推行极左路线，造成"冤狱遍于国中"。公安机关手中的权力被乱用滥用，破坏的

---

[①] 中国人民公安史稿编写小组：《中国人民公安史稿》，警官教育出版社 1997 年版，第 269 页。

是人民对于公安队伍的信任，对于法制的信心，甚至对于党与国家的崇高信念与信仰。

2. 公正依靠健全的法治来保障，有健全的法治才会有可以实现的公平正义，无法治无公正

我们可以充分理解战争年代与新中国成立之初，政治环境恶劣，反革命分子及各种敌对势力对新生的社会主义政权虎视眈眈，心存不轨，需要严苛的政策与法律应对。但其间不断出现的偏"左"，纠正；再偏"左"，再纠正的反反复复，付出的代价是不计其数的无辜生命，这样的教训太过于沉痛。土地革命时期，肃反扩大化的错捕错杀，使革命力量遭受严重损失。如鄂豫皖和川陕革命根据地，从张国焘进入鄂豫皖到转移川陕，先后错捕错杀约两万人，仅红四方面军被错杀的有姓名可查的团以上干部，就达 70 人。① 1931 年 12 月 13 日，毛泽东领导中央政府执行委员会召开非常会议制定颁布了《处理反革命案件和建立司法机关的暂行程序》（第六号训令），开始强调保卫工作的证据、调查、程序与监督，并特别强调"在审讯方法上，必须坚决的废除肉刑"。这在一定程度上纠正了肃反扩大化的严重错误。抗日战争时期，山东抗日根据地湖西地区发生错误肃托事件，依靠刑讯逼供手段，抓人杀人，先后有约 300 名干部被错杀，有 200 多名区以上干部被集训。湖西肃托事件与土地革命战争时期肃反扩大化的错误相同，同样是大搞逼供信。1941 年 8 月，中共中央作出《关于调查研究的决定》；制定并执行正确的锄奸政策，提

---

① 中国人民公安史稿编写小组：《中国人民公安史稿》，警官教育出版社 1997 年版，第 55 页。

出"绝不可多杀人，绝不可牵涉到任何无辜的分子"；在建设抗日民主政权中进行锄奸工作的法制建设，包括《陕甘宁边区施政纲领》（"五一"施政纲领），提出"坚决废止肉刑，重证据而不轻信口供"。1941年开始的延安整风，审查干部之风愈演愈烈，到1943年又出现了逼供信和假坦白的现象。中央及时发现问题，开始纠正，5月21日作出了防奸工作的六条原则；6月18日制定了《中央社会部关于审讯工作基本条例》；7月1日毛泽东提出了关于防奸工作的"九条方针"。"九条方针"提出半个月后，康生以国民党军队准备进攻延安为由，要求加紧审查干部，反对奸细的以逼供信为特征的"抢救运动"。8月15日中央作出《关于审查干部的决定》，对"九条方针"作了具体论述；10月9日毛泽东批示："一个不杀大部不抓是此次反特务斗争中必须坚持的政策""须使各地党委坚持此种政策"[①]。这个批示对于制止滥杀滥捕的"抢救运动"发挥过重要作用。12月18日，中央西北局社会部发出照字第2号《通知》，再次提出反对逼供信，严禁随意捕人。1944年1月24日中共中央给华北、华中抗日根据地发出《关于对坦白分子进行甄别工作的指示》，进一步消除"抢救运动"的影响。新中国成立初期，依据1950年的《关于镇压反革命活动的指示》和1951年的《惩治反革命条例》，开展了轰轰烈烈的镇反运动。1951年中后期又出现了很多错捕错杀事件。1951年4月30日，毛泽东指示各地"杀人不能太

---

① 中国人民公安史稿编写小组：《中国人民公安史稿》，警官教育出版社1997年版，第120页。

多"①。5 月 10—15 日，在毛泽东直接领导下紧急召开第三次全国公安会议。会议明确开始收缩镇反运动的政策，界定了杀人捕人的对象和权限。1955 年 6 月，第二次社会镇反在全国展开，后期也有错捕了一些人的现象，也及时做了纠正。沉痛的教训，在那一段历史中不断地重演。异常严峻的斗争形势、极端对立的阶级立场、很不完善的法规制度、封建遗留的"造反"意识等，都可以是错误不断重演的原因，但是没有健全的公安法治是根本原因。虽然也提出了一些诸如区别对待、建立法制秩序等有益的想法，但从总体来说，革命年代及新中国成立之初的公安工作并没有做到实事求是的调查研究，距离执法的公开公平公正有很大距离。

3. 坚持人民民主专政的阶级属性，也要遵循公安工作的应有规律

人民民主专政的阶级属性是公安队伍的基本属性。警察是人民民主专政的工具，是"无产阶级手里的一把刀子"。警察最基本的职能是打击敌人，保卫人民。公安机关人民民主专政的阶级属性在任何时候都应当坚持，这是毋庸置疑的。但是历史错误也要引起重视，从而吸取教训总结经验。1958 年在全国工农业生产"大跃进"的形势下，全国公安机关也掀起了以"十无"（无案件、无事故等）"双百"（反革命和其他刑事案破案率百分之百）为主要特征的公安"大跃进"。1960 年谢富治主持召开第十次全国公安会议，他在报告中指出：社会主义建设连续大跃进……公安工作要充分利用大好

---

① 中国人民公安史稿编写小组：《中国人民公安史稿》，警官教育出版社1997 年版，第 262 页。

形势，进一步把对敌斗争搞得紧一些……总之要加强专政。第十次全国公安会议后半年多，公安部向中央报送了《关于当前敌我斗争形势和开展社会镇反、内部肃反（清理）运动的意见》，这个意见错误地估计了当时的阶级斗争和敌我斗争形势。1963 年，在城乡社会主义教育运动全面开展的情势下，公安部作出了《关于社会主义教育运动中对敌斗争的几个问题的报告》，对形势作出了偏"左"的判断，提出"必须把对敌斗争列为社会主义教育运动的主要任务之一"。1964 年2—3 月，公安部召开第十三次全国公安会议，进一步扩大了专政范围，把已经摘掉反、坏分子帽子，一部分有政治历史问题的人和四类分子子女等，都错误地当作专政对象。1966 年"文化大革命"期间，公安工作被全盘否定，公安机关被全面砸烂，我国人民民主专政政权处于危机之中。如果在政治形势的错误判断之下，一味强调公安机关人民民主专政的阶级属性，片面夸大敌我阶级矛盾，违背两类不同性质矛盾的处理规律，违背公安工作规律，违背民主与法制，违背调查研究与实事求是的工作作风，最终人民民主专政政权也会岌岌可危。

### （四）清正廉洁是始终强调的政治纪律

清正廉洁是人民警察队伍一以贯之的政治纪律，不存在任何争议与不明之处。回顾公安机关反腐倡廉的历史过往，有四个规律。

1. 由党的各项廉政举措为依托逐步过渡到具有公安机关特色的廉政建设

土地革命时期，《组织问题决议案》《土地法暂行条例》

"三大纪律八大注意"《关于成立中央党务委员会及中央苏区省县监察委员会的决定》、1934年中央苏区的三反等，均为党政军统一的廉政规范及制度。仅仅在1931年国家政治保卫局时期对所派出的情报人员有部分专门规定。直到抗日战争时期，晋察冀边区才正式颁布了《公安局警务公约》，中央社会部修改并转发该公约。1941年，晋察冀边区政府在边区公安局下设公安督察员，公安机关至此才产生了专门行使监督权的专职人员。解放战争时期，1949年中原解放区临时人民政府制定了《公安人员规约》。社会主义革命和建设时期，1950年北京市、天津市等地方公安局建立了纪律监察委员会；1955年《关于各级人民公安机关必须严格遵守宪法和法律的指示》、1957年《中华人民共和国人民警察条例》、1958年《关于公安人员八大纪律十项注意的决议》正式颁发。改革开放和社会主义现代化建设时期，针对公安机关的廉政规范不断增多，包括1993年公安部颁布《公安机关和公安干警十不准的规定》，1994年公安部下发《关于认真贯彻执行〈国务院关于禁止在公路上乱设卡、乱罚款、乱收费的通知〉的通知》，2007年发布《关于加强基层所队党风廉政建设的意见》，2011年公安部发布重新修订的《公安机关人民警察职业道德规范》等，这些廉政规范针对公安机关行业特色规定的越来越细致具体。

2. 由运动反腐逐步过渡到制度反腐

1951年到1953年，各地公安机关开展了整风运动和"三反""新三反"运动。1952年，全国公安机关查处贪污分子3632人。1963年，公安机关进行了"三清五查"运动，查出清理掉大批违法乱纪案件及人员。改革开放新时期，1983年公安队伍开始正规化建设，1984 年正式提出"从严治警"的方针，不断颁布关于反腐倡廉的规章制度，成立公安纪检监察机关，1985 年全国第一次公安纪检工作会议召开等，公安队伍反腐倡廉开始走上制度化常态化建设之路。各项廉政制度与建设在新中国成立之后，特别是改革开放新时期在数量上逐年增多。改革开放新时期，公安队伍面临的挑战更加多元化，一些公安干警禁不起糖衣炮弹的考验与诱惑，违法违规违纪现象激增，针对公安队伍反腐倡廉的各项规章制度较新中国成立之前逐年增多。不仅包括原则上的规范，如《中华人民共和国人民警察条例》《中华人民共和国人民警察法》《公安机关人民警察职业道德规范》等，还包括《公安派出所工作细则》等具体规制具有公安行业特色腐败现象的规范。

3. 由单一的廉政规范逐步过渡到制度、教育等多种反腐举措多管齐下的廉政建设局面

除用各项规章规范严肃法纪之外，各项廉政制度逐步建立，具体包括：监察监督制度，抗战时期扩大的六届六中全会要求在各解放区党委下设置监察委员会；1941 年，晋察冀边区政府各级公安机关设立了公安督察员专门负责行使监督权；1955 年，中央监察委员会向公安部派驻监察员；1963 年，中央监察委员会向公安部派驻监察组；1988 年，公安部建立监察局与审计室。纪律检查制度，1950 年北京市、天津市公安局等地方公安局建立纪律检查委员会；1979 年，公安部成立党组纪检组；1983 年，中纪委向公安部派驻纪律检查组；1992 年，公安部成立中共公安部纪律检查委员会。20 世纪 90 年代之后，全国公安系统建立起了比较完整的纪检、监察组织机构与组织体系。队伍建设制度，1983 年，开始公安

机关正规化建设；1984 年，提出"从严治警"方针；进入 21 世纪公安队伍"三项建设""四项建设"全面展开。

4. 由集中严打腐败分子到反腐倡廉的警钟长鸣

1951 年 8 月 8 日《人民日报》发表《整顿公安人员的工作作风》，指出要纠正公安工作中存在的侵犯人权、强迫命令以及贪污腐化等不良倾向，做到"对己要和，对敌要狠"①。1951 年 12 月 1 日，中共中央大张旗鼓地开始了以集中打击贪污腐败分子为主要任务的"三反"运动。12 月 8 日，罗瑞卿向中共中央作《关于公安部内开展反贪污反浪费反官僚主义斗争和在整个公安系统内开展这个斗争的报告》，中共中央批转了这一报告。1953 年 1 月 5 日，中共中央开展了"新三反"斗争，全国公安系统也开始了有计划有步骤的"新三反"斗争。1963 年，中共中央决定在城市开展"反对贪污盗窃、反对投机倒把、反对铺张浪费、反对分散主义、反对官僚主义"的"五反"运动，在农村开展"清理账目、清理仓库、清理财物、清理工分"为主要内容的"四清"运动。公安系统也随即开展了公安机关的"五反"运动，"两清三查""三清五查"等运动。改革开放之后，公安队伍反腐倡廉工作逐步规范化、制度化、常态化，1983 年全国公安改革会议召开，正式提出加强公安队伍正规化建设，1985 年第一次全国公安纪检工作会议召开，1990 年全国公安廉政建设工作会议召开，1991 年全国公安系统党风和廉政建设座谈会召开，2003 年全国公安机关反腐倡廉工作会议召开，提出了今后五年内公安机关反腐倡廉工作要实现的具体目标。2010 年以来，几乎每

---

① 《建国以来公安工作大事要览》，群众出版社 2003 年版，第 9 页。

年召开的全国公安机关反腐倡廉电视电话会议，更是坚决落实中央反腐倡廉的决策部署，同时紧密结合"三项重点工作""三项建设"和"四项建设"，将公安机关的反腐倡廉工作不断深入推进，时刻警钟长鸣。

# 第四章　人民警察核心价值观的现实研究

　　本章尝试通过实地调研、开放式访谈、调查问卷等科学研究方法，对人民警察核心价值观相关问题开展实证研究，把握警察群体对人民警察核心价值观的认同程度、现存问题、影响因素，为人民警察核心价值观的基础研究及培育践行研究提供有力支撑。

## 一　开展研究的基本情况

### （一）实地调研及访谈情况

　　2014 年 7—8 月，依托中国人民公安大学公安思想政治工作研究中心暑期调研课题，赴山东烟台、浙江宁波、广东省开展调研。具体调研情况如下。

　　7 月 17—23 日，在烟台市局经济技术开发区分局、开发区分局战训中心、烟台市第二看守所、长岛县公安局、长岛县局城区派出所开展调研。6 天时间进行 5 场座谈，实地走访 4 次，回收问卷 645 份，收集了相关文献材料 7 份。5 场座谈会分别在烟台市公安局经济技术开发区分局（7 月 18 日上午）；长岛县公安局（7 月 18 日下午）；长岛县城区派出所

（7 月 19 日上午）；烟台市第二看守所（7 月 20 日上午）；开发区分局战训中心（7 月 21 日）。

8 月 17—23 日，在宁波市局政治部、宁波市警察学院、宁波市局鄞州区分局、鄞州区分局高桥派出所、江东分局、奉化市局溪口分局、象山县公安局开展调研。6 天时间进行 7 场座谈，实地走访 4 次，回收问卷 190 份，收集相关文献材料 8 份。7 场座谈分别在宁波市局鄞州区分局（8 月 18 日上午）；宁波市局政治部（8 月 18 日下午）；宁波市警察学院（8 月 19 日上午）；奉化市公安局溪口分局（8 月 19 日下午）（座谈会涵盖奉化市公安局政治处、岳林派出所、刑侦大队、协辅警管理科、大桥派出所）；鄞州区公安分局高桥派出所（8 月 20 日上午）（座谈会涵盖中心派出所、钟公庙派出所、鄞江派出所、古林派出所、武乡派出所、姜山派出所、首南派出所、集化港派出所、洞桥派出所）；象山县公安局（8 月 21 日上午）（座谈会涵盖边防大队、交警大队、看守所、丹东派出所、石浦派出所、西周派出所、大徐派出所、墙头派出所）；江东分局（8 月 22 日下午）（座谈会涵盖江东分局政治处、治安大队、刑侦大队、巡特警大队、国保大队、禁毒大队、百丈派出所、东胜派出所、新城派出所）。

8 月 21—27 日，在广东省厅、广州市局、深圳市局、惠州市局、惠州市局惠城分局、梅州市局、梅州市局梅县分局开展。6 天时间里进行 7 场座谈，实地走访 3 次，回收问卷 244 份，收集了相关文献材料 50 余份。7 场座谈分别为：广州省公安厅（8 月 21 日上午）；广州市公安局（8 月 21 日下午）；惠州市公安局（8 月 22 日上午）；惠州市惠城区公安分局（8 月 23 日）；梅州市公安局（8 月 24 日下午）；梅州市梅县公安分局（8 月 25 日上午）；深圳市公安局（8 月 26 日）。

### （二）调查问卷的编制与发放情况

1. 调查问卷的编制

通过相关文献的查阅与收集，实地调研，开放式访谈，并在参考已有研究的基础上，以人民警察核心价值观的认同及培育相关问题为主要内容，设计出《人民警察核心价值观调查问卷》。基本内容包括调查对象基本情况、职业价值观①、人民警察核心价值观三个板块，共计 41 题，其中有 7 道多项选择题，其余均为单项选择题；1 道主观题，其余均为客观题。上述调查问卷详细征求有关专家意见，对初稿反复修改后形成预测问卷，并开展相关预测调研，对预测数据进行相关项目分析，再次完善修正，通过内容效度检验，形成研究所用的正式问卷。调查问卷见附录 1。

2. 调查问卷的发放

调查问卷发放范围覆盖省公安厅、地市公安局、基层派出所等不同层次，涵盖了特大一线城市、长三角地区、珠三角地区、沿海开放城市、华北内陆城市、西部边疆城市，具体包括北京、深圳、梅州、惠州、烟台、宁波、邯郸、大同、西藏自治区若干地区等，几乎涉及了所有警种、警龄、警衔的公安民警。调查问卷共发放 1500 余份，回收 1100

---

① 职业价值观的部分问题参考查有梁、柯健《在 CAS 理论视野下的公安队伍思想政治建设——以成都市公安局锦江区公安分局为考察对象的实证分析与对策思考》，载吴晓霞主编《2006—2008 年度公安部级公安理论研究项目优秀成果选编》，中国人民公安大学出版社 2009 年版，第 681—732 页。

余份。

3. 分析工具

调查问卷样本数据分析采用 SPSS17.0 统计分析软件。首先采用 SPSS 统计分析软件自带的数据录入程序录入数据，经过仔细的数据清理后，再采用 SPSS 统计分析软件进行数据分析。所得统计表格均为 SPSS 自动生成表格。

**（三）调查对象的基本情况**

1. 性别分布

如表 1-1 所示，本次调研有效百分比中，男性占 85%，女性占 15%。

表 1-1 性别

| 累计百分比 | | | 频数 | 粗百分比 | 有效百分比 |
|---|---|---|---|---|---|
| 有效百分比 | 男 | 933 | 82.5 | 85.0 | 85.0 |
| | 女 | 165 | 14.6 | 15.0 | 100.0 |
| | 合计总数 | 1098 | 97.1 | 100.0 | |
| 合计总数 | | 1131 | 100.0 | | |

2. 年龄分布

如表 1-2 所示，参与本次调研的民警绝大多数为 40 岁以下青年民警，占比 66.5%。青年民警是公安队伍中的主体，充分符合现实情况。青年民警的核心价值观及其理想信念，代表着公安队伍的主流意识形态与发展趋势。

表1-2　　　　　　　　　　**年龄**

|  |  | 频数 | 粗百分比 | 有效百分比 | 累计百分比 |
|---|---|---|---|---|---|
| 有效百分比 | 20—29 岁 | 337 | 29.8 | 30.9 | 30.9 |
|  | 30—39 岁 | 388 | 34.3 | 35.6 | 66.5 |
|  | 40—49 岁 | 234 | 20.7 | 21.5 | 88.0 |
|  | 50—60 岁 | 124 | 10.9 | 11.8 | 99.8 |
|  | 60 岁以上 | 6 | 0.3 | 0.2 | 100.0 |
|  | 合计总数 | 1089 | 100.0 | 100.0 |  |
| 合计总数 |  | 1131 | 100.0 |  |  |

### 3. 警种分布

表1-3所示，本次调研涉及警种种类多，范围广，几乎所有警种均有涉及。其中，治安民警人数最多，刑侦、网侦、交巡警人数较多，其余警种人数较少。为保证统计检验的有效性，在后面的计算中，直接将人数较少的警种归为"其他类"，以使数据的统计达到分布标准。

表1-3　　　　　　　　　　**警种**

|  |  | 频数 | 粗百分比 | 有效百分比 | 累计百分比 |
|---|---|---|---|---|---|
| 有效百分比 | 刑侦 | 163 | 14.4 | 14.6 | 14.6 |
|  | 经侦 | 17 | 1.5 | 1.5 | 16.1 |
|  | 技侦 | 6 | 0.5 | 0.5 | 16.7 |
|  | 网侦 | 129 | 11.4 | 11.6 | 28.2 |
|  | 法制 | 17 | 1.5 | 1.5 | 29.7 |
|  | 治安民警 | 221 | 19.5 | 19.8 | 49.6 |
|  | 交巡警 | 147 | 13.0 | 13.2 | 62.7 |

续表

|  |  | 频数 | 粗百分比 | 有效百分比 | 累计百分比 |
|---|---|---|---|---|---|
| 有效百分比 | 国保 | 35 | 3.1 | 3.1 | 65.9 |
|  | 户籍民警 | 17 | 1.5 | 1.5 | 67.4 |
|  | 涉外民警 | 3 | 0.3 | 0.3 | 67.7 |
|  | 狱警 | 20 | 1.8 | 1.8 | 69.4 |
|  | 边防警 | 1 | 0.1 | 0.1 | 69.5 |
|  | 特警 | 16 | 1.4 | 1.4 | 71.0 |
|  | 缉毒警察 | 2 | 0.2 | 0.2 | 71.1 |
|  | 铁路警察 | 1 | 0.1 | 0.1 | 71.2 |
|  | 森林警察 | 68 | 6.0 | 6.1 | 77.3 |
|  | 民航警察 | 28 | 2.5 | 2.5 | 79.8 |
|  | 其他 | 225 | 19.9 | 20.2 | 100.0 |
|  | 合计总数 | 1116 | 98.7 | 100.0 |  |
| 合计总数 |  | 1131 | 100.0 |  |  |

### 4. 警衔分布

如表 1-4 所示，参与本次调研的公安民警，警衔级别以初级和中级为主，高级警衔人数较少。其中，初级警衔（警员）占 59.4%，中级警衔（警司及警督）占 33.7%，高级警衔（三级警监及以上）仅占 6.9%。这基本符合当前人民警察警衔人数分布的实际情况。

表 1-4 　　　　　　　　　　　**警衔**

|  |  | 频数 | 粗百分比 | 有效百分比 | 累计百分比 |
|---|---|---|---|---|---|
| 有效百分比 | 初级警衔 | 662 | 58.5 | 59.4 | 59.4 |
|  | 中级警衔 | 375 | 33.2 | 33.7 | 93.1 |

|  |  | 频数 | 粗百分比 | 有效百分比 | 累计百分比 |
|---|---|---|---|---|---|
| 有效百分比 | 高级警衔 | 77 | 6.8 | 6.9 | 100.0 |
|  | 合计总数 | 1114 | 98.5 | 100.0 |  |
| 合计总数 |  | 1131 | 100.0 |  |  |

### 5. 警龄分布

表 1-5 所示，参与本次调研的公安民警警龄跨度大，分布较均匀。其中，0—5 年警龄的人数最多，占 34.4%；其次为 6—10 年的人数较多，占 22.7%；其余警龄越高，人数相应较少。0—5 年警龄的调查对象共有 386 位，30 年以上警龄的调查对象仅有 68 位。警龄与人数成反比，这也基本符合公安机关的年龄结构与队伍结构。

表 1-5                         **警龄**

|  |  | 频数 | 粗百分比 | 有效百分比 | 累计百分比 |
|---|---|---|---|---|---|
| 有效百分比 | 0—5 年 | 386 | 34.1 | 34.4 | 34.4 |
|  | 6—10 年 | 255 | 22.5 | 22.7 | 57.2 |
|  | 11—15 年 | 131 | 11.6 | 11.7 | 68.9 |
|  | 16—20 年 | 120 | 10.6 | 10.7 | 79.6 |
|  | 21—25 年 | 87 | 7.7 | 7.8 | 87.3 |
|  | 26—30 年 | 74 | 6.5 | 6.6 | 93.9 |
|  | 30 年以上 | 68 | 6.0 | 6.1 | 100.0 |
|  | 合计总数 | 1121 | 99.1 | 100.0 |  |
| 合计总数 |  | 1131 | 100.0 |  |  |

6. 教育程度分布

表 1 - 6 所示，本次调查对象中，本科生为主，占据总人数的 70.2%，大专生紧随其后，占 20.3%，而高中/中专及以下和硕士及以上的人数较少，分别占到 2.8% 与 6.6%。

表 1 - 6 　　　　　　　　　　教育程度

| | | 频数 | 粗百分比 | 有效百分比 | 累计百分比 |
|---|---|---|---|---|---|
| 有效百分比 | 初中以下 | 1 | 0.1 | 0.1 | 0.1 |
| | 高中/中专 | 31 | 2.7 | 2.8 | 2.9 |
| | 大专 | 228 | 20.2 | 20.3 | 23.2 |
| | 本科 | 788 | 69.7 | 70.2 | 93.4 |
| | 硕士及以上 | 74 | 6.5 | 6.6 | 100.0 |
| | 合计总数 | 1122 | 99.2 | 100.0 | |
| 合计总数 | | 1131 | 100.0 | | |

# 二 人民警察职业价值观

## (一) 警察职业认同感

1. 选择警察职业的原因分析

这一方面的调查，能够全面了解被调查对象选择人民警察这一职业的原因。如表 2 - 1 所示，有 23.7% 的人选择"热爱公安工作，有为民除害的正义感"，这表明大多数公安民警对人民警察职业的角色认同度较高。"公务员工作稳定"紧随其后，占 23.4%，这是较现实的原因。"警校毕业专业对口"占 21.2%，"部队转业安置"占 6.9%，都可归为现实类原因。

表 2 - 1　　　　　　您当初选择警察职业的主要原因

| | | 对应百分比 | | 选项占样本数的百分比 |
|---|---|---|---|---|
| | | 样本数 | 所占百分比 | 样本数 |
| 有效百分比 | 1. 警校毕业专业对口 | 447 | 21.2% | 39.8% |
| | 2. 社会地位高 | 93 | 4.4% | 8.3% |
| | 3. 部队转业安置 | 146 | 6.9% | 13.0% |
| | 4. 待遇高 工作条件好 | 65 | 3.1% | 5.8% |
| | 5. 公务员工作稳定 | 494 | 23.4% | 44.0% |
| | 6. 良好的发展晋升平台 | 122 | 5.8% | 10.9% |
| | 7. 热爱公安工作 有为民除害的正义感 | 499 | 23.7% | 44.4% |
| | 8. 暂时未找到更加理想的工作 | 113 | 5.4% | 10.1% |
| | 9. 子承父业 受家庭影响 | 86 | 4.1% | 7.7% |
| | 10. 其他 | 44 | 2.1% | 3.9% |
| 合计总数 | | 2109 | 100.0% | 187.8% |

## 2. 从事警察职业最重视的事项

表 2 - 2 反映了被调查对象所重视的事项。其中，29.3%的人重视工资福利水平。其次，20.5%的人重视个人发展机会。领导的关心和重视、创造性才能的发挥也有部分人选择。在被调查对象所重视的事项中，工资福利水平这一现实因素占据了最大比例。与表 2 - 1 相比较，在被问及选择警察职业的原因时，将警察职业的本位价值，如为民除害，维护正义等放在了第一位，公务员工作稳定等现实因素则屈居第二位，甚至诸如社会地位、家庭影响等一些现实因素也被忽视。

表 2 – 2 　　　　　　　　　　**您最重视的事项**

| | | 对应百分比 | | 选项占样本数的百分比 |
|---|---|---|---|---|
| | | 样本数 | 所占百分比 | 样本数 |
| 有效百分比 | 1. 单位硬件设施先进齐全 | 223 | 8.1% | 19.9% |
| | 2. 工资福利水平 | 803 | 29.3% | 71.8% |
| | 3. 领导的关心和重视 | 429 | 15.7% | 38.4% |
| | 4. 入党提干评优 | 178 | 6.5% | 15.9% |
| | 5. 创造性才能的发挥 | 279 | 10.2% | 25.0% |
| | 6. 个人的发展机会较多 | 562 | 20.5% | 50.3% |
| | 7. 工作的自主性 | 246 | 9.0% | 22.0% |
| | 8. 其他 | 20 | 0.7% | 1.8% |
| 合计总数 | | 2740 | 100.0% | 245.1% |

### 3. 激励民警主动工作的主要因素

我们设置了激励民警主动工作的主要因素，结果可见表 2 – 3。数据显示，业务成就感，荣誉感和使命感是激励被调查对象主动工作的最重要的两个因素，所占比重居于第一和第二，分别为 18.3% 和 16.2%。这一结果与表 2 – 1 中，选择这一职业的首要原因是"热爱警察工作，有为民除害的正义感"的结果相照应。这说明，被调查对象在实际工作中，职业带给自己的成就感、荣誉感和使命感会促使自己更加主动地进行工作。紧随其后的才是优厚的薪酬福利待遇、个人成长和对公安职业的热爱。总的来看，对于警察职业的角色认同和热爱，个体获得荣誉感和成就感是公安民警选择警察职业时的重要因素，这些因素在人民警察的实际工作中也发挥着重要的激励作用。

表 2 - 3 　　　　能够激励您主动工作的主要因素是

| | | 对应百分比 | | 选项占样本数的百分比 |
|---|---|---|---|---|
| | | 样本数 | 所占百分比 | 样本数 |
| 有效百分比 | 1. 个人成长 | 407 | 14.9% | 36.4% |
| | 2. 业务成就感 | 501 | 18.3% | 44.9% |
| | 3. 工作自主性 | 239 | 8.7% | 21.4% |
| | 4. 优厚的薪酬福利待遇 | 411 | 15.0% | 36.8% |
| | 5. 工作环境 | 239 | 8.7% | 21.4% |
| | 6. 解决配偶工作或子女就学 | 126 | 4.6% | 11.3% |
| | 7. 对公安职业的热爱 | 371 | 13.6% | 33.2% |
| | 8. 荣誉感和使命感 | 443 | 16.2% | 39.7% |
| 合计总数 | | 2737 | 100.0% | 245.0% |

**4. 从事公安工作的最大困难**

表 2 - 4 显示，津贴过少，生活压力大占到 14.7%，是被调查对象认为最困难的事情。这与表 2 - 2 中民警最重视工资福利水平相照应。其次，激励机制不科学、不健全占到 14.1%，这说明目前公安机关的激励工作还有待完善，包括物质激励与精神激励，也包括公安民警的职业发展与上升空间等激励措施。最后，承担多种角色，职能不明确占到 11.7%。我们在调研过程中发现，许多民警，特别是基层民警，往往身兼数职，如基层派出所的政工干部，还会承担治安、户籍，甚至财务等多种工作，这与我们的警力不足有关，也与公安机关长期以来的职能结构不通顺有关。此外，人才选拔政策不足或难落实占到 11.1%，经费投入不足占到

10.7%，群众对公安责难太多占到10%，这三项所占比例相对较多。人才选拔政策不足或难落实反映了公安机关激励措施不足，基层公安民警上升空间太小。如华东沿海某市某区公安分局，在编在岗民警900人左右，其中共有25个派出所，派出所民警425人，只有6个派出所是副处级，其余19个派出所均是正科级单位。全区900名公安民警，处级干部仅有6%，科级干部仅有25%，近四分之三的公安民警到退休时的职级待遇仅为副主任科员，稍好一点的仅为主任科员。这是基层公安机关民警政治待遇的瓶颈。经费投入不足与地方财政水平有很大关系。华东沿海地区相比华中地区、西部地区情况较好。群众对人民警察责难太多所占比例较大，也是基层民警在工作中遇到的困难。警民关系不尽如人意是现实存在的问题，如民警素质能力跟不上公安工作新要求、社会经济快速发展带来的新问题、老百姓某些不切实际的高要求等都是造成这一问题的原因。

表2-4　　　　　　　从事公安工作遇到的最大困难

| | | 对应百分比 | | 选项占样本数的百分比 |
| --- | --- | --- | --- | --- |
| | | 样本数 | 所占百分比 | 样本数 |
| 有效百分比 | 1. 经费投入不足 | 318 | 10.7% | 28.4% |
| | 2. 警用装备设备限制 | 159 | 5.4% | 14.2% |
| | 3. 激励机制不科学 不健全 | 417 | 14.1% | 37.3% |
| | 4. 人才选拔政策不足或难落实 | 329 | 11.1% | 29.4% |
| | 5. 警民关系不和谐 | 166 | 5.6% | 14.8% |
| | 6. 津贴过少 生活压力大 | 434 | 14.7% | 38.8% |

| | | 对应百分比 | | 选项占样本数的百分比 |
|---|---|---|---|---|
| | | 样本数 | 所占百分比 | 样本数 |
| 有效百分比 | 7. 信息化条件不成熟 | 104 | 3.5% | 9.3% |
| | 8. 群众对公安责难太多 | 296 | 10.0% | 26.5% |
| | 9. 进修深造 外出交流机会少 | 177 | 6.0% | 15.8% |
| | 10. 考核机制不健全 | 120 | 4.1% | 10.7% |
| | 11. 承担多种角色 职能不明确 | 345 | 11.7% | 30.9% |
| | 12. 和领导沟通渠道太少 | 68 | 2.3% | 6.1% |
| | 13. 其他 | 26 | 0.9% | 2.3% |
| 合计总数 | | 2959 | 100.0% | 264.7% |

## (二) 对警察职业发展的认识

### 1. 警察职业的发展空间

为了印证上述公安民警的政治待遇问题，我们设置了"您认为警察职业的发展空间"这一问题。表 2 - 5 显示，从总体看，被调查对象倾向于认为人民警察这一职业的发展空间不大。具体表现为，44.1% 的被调查对象认为警察职业发展空间一般，23.8% 的被调查对象认为警察职业发展空间不太大，认为警察职业发展空间没有的人数也占有一定比例，占到 9.2%。认为警察职业发展空间比较大和很大的人数比例很小。这与上述公安民警的主要困难，警察队伍激励机制不科学、不健全，人才选拔政策不足或难落实充分照应。

表 2 - 5    **您认为警察职业的发展空间**

| | | 频数 | 粗百分比 | 有效百分比 | 累计百分比 |
|---|---|---|---|---|---|
| 有效百分比 | 很大 | 69 | 6.1 | 6.1 | 6.1 |
| | 比较大 | 188 | 16.6 | 16.7 | 22.8 |
| | 一般 | 497 | 43.9 | 44.1 | 67.0 |
| | 不太大 | 268 | 23.7 | 23.8 | 90.8 |
| | 没有 | 104 | 9.2 | 9.2 | 100.0 |
| | 合计总数 | 1126 | 99.6 | 100.0 | |
| 合计总数 | | 1131 | 100.0 | | |

## 2. 工作满意度

表 2 - 6 显示，43.8% 的公安民警对现在的工作比较满意，31.4% 的警察对现在工作满意度一般。很满意的人数较少，仅占 12.7%。不太满意的占到 9.4%，很不满意的占到 2.7%。公安民警对公安工作不算太高的满意度导致公安队伍建设出现了新的情况，人员流动逐年增大。如华东某市某区公安分局，2000 年以来调离分局的民警有 120 名，占到民警总数的七分之一。华东某省另一县级市公安分局，2012—2014 年三年，真正增加了 1 名警力，不断进人的同时也有很多人离开公安队伍，许多民警特别是青年民警工作调动频繁。

表 2 - 6    **您对现在工作的总体满意度**

| | | 频数 | 粗百分比 | 有效百分比 | 累计百分比 |
|---|---|---|---|---|---|
| 有效百分比 | 很满意 | 143 | 12.6 | 12.7 | 12.7 |
| | 比较满意 | 494 | 43.7 | 43.8 | 56.5 |
| | 一般 | 354 | 31.3 | 31.4 | 87.9 |

|  |  | 频数 | 粗百分比 | 有效百分比 | 累计百分比 |
|---|---|---|---|---|---|
| 有效百分比 | 不太满意 | 106 | 9.4 | 9.4 | 97.3 |
|  | 很不满意 | 31 | 2.7 | 2.7 | 100.0 |
|  | 合计总数 | 1128 | 99.7 | 100.0 |  |
| 合计总数 |  | 1131 | 100.0 |  |  |

表 2-7 显示，对于所在单位的办公条件，43.9%的人比较满意，32.7%的人认为一般。人际关系方面，超过一半的人比较满意，占 53.9%，这也是四个方面中满意度最高的一项，很满意和很不满意所占比例极小。警用装备和福利待遇两方面，最多的人选择了一般满意度，分别占比 37.5% 和 33%。其中，福利待遇方面，选择不太满意的人数占到了总人数的 20.5%，很不满意的占到了 13.2%。这是值得关注的一个方面。

表 2-7　　　　　**您对所在单位相关方面的满意度**

|  |  | 办公条件 | 警用装备 | 人际关系 | 福利待遇 |
|---|---|---|---|---|---|
| 有效百分比 | 很满意 | 10.5 | 9.1 | 15.9 | 5.5 |
|  | 比较满意 | 43.9 | 36.9 | 53.9 | 26.9 |
|  | 一般 | 32.7 | 37.5 | 24.6 | 33.0 |
|  | 不太满意 | 8.4 | 12.0 | 3.1 | 20.5 |
|  | 很不满意 | 3.5 | 3.7 | 1.7 | 13.2 |

表 2-8 显示，对现在所从事工作的倦怠程度总体来看，并未显示出较大程度的倦怠。具体表现为，41.9%的人认

为倦怠程度一般，22.6%的被调查对象并没有太大程度倦怠。

表2-8　　　　　您对现在所从事工作的倦怠程度

| | | 频数 | 粗百分比 | 有效百分比 | 累计百分比 |
|---|---|---|---|---|---|
| 有效百分比 | 很大 | 65 | 5.7 | 5.8 | 5.8 |
| | 比较大 | 197 | 17.4 | 17.5 | 23.3 |
| | 一般 | 472 | 41.7 | 41.9 | 65.2 |
| | 不太大 | 255 | 22.5 | 22.6 | 87.8 |
| | 没有 | 137 | 12.1 | 12.2 | 100.0 |
| | 合计总数 | 1126 | 99.6 | 100.0 | |
| 合计总数 | | 1131 | 100.0 | | |

3. 工作成就感、创造性才能、自主性、责任感表现

在工作成就感方面，所调查的公安民警并没有表现出较高的工作成就感。46.7%的人选择了工作成就感一般，33.1%的人认为工作成就感较高。警察工作是否能够发挥创造性才能，45.9%的人认为创造性才能的发挥程度一般，32.6%的人认为可以在工作中较好地发挥自己的创造性才能。在工作自主性方面，42.6%的公安民警认为在工作中有比较大的自主性，这部分的人数比重最大。工作责任感方面，超过一半以上的被调查对象认为有比较大的工作责任感，占比53.1%，近三分之一的人认为责任感很大，占比28.6%，几乎不到1%的人认为没有工作责任感。

表2-9                          您的工作成就感

| | | 频数 | 粗百分比 | 有效百分比 | 累计百分比 |
|---|---|---|---|---|---|
| 有效百分比 | 很高 | 68 | 6.0 | 6.0 | 6.0 |
| | 比较高 | 373 | 33.0 | 33.1 | 39.1 |
| | 一般 | 527 | 46.6 | 46.7 | 85.8 |
| | 比较低 | 98 | 8.7 | 8.7 | 94.5 |
| | 没有成就感 | 62 | 5.5 | 5.5 | 100.0 |
| | 合计总数 | 1128 | 99.7 | 100.0 | |
| 合计总数 | | 1131 | 100.0 | | |

表2-10                          您的创造才能

| | | 频数 | 粗百分比 | 有效百分比 | 累计百分比 |
|---|---|---|---|---|---|
| 有效百分比 | 可以充分发挥 | 64 | 5.7 | 5.7 | 5.7 |
| | 发挥较好 | 366 | 32.4 | 32.6 | 38.3 |
| | 一般 | 515 | 45.5 | 45.9 | 84.1 |
| | 不太好发挥 | 131 | 11.6 | 11.7 | 95.8 |
| | 不能发挥 | 47 | 4.2 | 4.2 | 100.0 |
| | 合计总数 | 1131 | 100.0 | | |

表2-11                          您的工作自主性

| | | 频数 | 粗百分比 | 有效百分比 | 累计百分比 |
|---|---|---|---|---|---|
| 有效百分比 | 很大 | 128 | 11.3 | 11.4 | 11.4 |
| | 比较大 | 477 | 42.2 | 42.6 | 54.0 |
| | 一般 | 367 | 32.4 | 32.8 | 86.8 |
| | 不太大 | 105 | 9.3 | 9.4 | 96.2 |
| | 没有 | 43 | 3.8 | 3.8 | 100.0 |
| | 合计总数 | 1120 | 99.0 | 100.0 | |
| 合计总数 | | 1131 | 100.0 | | |

表 2 - 12　　　　　　　　您的工作责任感

|  |  | 频数 | 粗百分比 | 有效百分比 | 累计百分比 |
|---|---|---|---|---|---|
| 有效百分比 | 很大 | 323 | 28.6 | 28.6 | 28.6 |
|  | 比较大 | 599 | 53.0 | 53.1 | 81.7 |
|  | 一般 | 185 | 16.4 | 16.4 | 98.1 |
|  | 不太大 | 12 | 1.1 | 1.1 | 99.2 |
|  | 没有 | 9 | 0.8 | 0.8 | 100.0 |
|  | 合计总数 | 1128 | 99.7 | 100.0 |  |
| 合计总数 |  | 1131 | 100.0 |  |  |

## （三）警察的社会声誉与工作价值

### 1. 警察的社会地位

从公安民警自身角度看，50.4% 的被调查对象认为警察的社会地位一般，21.2% 的公安民警认为警察的社会地位比较低。认为警察社会地位高的人数最少，仅占 2.4%。

表 2 - 13　　　　　　　您认为警察的社会地位

|  |  | 频数 | 粗百分比 | 有效百分比 | 累计百分比 |
|---|---|---|---|---|---|
| 有效百分比 | 高 | 27 | 2.4 | 2.4 | 2.4 |
|  | 比较高 | 181 | 16.0 | 16.1 | 18.5 |
|  | 一般 | 567 | 50.1 | 50.4 | 68.9 |
|  | 比较低 | 239 | 21.1 | 21.2 | 90.1 |
|  | 低 | 111 | 9.8 | 9.9 | 100.0 |
|  | 合计总数 | 1125 | 99.5 | 100.0 |  |
| 合计总数 |  | 1131 | 100.0 |  |  |

2. 百姓对警察工作的理解程度

从公安民警角度调查，大多数民警认为百姓对警察工作的理解程度一般，占到 41.3%。选择"比较不理解"的人数居第二位，占到 27.7%。总体上看，公安民警更倾向于认为百姓不够理解他们的工作。

表 2 – 14    您感觉普通百姓对于警察工作的理解程度

|  |  | 频数 | 粗百分比 | 有效百分比 | 累计百分比 |
|---|---|---|---|---|---|
| 有效百分比 | 非常理解 | 19 | 1.7 | 1.7 | 1.7 |
|  | 比较理解 | 204 | 18.0 | 18.1 | 19.8 |
|  | 一般 | 465 | 41.1 | 41.3 | 61.2 |
|  | 比较不理解 | 312 | 27.6 | 27.7 | 88.9 |
|  | 很不理解 | 125 | 11.1 | 11.1 | 100.0 |
|  | 合计总数 | 1125 | 99.5 | 100.0 |  |
| 合计总数 |  | 1131 | 100.0 |  |  |

3. 对"有困难找警察"的看法

比较认同、不太认同、一般认同的人数分布比较均匀。但是比较认同更突出一些。可以看出，在对人民警察角色认同情况下，"有困难找警察"这一说法和做法也是得到广大公安民警认同的。但是这一调查仅是从人民警察单向角度展开的，今后的研究可以对社会公众进行调查，从而进行比较分析。

表 2 – 15    您对"有困难找警察"的说法

|  |  | 频数 | 粗百分比 | 有效百分比 | 累计百分比 |
|---|---|---|---|---|---|
| 有效百分比 | 很认同 | 116 | 10.3 | 10.3 | 10.3 |

续表

|  |  | 频数 | 粗百分比 | 有效百分比 | 累计百分比 |
|---|---|---|---|---|---|
| 有效百分比 | 比较认同 | 292 | 25.8 | 26.0 | 36.3 |
|  | 一般 | 273 | 24.1 | 24.3 | 60.5 |
|  | 不太认同 | 270 | 23.9 | 24.0 | 84.5 |
|  | 不认同 | 174 | 15.4 | 15.5 | 100.0 |
|  | 合计总数 | 1125 | 99.5 | 100.0 |  |
| 合计总数 |  | 1131 | 100.0 |  |  |

### 4. 人民警察职业道德认同度

公安民警对于人民警察职业道德认同度较高，一半多的人选择了比较认同，占到51%，很认同的占比27.9%。

表2-16　　　　　您对人民警察职业道德

|  |  | 频数 | 粗百分比 | 有效百分比 | 累计百分比 |
|---|---|---|---|---|---|
| 有效百分比 | 很认同 | 314 | 27.8 | 27.9 | 27.9 |
|  | 比较认同 | 573 | 50.7 | 51.0 | 78.9 |
|  | 一般 | 185 | 16.4 | 16.5 | 95.4 |
|  | 不太认同 | 36 | 3.2 | 3.2 | 98.6 |
|  | 不认同 | 16 | 1.4 | 1.4 | 100.0 |
|  | 合计总数 | 1124 | 99.4 | 100.0 |  |
| 合计总数 |  | 1131 | 100.0 |  |  |

# 三　人民警察核心价值观

## （一）对人民警察核心价值观的认识

### 1. 对人民警察核心价值观的认同度

总体来看，被调查群体对人民警察核心价值观的认同度很高，80%以上的被调查对象表示认同人民警察核心价值观。

表 3 - 1　　　　您对人民警察核心价值观的认同度

| | | 频数 | 粗百分比 | 有效百分比 | 累计百分比 |
|---|---|---|---|---|---|
| 有效百分比 | 很认同 | 417 | 36.9 | 37.2 | 37.2 |
| | 比较认同 | 504 | 44.6 | 44.9 | 82.1 |
| | 一般 | 178 | 15.7 | 15.9 | 98.0 |
| | 不太认同 | 16 | 1.4 | 1.4 | 99.4 |
| | 很不认同 | 7 | 0.6 | 0.6 | 100.0 |
| | 合计总数 | 1122 | 99.2 | 100.0 | |
| 合计总数 | | 1131 | 100.0 | | |

## 2. 对人民警察核心价值观内涵的理解程度

人民警察核心价值观涵盖忠诚、为民、公正、廉洁四个基本内容。被调查对象有 49.1% 的人比较明白，29.2% 的人很明白。这说明，大部分被调查对象对于人民警察核心价值观的内涵是清楚的。但是还有 20% 左右，近四分之一的公安民警对于人民警察核心价值观的基本内涵一般明白或不太明白，这需要引起我们的关注。

表 3 - 2　　　　您对人民警察核心价值观的基本内涵

| | | 频数 | 粗百分比 | 有效百分比 | 累计百分比 |
|---|---|---|---|---|---|
| 有效百分比 | 很明白 | 327 | 28.9 | 29.2 | 29.2 |
| | 比较明白 | 549 | 48.5 | 49.1 | 78.3 |
| | 一般 | 207 | 18.3 | 18.5 | 96.8 |
| | 不太明白 | 28 | 2.5 | 2.5 | 99.3 |

续表

|  |  | 频数 | 粗百分比 | 有效百分比 | 累计百分比 |
|---|---|---|---|---|---|
| 有效百分比 | 很不明白 | 8 | 0.7 | 0.7 | 100.0 |
|  | 合计总数 | 1119 | 98.9 | 100.0 |  |
| 合计总数 |  | 1131 | 100.0 |  |  |

## （二）对公安历史及国外警察价值观的认识

1. 对新中国成立以来公安历史的熟悉程度

人民警察核心价值观是在长期的公安历史实践中形成的。公安民警对公安工作历史的熟悉程度，会影响对人民警察核心价值观的认同程度。表3－3显示，被调查对象对于公安工作发展历史的熟悉程度一般的约占44.9%，仅有37%的被调查对象对公安工作发展历史比较熟悉。

表3－3　您对新中国成立以来公安工作历史的熟悉程度

|  |  | 频数 | 粗百分比 | 有效百分比 | 累计百分比 |
|---|---|---|---|---|---|
| 有效百分比 | 很熟悉 | 70 | 6.2 | 6.3 | 6.3 |
|  | 比较熟悉 | 414 | 36.6 | 37.0 | 43.3 |
|  | 一般 | 502 | 44.4 | 44.9 | 88.2 |
|  | 不太熟悉 | 109 | 9.6 | 9.7 | 97.9 |
|  | 不熟悉 | 23 | 2.0 | 2.1 | 100.0 |
|  | 合计总数 | 1118 | 98.9 | 100.0 |  |
| 合计总数 |  | 1131 | 100.0 |  |  |

2. 对公安文化的理解程度

表3－4反映了被调查群体对公安文化的理解程度。结果显示，44.9%的人对公安文化的理解一般，40.5%的人比较

理解公安文化，很理解和不太理解的人数则很少。

表 3 - 4　　　　　　您对公安文化的理解程度

| | | 频数 | 粗百分比 | 有效百分比 | 累计百分比 |
|---|---|---|---|---|---|
| 有效百分比 | 很理解 | 82 | 7.3 | 7.3 | 7.3 |
| | 比较理解 | 454 | 40.1 | 40.5 | 47.8 |
| | 一般 | 504 | 44.6 | 44.9 | 92.7 |
| | 不太理解 | 69 | 6.1 | 6.1 | 98.8 |
| | 不理解 | 13 | 1.1 | 1.2 | 100.0 |
| | 合计总数 | 1122 | 99.2 | 100.0 | |
| 合计总数 | | 1131 | 100.0 | | |

3. 对国外（境外）警察价值观的熟悉程度

44％的被调查对象对国外（境外）警察价值观熟悉程度一般。28.6％的被调查对象表示不太熟悉国外（境外）警察价值观。仅有15.2％的被调查对象比较熟悉国外（境外）警察价值观。

表 3 - 5　　　您对国外（境外）警察价值观的熟悉程度

| | | 频数 | 粗百分比 | 有效百分比 | 累计百分比 |
|---|---|---|---|---|---|
| 有效百分比 | 很熟悉 | 42 | 3.7 | 3.8 | 3.8 |
| | 比较熟悉 | 170 | 15.0 | 15.2 | 18.9 |
| | 一般 | 492 | 43.5 | 44.0 | 62.9 |
| | 不太熟悉 | 320 | 28.3 | 28.6 | 91.5 |
| | 不熟悉 | 95 | 8.4 | 8.5 | 100.0 |
| | 合计总数 | 1119 | 98.9 | 100.0 | |
| 合计总数 | | 1131 | 100.0 | | |

### （三）与公安工作和个人发展的关系

1. 认为人民警察核心价值观与公安工作的关系

表 3 - 6 中显示，39.9% 的被调查对象认为人民警察核心价值观与公安日常工作有比较大的关系，29.4% 的人认为与公安日常工作有很大的关系。公安部门的三项重点工作包括"社会矛盾化解，社会管理创新，公正廉洁执法"，人民警察核心价值观的内容为"忠诚、为民、公正、廉洁"。从内容上看，人民警察核心价值观与公安部门三项重点工作是有交集的。从得到的数据看，41.3% 的被调查对象认为人民警察核心价值观与公安机关三项重点工作有比较大的关系，28.6% 的被调查对象认为两者之间有很大的关系。这一结果也符合两者的基本内容和内在价值。价值观会影响一个人的行为。具体到人民警察核心价值观与人民警察个人职务行为方面，表 3 - 6 中显示，41% 的被调查对象认为人民警察核心价值观与个人职务行为有比较大的关系，25% 的被调查对象认为两者之间有很大的关系。从与队伍建设关系方面看，40.8% 的人认为人民警察核心价值观与队伍建设有比较大的关系，30.8% 的被调查对象认为两者有很大关系。

表 3 - 6　您认为人民警察核心价值观与其他方面的关系

| | | 与公安日常工作 | 公安三项重点工作 | 个人职务行为 | 队伍建设 |
|---|---|---|---|---|---|
| 有效百分比 | 很大 | 29.4 | 28.6 | 25.0 | 30.8 |
| | 比较大 | 39.9 | 41.3 | 41.0 | 40.8 |
| | 一般 | 22.3 | 23.3 | 23.8 | 21.0 |
| | 不太大 | 5.7 | 4.4 | 6.0 | 4.4 |

|  |  | 与公安日常工作 | 公安三项重点工作 | 个人职务行为 | 队伍建设 |
|---|---|---|---|---|---|
| 有效百分比 | 没有关系 | 1.7 | 1.5 | 3.2 | 1.5 |

## 2. 人民警察核心价值观对个人价值取向的影响

除以上与公安工作各方面的关系外，我们还对人民警察核心价值观对个人价值取向的影响程度进行了调查。结果如表 3－7 所示，44.2% 的人认为人民警察核心价值观对个人的价值取向会产生比较大的影响。

表 3－7 您认为人民警察核心价值观对您个人的价值取向

|  |  | 频数 | 粗百分比 | 有效百分比 | 累计百分比 |
|---|---|---|---|---|---|
| 有效百分比 | 影响很大 | 215 | 19.0 | 19.3 | 19.3 |
|  | 影响比较大 | 492 | 43.5 | 44.2 | 63.5 |
|  | 一般 | 317 | 28.0 | 28.5 | 91.9 |
|  | 不太大 | 58 | 5.1 | 5.2 | 97.1 |
|  | 没有影响 | 32 | 2.8 | 2.9 | 100.0 |
|  | 合计总数 | 1114 | 98.5 | 100.0 |  |
| 合计总数 |  | 1131 | 100.0 |  |  |

## （四）人民警察核心价值观的培育现状

### 1. 人民警察核心价值观的宣传与培育

表 3－8 和表 3－9 结果显示，人民警察核心价值观的宣传表现出力度较大、方式多样的特点。具体表现为，39.9% 的被调查对象认为人民警察核心价值观的宣传力度较大，

17.3%的人认为宣传力度很大。人民警察核心价值观宣传方式多样，其中警营文化最多，其次是领导讲话，组织相关活动也是人民警察核心价值观常用的宣传方式。人民警察核心价值观的宣传力度大，方式多样，可是在对于人民警察核心价值观内涵的理解程度调查中，还有 20% 左右，近四分之一的公安民警对于人民警察核心价值观的基本内涵一般明白或不太明白，这说明人民警察核心价值观的宣传培育工作还有待改进，不仅仅单纯追求力度与方式，实效才是最重要的衡量标准。

表3-8 您所在单位对人民警察核心价值观的宣传力度

| | | 频数 | 粗百分比 | 有效百分比 | 累计百分比 |
|---|---|---|---|---|---|
| 有效百分比 | 很大 | 194 | 17.2 | 17.3 | 17.3 |
| | 比较大 | 447 | 39.5 | 39.9 | 57.3 |
| | 一般 | 366 | 32.4 | 32.7 | 90.0 |
| | 不太大 | 84 | 7.4 | 7.5 | 97.5 |
| | 没有 | 28 | 2.5 | 2.5 | 100.0 |
| | 合计总数 | 1119 | 98.9 | 100.0 | |
| 合计总数 | | 1131 | 100.0 | | |

表3-9 宣传方式

| | | 对应百分比 | | 选项占样本数的百分比 |
|---|---|---|---|---|
| | | 样本数 | 所占百分比 | 样本数 |
| 有效百分比 | 1. 领导讲话 | 682 | 27.2% | 61.0% |
| | 2. 专家讲座 | 279 | 11.1% | 25.0% |
| | 3. 警营文化 | 775 | 30.9% | 69.3% |

| | | 对应百分比 | | 选项占样本数的百分比 |
|---|---|---|---|---|
| | | 样本数 | 所占百分比 | 样本数 |
| 有效百分比 | 4. 组织活动 | 425 | 16.9% | 38.0% |
| | 5. 谈话 | 155 | 6.2% | 13.9% |
| | 6. 网络 | 170 | 6.8% | 15.2% |
| | 7. 其他 | 24 | 1.0% | 2.1% |
| 合计总数 | | 2510 | 100.0% | 224.5% |

2. 人民警察核心价值观的培育途径

人民警察核心价值观的培育途径也呈现出多样化的特点，具体见表3-10。实践养成与制度保障，是最多人选择的培育方式。榜样示范和环境渗透也是公安民警所认同的核心价值观最有效的培育途径。实践养成与制度保障、榜样示范和环境渗透的具体作用机制还需要在人民警察核心价值观的培育措施中深入挖掘。

表3-10  您认为人民警察核心价值观最有效的培育途径

| | | 对应百分比 | | 选项占样本数的百分比 |
|---|---|---|---|---|
| | | 样本数 | 所占百分比 | 样本数 |
| 有效百分比 | 1. 灌输教育 | 215 | 8.0% | 19.2% |
| | 2. 实践养成 | 684 | 25.3% | 61.0% |
| | 3. 榜样示范 | 458 | 16.9% | 40.8% |
| | 4. 环境渗透 | 438 | 16.2% | 39.0% |
| | 5. 活动熏陶 | 180 | 6.7% | 16.0% |
| | 6. 形象塑造 | 162 | 6.0% | 14.4% |
| | 7. 制度保障 | 566 | 20.9% | 50.4% |
| 合计总数 | | 2703 | 100.0% | 240.9% |

## （五）对错误价值观的看法

### 1. 如何看待个别公安民警违法犯罪的原因

对错误价值观进行调查时发现，接近一半的被调查对象认为人民警察违法犯罪的主要原因是价值观错误，占比50.3%。其次是制度缺陷和职业诱惑太多，分别占比22.3%和21.9%。从这两个方面可知，被调查对象能够意识到造成个别警察违法犯罪的原因包括内在个体原因和外在环境原因，其中个体价值观错误是最重要的原因。制度缺陷和职业诱惑太多，也是与当前实际情况相一致的。

表3-11 您认为个别公安民警违法犯罪的主要原因

| | | 频数 | 粗百分比 | 有效百分比 | 累计百分比 |
|---|---|---|---|---|---|
| 有效百分比 | 价值观错误 | 555 | 49.1 | 50.3 | 50.3 |
| | 制度缺陷 | 246 | 21.8 | 22.3 | 72.6 |
| | 运气太差 | 31 | 2.7 | 2.8 | 75.4 |
| | 职业诱惑太多 | 242 | 21.4 | 21.9 | 97.3 |
| | 其他 | 30 | 2.7 | 2.7 | 100.0 |
| | 合计总数 | 1104 | 97.6 | 100.0 | |
| 合计总数 | | 1131 | 100.0 | | |

### 2. 错误价值观的主要表现

警察群体认为造成人民警察违法犯罪的最主要原因是价值观错误。那么错误价值观有哪些？具体表现为什么？我们就此进行了调查，结果见表3-12。被调查对象对于错误价值观的认知较一致，认为官僚主义、享乐主义、拜金主义是错误价值观的主要表现形式。

表 3 – 12　　　　　**您认为错误价值观的主要表现**

| | | 对应百分比 | | 选项占样本数的百分比 |
|---|---|---|---|---|
| | | 样本数 | 所占百分比 | 样本数 |
| 有效百分比 | 1. 官僚主义 | 683 | 25.9% | 61.1% |
| | 2. 享乐主义 | 632 | 24.0% | 56.6% |
| | 3. 拜金主义 | 686 | 26.0% | 61.4% |
| | 4. 个人主义 | 261 | 9.9% | 23.4% |
| | 5. 形式主义 | 374 | 14.2% | 33.5% |
| 合计总数 | | 2636 | 100.0% | 236.0% |

# 四　人民警察核心价值观的现实困境

　　历史上，人民警察核心价值观是人民警察在长期的警务实践活动中逐步形成并不断积淀的看法与观点。现实中，时代在不断变迁，社会环境、利益关系、分配格局等发生着日新月异的变化，传统的价值观念面临着纷繁复杂的挑战，有些价值观念甚至会在强大的第一性的物质利益面前被消融与解构。人民警察的核心价值观念不可避免地也要面对这些挑战与变化。如何让人民警察核心价值观保持优秀历史传统的同时，积极应对不断变化的社会环境，注入新的时代活力，成为一代又一代人民警察的核心价值理念？如何让人民警察核心价值观深刻影响人民警察个体价值观，成为人民警察个体价值观培育与生长的肥沃土壤，并内化为人民警察个体的核心价值观？这些问题的解决都涉及价值认同，也就是人民警察群体及人民警察个体都真正认同人民警察核心价值观所蕴含的关于警务实践活动所应有的本位价值，即对于"忠诚、为民、公正、廉洁"的本位价值的深刻认同。

### （一）人民警察价值理想现状

价值理想是价值认同的前提条件。价值理想是一种价值意识，它基于人们对自我意识的清晰把握之后所作出的价值判断。这种价值判断包含着"这样是对的，是正确的，有益的，那样是不对的，是不正确的，有害的"等，诸如此类的判断成分。我希望对的正确的有益的那些事情发生，这一思维过程已经从直接的心理和生理状态，上升到了抽象精神活动的高度，已经从自发的"我要如何"的情绪与态度，上升到了自觉的"我应该如何"的有关事物价值的判断。这些价值判断具有了某种系统化的，可以进行社会交流的思想形式，往往为一群人所共有。

为掌握公安民警的理想状况，分析其对某些事项的价值判断，作者设计了《公安民警理想信念现状调查问卷》，在全国公安系统展开了广泛调研。该调查问卷共发放1500余份，回收1100余份。发放范围与《人民警察核心价值观调查问卷》相同，所涉及公安民警性别、警种、警衔、警龄、受教育程度等基本构成完全一致。问卷主体部分以不同理想形态为基本问题，涵盖国家理想、社会理想、个人理想；社会政治理想、道德理想、职业理想和生活理想等不同层面，具体包括"我希望国家富强人民富裕""我希望政治环境更加民主""我希望社会更加公正"等40个选项。请被调查对象从中勾选出内心最热切的向往与追求。样本数据分析采用

SPSS17.0 统计分析软件。报告所得统计表格为 SPSS 自动生成表格。调查问卷见附录 2。

表 4 - 1 　　　　　您内心最热切的向往和追求

| | | 对应百分比 | | 选项占样本数的百分比 |
|---|---|---|---|---|
| | | 样本数 | 所占百分比 | 样本数 |
| 有效百分比 | 1. 我希望国家富强人民富裕 | 612 | 6.0% | 59.0% |
| | 2. 我希望政治环境更加民主 | 277 | 2.7% | 26.7% |
| | 3. 我希望社会更加文明 | 325 | 3.2% | 31.3% |
| | 4. 我希望社会更加和谐 | 313 | 3.1% | 30.2% |
| | 5. 我希望人与自然更加和谐 | 340 | 3.3% | 32.8% |
| | 6. 我希望社会更加自由 | 114 | 1.1% | 11.0% |
| | 7. 我希望社会更加平等 | 280 | 2.7% | 27.0% |
| | 8. 我希望社会更加公正 | 315 | 3.1% | 30.3% |
| | 9. 我希望社会法治更加完善 | 326 | 3.2% | 31.4% |
| | 10. 我希望社会更加诚信 | 316 | 3.1% | 30.4% |
| | 11. 我希望工作能得到社会尊重 | 287 | 2.8% | 27.6% |
| | 12. 我希望工作能为我带来更多收入 | 332 | 3.2% | 32.0% |
| | 13. 我希望获得职位上的晋升 | 185 | 1.8% | 17.8% |
| | 14. 我希望能得到领导的欣赏与认可 | 115 | 1.1% | 11.1% |
| | 15. 我希望工作能力能够不断提升 | 238 | 2.3% | 22.9% |
| | 16. 我希望工作环境能得到改善 | 138 | 1.4% | 13.3% |
| | 17. 我希望工作时间适当缩短 | 174 | 1.7% | 16.8% |
| | 18. 我希望工作压力适当减小 | 323 | 3.2% | 31.1% |
| | 19. 我希望同事关系更加和谐 | 105 | 1.0% | 10.1% |
| | 20. 我希望家属更加理解我的工作 | 111 | 1.1% | 10.7% |
| | 21. 我希望身体健康 | 719 | 7.0% | 69.3% |

续表

| | | 对应百分比 | | 选项占样本数的百分比 |
|---|---|---|---|---|
| | | 样本数 | 所占百分比 | 样本数 |
| 有效百分比 | 22. 我希望生活平静幸福 | 456 | 4.5% | 43.9% |
| | 23. 我希望家庭稳定 | 475 | 4.6% | 45.8% |
| | 24. 我希望孩子可以得到更好的教育 | 447 | 4.4% | 43.1% |
| | 25. 我希望有更可靠的社会保障 | 377 | 3.7% | 36.3% |
| | 26. 我希望有更高水平的医疗卫生服务 | 357 | 3.5% | 34.4% |
| | 27. 我希望有更舒适的居住条件 | 219 | 2.1% | 21.1% |
| | 28. 我希望有更优美的生活环境 | 274 | 2.7% | 26.4% |
| | 29. 我希望生活得更加有尊严 | 169 | 1.7% | 16.3% |
| | 30. 我希望我的人生成功 | 241 | 2.4% | 23.2% |
| | 31. 我坚信中华民族伟大复兴能够实现 | 261 | 2.6% | 25.1% |
| | 32. 我坚信中国特色社会主义道路 | 112 | 1.1% | 10.8% |
| | 33. 我坚信中国共产党的领导 | 255 | 2.5% | 24.6% |
| | 34. 我坚信马克思主义是科学的 | 41 | 0.4% | 3.9% |
| | 35. 我坚信马克思主义具有持久生命力 | 34 | 0.3% | 3.3% |
| | 36. 我坚信共产主义能够实现 | 47 | 0.5% | 4.5% |
| | 37. 我希望警察更加清正廉洁 | 117 | 1.1% | 11.3% |
| | 38. 我希望警察更加秉公执法 | 110 | 1.1% | 10.6% |
| | 39. 我希望警察可以全心全意为人民服务 | 140 | 1.4% | 13.5% |
| | 40. 我希望警察更加终于职守 | 145 | 1.4% | 14.0% |
| 合计总数 | | 10222 | 100.0% | 984.8% |

从表4-1的数据中,我们可以得出这样的结论。

1. 被调查群体更加注重个人生活理想

"我希望身体健康"所占比例最高,达到7%。个人生活理想中的"我希望生活平静幸福"（4.5%），"我希望家庭稳定"（4.6%），"我希望孩子可以得到更好的教育"（4.4%），均达到 4% 以上。此外，"我希望有更可靠的社会保障"（3.7%），"我希望有更高水平的医疗卫生服务"（3.5%）所占比例也很高。这两项虽然属于社会理想，但均是与个人生活休戚相关的社会理想。个人生活理想还包括："我希望有更舒适的居住条件"（2.1%），"我希望有更优美的生活环境"（2.7%），"我希望我的人生成功"（2.4%），所占比例也较高。

2. 被调查群体有较强烈的国家理想与社会理想

"我希望国家富强人民富裕"（6%）所占比例高居第二位，仅次于个人生活理想中的"我希望身体健康"（7%）。"我希望社会更加文明"（3.2%），"我希望社会更加和谐"（3.1%），"我希望社会更加公正"（3.1%），"我希望社会法治更加完善"（3.2%），"我希望社会更加诚信"（3.1%）所占比例均超过了 3%。此外，"我希望政治环境更加民主"（2.7%），"我希望社会更加平等"（2.7%）所占比例也较高，逼近 3%。值得关注的是社会理想中"我希望社会更加自由"仅占 1.1%，比例偏低。这与中国传统教育有关，也与公安民警的工作性质有关。"我希望人与自然更加和谐"（3.3%），比例很高。这一调查结果充分证明了社会主义核心价值观是有着广泛群众基础，得到最普遍认同的核心价值观。公安民警群体充分认可这样的社会主义核心价值观，并从内心向往与追求。可以说，社会主义核心价值观是警察群体理想信念中表现最为集中的内容。

3. 被调查群体的工作理想突出表现为警察职业的成就感

公安民警希望得到社会的认可、尊重与理解。"我希望工作能得到社会尊重"（2.8%）远远高于"我希望能得到领导的欣赏与认可"（1.1%）和"我希望家属更加理解我的工作"（1.1%）。民警对于收入提高的渴求大于职级的提升，"我希望工作能为我带来更多收入"高达3.2%，"我希望获得职位上的晋升"只有1.8%。公安民警有着较高的工作责任感，"我希望工作能力能够不断提升"占到2.3%，对于职位晋升（1.8%），领导认可（1.1%），工作环境（1.4%），工作时间（1.7%）的要求不很高。"我希望同事关系更加和谐"（1%），因为有上述问卷的结果，大多数民警对于单位的人际关系满意度很高，所以这里对于人际关系的改善没有过多想法。理想是在实践中形成的有实现可能性的，对未来社会和自身发展的向往与追求。如果内外条件均不成熟，干脆没有实现可能性的事物，所占比例也会偏低。如职位晋升与工作时间，公安民警特别是基层民警职位晋升空间小是现实情况，工作时间长也是现实情况。这两项的比值均很低，可以反映出公安民警甘于奉献的职业精神外，也可以在一定程度上反映出公安职业存在的诸多现实问题。特别值得关注的是，"我希望工作压力适当减小"高达3.2%，与"我希望工作能为我带来更多收入"（3.2%）所占比例相同，这反映了公安机关存在工作压力大、收入低的问题。

4. 被调查群体有着很高的职业认同与政治觉悟

"我坚信中国共产党的领导"所占比例为2.5%，"我坚信中华民族伟大复兴能够实现"所占比例为2.6%。有一个现象值得关注，"我坚信中国特色社会主义道路"仅有1.1%。

中国特色社会主义共同理想就是中华民族伟大复兴，说法不同，实质没有任何区别，只是意识形态领域的话语转换而已。可见，中华民族的伟大复兴更易于让民众接受。

5. 被调查群体的马克思主义信仰不很乐观

"我坚信马克思主义是科学的"仅有 0.4%，"我坚信马克思主义具有持久生命力"仅有 0.3%，"我坚信共产主义能够实现"仅有 0.5%。马克思主义信仰应当是人民警察队伍的最高政治信仰，现实情况却非常不乐观。

6. 被调查群体对于人民警察核心价值观的追求远低于对社会主义核心价值观的追求

问卷的最后四个问题是围绕人民警察核心价值观设置的，包括忠诚、为民、公正、廉洁。"我希望警察更加清正廉洁"仅有 1.1%，"我希望警察更加秉公执法"仅有 1.1%，"我希望警察可以全心全意为人民服务"有 1.4%，"我希望警察更加忠于职守"同样是 1.4%。忠诚、为民的比例高于公正、廉洁。公安历史上，忠诚与为民的宣传力度大于公正与廉洁。这样的调查结果也充分符合公安历史实际。人民警察核心价值观的比例远远低于社会主义核心价值观，说明人民警察核心价值观的宣传教育工作仍有待完善。

我们可以看出，被调查群体的价值理想与价值判断与人民警察核心价值观所提倡的人民警察应当有的价值理想与价值判断基本是吻合的。人民警察有着强烈的国家理想和社会理想，希望国家富强人民富裕，希望社会更加文明、和谐、公正、法治更加完善、更加诚信等。这样的价值理想及价值判断与警务实践活动中的"忠诚、为民、公正、廉洁"的本位价值，在价值取向与价值预期上是一致的。被调查群体有着很高的职业认同与政治觉悟，坚信中国共产党的领导，坚信中华民族伟大复兴能够实现，体现了人民警察忠诚于中国共产党、忠诚于国家、忠诚于法律、忠诚于人民的价值要求。但是，我们在考察某一群体价值理想的时候，也不应该忽视理想或预期作为人的精神活动的特点和弱点，不能在任何情形下都将这样的价值判断认为是完全符合社会实际情况的。这样的价值理想，是反映客观存在的第二性的精神理想，在反映客观存在的同时难免带有其很多的主观随意性，也可能受到多种已有的主观因素的影响。恩格斯曾说："愿望是由激情或思虑来决定的。而直接决定激情或思虑的杠杆是各式各样的。有的可能是外界的事物，有的可能是精神方面的动机，如功名心、'对真理和正义的热忱'、个人的憎恶，或者甚至是各种纯粹个人的怪想。"① 所以，在调查中出现的被调查群体的马克思主义信仰不很乐观，对于马克思主义是科学的、具有持久生命力、共产主义能够实现的预期不高，都应当结合社会现实、个人情感等因素综合考虑。被调查群体的工作理想突出表现为警察职业的成就感，希望警察职业得到社会的尊重、认可与理解，在充分肯定人民警察群体的职业精神之外，也要充分考虑价值理想的预期性，即有实现可能但尚未实现的特性，人民警察群体希望自己的职业得到社会更多的尊重和认可，从侧面也反映出社会对于警察职业的实际认可程度还有待提升。

---

① 《马克思恩格斯选集》第 4 卷，人民出版社 1995 年版，第 248 页。

### （二）人民警察价值共识挑战

价值共识是价值认同的基础。价值共识是基于主体的自我需要作出的价值选择。自我需要的形成与发展离不开主体所处的经济地位及社会环境。恩格斯在批判费尔巴哈唯心主义思想时，明确地指出："如果一个人只同自己打交道，他追求幸福的欲望只有在非常罕见的情况下才能得到满足，而且决不会对己对人都有利。"① 人的欲望或需求要同外部世界打交道，才能够得到满足的手段。因为"在一切意识形态领域内传统都是一种巨大的保守力量"。"所发生的变化是由造成这种变化的人们的阶级关系即经济关系引起的。"② 因此，分析主体作出价值选择的社会条件及其达成价值共识的物质条件就很有必要了。此外，人的需求也受到原有文化结构和心理条件的制约，具有很大的主观狭隘性和片面性，如果一个人的需求与外部条件、个人能力相符合，就可以说是合理的需求，容易与社会及他人的不同利益关系协调，从而达成价值共识；如果一个人的需求与外部条件、个人能力相去甚远，甚至发展成不受人的理智和客观情况调节的妄想或恶欲，就不容易或者不可能再与社会的各种利益关系相协调。这是偏离了社会主流价值趋向的畸形的价值选择，不光与他人达不成任何价值共识，反而会造成人的整体价值意识与价值观念系统的变形、歪曲和颠倒。

恩格斯在《反杜林论》中曾说过："人们自觉地或不自觉

---

① 《马克思恩格斯选集》第 4 卷，人民出版社 1995 年版，第 238 页。
② 同上书，第 257 页。

地，归根到底总是从他们阶级地位所依据的实际关系中——从他们进行生产和交换的经济关系中，获得自己的伦理观念。"① 这就是说，人所处的社会环境与经济关系会影响人的思想与观念。当今的时代是变革的时代，经济体制、社会结构、利益格局、生活方式都在发生着翻天覆地的变化，特别是在经济领域，形成了多元的利益主体与多种分配方式，从而导致人们价值取向的多元化，加之经济全球化导致全球思想文化交流交融交锋，出现多元价值观念并存局面，传统的与现代的、开放的与保守的、主流的与非主流的、积极向上的与腐朽落后的、正确的与错误的等，这种种价值观不可避免地会发生矛盾与斗争，也会影响置身其中的人们的价值观出现激荡与冲突。由于职业的特殊性，公安民警应当比普遍百姓拥有更高尚的价值追求与核心价值观念，但也是由于职业的特殊性，让公安民警比普通百姓承受了更多的职业压力与更复杂的价值冲突。当价值冲突的各方利益可以协调或有协调可能，不同需求均被满足或有满足可能，才能实现不同价值观念主体相对和谐的价值选择，达成价值共识。

1. 忠诚价值观面临的挑战

人民警察的忠诚观包括对党、国家、法律和人民的忠诚。从前面的调查结果来看，绝大多数人民警察有坚定的政治信念，对党、国家、法律和人民绝对忠诚。但现实情况也值得关注，即想调离公安队伍的民警逐年增多。南部某省某县公安分局，2011 年外调 9 人，调至非公安机关的人数 7 人；2012 年外调 21 人，调至非公安机关的人数 11 人；2013 年外

---

① 《马克思恩格斯选集》第 3 卷，人民出版社 1995 年版，第 434 页。

调 10 人，调至非公安机关的人数 8 人。三年来该局共外调人数 40 人，其中调至非公安机关的人数有 26 人。在 20 世纪八九十年代，该局的民警调入的多，调出的相当少，即使调出也大部分是调到上级公安机关，或是经济较发达的珠三角地区公安机关，而现在则相反，调入的少，调出的多，近几年调入的都是经济待遇稍差的其他地区公安局民警，个别的民警是从婚姻家庭角度考虑调入的，从其他部门调入公安机关的为零，而调出的超过半数是调到非公安机关的。[①] 人民警察对于警察职业的荣誉感与自豪感是影响警察忠诚度的重要因素。很多民警不再把公安工作看作可以奉献终生的事业，仅仅当作一份能够养家糊口的职业。如果民警对于所从事的职业没有了荣誉感、自豪感，甚至在各方利益权衡的情况下，对于原先的职业产生了倦怠感、厌恶感，对于忠诚这样更高的价值要求与使命意识，恐怕很难得到树立与坚守。这是崇高价值理想与严酷生存现实的冲突与矛盾。

2. 为民价值观面临的挑战

人民警察为民价值观的确立依据来源于公安机关人民民主专政的基本职能。但是随着社会的不断发展，新问题新情况层出不穷，公安机关的基本职能，特别是"为民"职能逐渐出现泛化趋势，导致人民警察的"为民"偏离了其真正"为民"的本位价值。有两个问题需要思考，一是非警务活动是否需要提倡为民？二是如果公安机关承担了过多的非警务活动是否会干扰警务活动的为民价值？由于我国公安机关目前的管理体制是"统一领导、分级管理、条块结合、以块为

---

① 数据及材料来源于中国人民公安大学 2014 年暑期调研材料。

主"的管理体制。① 这样的管理体制在加强党对公安工作的领导、落实公安工作属地管理原则等方面都发挥了巨大的作用，但是也导致领导权过度集中于地方、上下级公安机关之间职责不明、公安机关内部职能配置不科学等问题。② 我国公安机关在经费、组织人事等方面关系都是属地的，这就导致公安民警在承担正常接处警任务和日常警务工作任务的同时，事实上，还需要承担很多地方性的工作，诸如有些地方的公安民警被迫从事征收税费、催粮要款、计划生育、市容整顿和征地拆迁等非警务活动。③ 与此同时，110 也被逐渐演化为便民服务热线，如东部某省某市某区公安分局 110 一天接警2000 多个，有效出警 700 多个，其中非警务报警电话占到2/3。④ 大量的非警务活动占据了公安机关的有限警力，使得本就繁重的公安工作更加琐碎繁杂。当今国内外警学界在警察应有的政治镇压职能与社会管理职能的基础上，提出了警察的第三种职能，即社会服务职能。警察不再仅仅是阶级专政的工具和社会生活的"管理者"，更应该是社会的"公仆"，为社会及其公众提供公共安全服务。人民警察所承担的公共安全服务应当有明确的范围界定，如果不加以明确的界定，全部交付于公安民警，无疑于是对人民警察人民民主专政职能的干扰，也是对于人民警察全心全意为人民服务根本宗旨的曲解，使得原本正确的价值取向导致了最终结果的

---

① 公安学基础教程编写组：《公安学基础教程》，中国人民公安大学出版社2012 年版，第 48 页。
② 同上书，第 50—51 页。
③ 沈惠章：《公安民警职业安全问题研究》，中国人民公安大学出版社 2013年版，第 8 页。
④ 数据及材料来源于中国人民公安大学 2014 年暑期调研材料。

畸变。

3. 公正价值观面临的挑战

人民警察做到执法公正，要公正地适用法律，公正地行使执法权力，还要确保执法结果的公正。人民警察在执法过程中对公正本位价值发生偏离的情况有这样几种：一是无规执法。所谓公安执法，是指"公安机关及其人民警察执行和适用公安法规的活动，使公安法规规定的内容在调整维护国家安全和社会治安秩序的社会关系中得以实施"①。依据科学完善的公安法规开展公安执法是保障执法公正的前提。如果公安机关的某些执法完全是无规执法无据执法，公正的执法效果从何谈起？二是依恶规执法。即依据的法律法规是恶法。恶法包括随形势变化不应再继续适用的法律法规。如已经被废止的1982年国务院发布的《城市流浪乞讨人员收容遣送办法》，1957年全国人大常委会批准颁布的《关于劳动教养问题的决定》等。三是曲解法规。如2006年3月正式实施的《中华人民共和国治安管理处罚法》其中第66条及第97条规定，"卖淫、嫖娼的，处十日以上十五日以下拘留，可以并处五千元以下罚款；情节较轻的，处五日以下拘留或者五百元以下罚款"；第97条规定："决定给予行政拘留处罚的，应当及时通知被处罚人的家属。"如果公安机关决定给予卖淫嫖娼者行政拘留处罚，应当及时通知其家属。告知其家属卖淫嫖娼者的去向，应当是公安机关的义务，是卖淫嫖娼者及其家属的权利。但在实际操作中这一非常明确的法律规范有时被

---

① 公安学基础教程编写组：《公安学基础教程》，中国人民公安大学出版社2012年版，第169页。

曲解为"卖淫嫖娼者被抓就一律通知其家属"。被处罚者及其家庭的名誉被完全无视。四是执法不公开不透明。某些公安机关在办案过程和执法活动中"暗中执法",过程不公开不透明,没有老百姓"看得见的公正",程序不正义,实质不正义;程序不公正,实质不公正。五是畸形执法。"下跪执法""扇自己耳光执法""敬数百个礼执法""打不还口骂不还手执法"等,把公安执法视如儿戏,扭曲了公安执法的权威性,破坏了公安执法的严肃性,损害了公安执法的公信力,贬损了国家人民所赋予的执法权力。六是畏难执法。由于公安工作的特殊性,常常使民警站到了某些群体的对立面,还有部分群众过分强调自身利益,不能理解公安机关的执法管理,对于公安民警产生了很多误解、偏见和不信任,甚至在执法时围观起哄、谩骂殴打公安民警。同时在各项审查制度尚未健全的情况下,有些涉警舆情被错误披露,甚至被恶意歪曲曝光。公众的误解与社会舆论的错误导向,导致民警产生在执法执勤时的畏难情绪,不敢理直气壮地公正执法,有的民警甚至作出迎合"民意"的错误执法。公正价值的挑战与冲突集中体现于主流价值选择与价值选择环境的对抗。

4. 廉洁价值观面临的挑战

公安机关是人民民主专政的重要工具,是国家意志和人民意志的忠实执行者。这样的阶级属性与特殊职能要求公安民警必须清正廉洁,任何的蜕化变质都是对于国家人民所赋予权力的玷污,对于警务实践活动本位价值的偏离。廉洁所遭遇的价值挑战主要集中于公安民警对于自我价值与社会价值的权衡与抉择之中。一是很多民警更加看重自我价值的实现。自我价值,是个体的人生活动对自己的生存和发展所具有的价值，主要表现为对自身物质和精神需要的满足程度。虽然自我价值的实质是主体的实践活动对于自己生存和发展的意义，外在表现才是物质与精神的满足。但是人们会倾向于更多地考虑后者，即在社会实践活动中，自己的物质需求与精神需求是否得到了满足。我国目前的情况是，绝大多数地区的公安民警得到的经济与政治待遇与艰辛繁重的付出不成比例。警察工资待遇和政府部门一般公务员一样，但工作强度、工作时间、工作危险性、工作压力等远远高于其他公务员，在客观上形成了横向比较的心理失衡。特别在北上广等一线特大城市工作的民警，维稳、备勤、安保等任务更加繁重，生活成本更加高昂，警察的付出与收入愈加失衡。同时，基层民警晋职晋级机会小，上升空间小。由于警察基数比较大，"官位"也就那么几个，很多民警很早就是所队科长，然而干了几十年还可能就是所队科长，加上非领导职务晋升方式限制，很多地方特别是县级公安机关绝大多数民警到退休时只是副主任科员，能到主任科员退休是少数，职级待遇上不去，这就造成了纵向比较上的心理落差。二是自我价值实现的渠道逐渐宽泛。随着社会结构的深刻转型，公务员"铁饭碗"的形象被打破，就民警个体来说，实现人生成功的道路有千万条，如果其所从事的警务实践活动的价值，得不到应有的认可与尊重，与自我价值实现的理想预期相去甚远，又何必在此坚守一生？三是警务实践活动的社会价值得不到充分的重视。社会价值是实践活动对社会、对他人所具有的价值，是衡量该实践活动是否有意义的根本标准，离开了社会价值，个体的自我价值无法实现。但由于社会价值的利他性、义务性与付出性，往往会被人们忽视或者是刻意回避，表现在个别普通民警身上就出现了理想信念迷失、职业认同度下降、工作热情退化、利益诉求趋于现实、纪律意识淡薄、奉献精神削弱等种种问题。四是社会公众价值评价标准发生偏差。社会性是人的根本属性，决定了社会价值是人生价值的最基本内容。社会对于一个人的价值评判，主要是以他对社会所作的贡献为标准，具体看一个人的行为对于社会和他人的生存和发展是否有贡献；一个人的人生活动是否符合社会发展的客观规律；是否通过实践促进了历史的进步等。人民警察的工作对于国家、社会的发展有着巨大的意义。一个披星戴月侦破命案的刑侦民警，其工作所产生的价值是国家社会的稳定，百姓生活的安宁。这种价值与一个医生的救死扶伤、一个老师的传道授业所创造的价值是相同的，对于国家、社会及公众来讲，都是正面的有进步意义的价值，都应当得到社会的充分认可。可实际情况是，社会对警察工作的价值评价并不符合警察工作的实际价值，甚至当某些民警的工作发生失误或错误时，有些群众为了某些目的，恶意夸大结果，故意毁损警察形象，恣意贬低警务工作的真实价值。如果社会评价对警务实践活动的价值没有给予足够的尊重与认可，会影响个体民警对警务实践活动价值的看法，进而影响其正确价值观的形成。这样的价值冲突是人民警察内在价值定位与外在价值认同的矛盾。

### （三）人民警察价值实践条件

价值实践是价值认同的根本。价值实践是价值观念领域中探讨的问题，不同于创造价值的实践活动，后者是价值领域中探讨的问题，是价值构成的要素之一。价值实践的主体与价值观念的主体是相同的。所谓价值实践，就是价值观念主体在已经形成的价值判断与价值选择基础上的价值追求。如果主体的价值判断与价值选择达成了价值共识，在此基础上的价值追求，就是价值认同。由于主体自我意识、内在需求、客观存在的差异性，导致了价值理想的主观差异性与价值共识的不易达成性，所以不同的价值观念主体会有不同的价值追求，不同表现的价值实践。对于价值实践的考察，首先要探讨的是价值观念主体的价值判断与价值选择，如果先前的价值判断与选择是非常个性化的，达成价值共识的可能性几乎没有，那主体其后的价值追求自然也应是如此，这样就不太可能与社会主流价值或核心价值观念形成价值认同。我们要考察的价值实践，其主体的价值理想与价值选择一定是有达成共识可能性的价值实践，或者目前有较大的价值分歧，在主客观条件均发生改善之后，其价值理想与价值选择有可能达成价值共识的价值实践。人民警察群体及人民警察个体面临着复杂的价值冲突与矛盾，多样的价值理想与选择。人民警察的价值认同要在严苛的价值挑战之中完成警务本位价值的确认与确证。在警察面临的各种价值冲突与挑战中，各种冲突着的价值有没有共性？或者说，有没有达成价值共识的可能？各种价值观念主体，其利益诉求有没有达成一致的可能？不同的价值理想与价值判断，有没有交集？有没有最大公约数？有没有被整合形成最大合力实现合作共赢的可能？事实上，只有能够与他人、与群体达成共识的价值实践才更易于实施。达成价值共识的价值实践，是符合群体与社会核心利益的，与群体及社会的价值底线与价值理想是吻合的。所谓"得道者多助，失道者寡助"，其中的"道"便是符合社会共同价值目标的价值追求。如在中国抗日民族解放战争时期，仁人志士们为了民族独立与人民解放的大义，舍弃了自己一人一家的小利，将保家卫国看作自己最崇高的价值理想，这样的价值选择与价值追求是站在全民族全中国的利益诉求基础上的，是能够与全社会的价值理想达成最大共识的价值追求，具有重大的历史意义与实践意义。在当时，民族独立与人民解放就是全民族的价值认同。这样的价值认同是在达成共识的价值实践基础上形成的，同时在不断实践的基础上被反复确证，最终内化成为每一个中国人的价值认同。反之，这样的价值认同也进一步促使了抗日救国实践的顺利进行，在这样的价值认同的感召下，每一个中国人同仇敌忾，将自己的内在需求与利益诉求放置于全民族利益诉求的范围之中，作出了符合民族利益的价值判断与价值选择，积极投身抗日运动，用实际行动践行着这样的价值认同。

　　价值认同的前提是有共同的利益诉求与价值底线。人民警察核心价值观，"忠诚、为民、公正、廉洁"，体现了警务实践活动的核心价值。警务实践活动的核心价值本身就集中了警察群体、警察个体与社会公众最大的利益诉求，凝结了警察群体、警察个体与社会公众最大的价值共识，这既是历史的优秀传统又是当代的价值诉求。"忠诚、为民、公正、廉洁"在人民警察核心价值观中表现为警察单向度的利他性的义务，深层的本位价值是"安全、秩序、正义"。警察或警务活动从诞生之日起，其产生、存在、发展的必要性与意义，就是围绕国家、社会、民众的安全需求，依靠国家强权与暴力工具，维护国家安全、社会公共安全、公民人身与财产安全。警察或警务活动的另一重大价值是维护阶级统治秩序和社会生活秩序，使社会处于稳定的状态，能够按照一定的规范有序运行，人民生活平稳，可以安居乐业。警察及警务实践活动在维护安全和秩序的同时，必然要面对各种利益诉求与价值冲突，会涉及价值冲突各方利益的权衡与取舍，要协调甚至单纯依靠暴力工具实现稳固的安全与长久的秩序，正义是其最终的价值追求，无论是程序正义还是实质正义，无论是手段正义还是目的正义。正义价值的追求与实现，是安全、秩序等其他价值实现的最后屏障，如果正义实现不了，实现的安全与秩序也仅仅是暂时的。安全、秩序与正义，是警察及警务实践活动被设立之初的价值选择，或者说是价值起点。起初的国家及社会就是为了追求安全、秩序与正义，才会想到设立警察机构，通过警务实践活动去实现社会的安全、秩序与正义。对于国家，社会，公民来说，包括警察群体及警察个体，"安全、秩序与正义"的本位价值原本就是各方共同的内在需求、利益诉求和价值底线，无论是谁，都不会拒绝或放弃，这样的本位价值具有达成最大的价值共识的可能性，并在价值实践中一次次被确认，最终形成价值认同。警务实践活动就是其中的价值实践，人民警察是警务实践活动的活动主体；国家、社会及公众是警务实践活动的实践主体。无论是活动主体亦或是实践主体，其价值诉求都可以统一于上述本位价值的实现与追求之上，本位价值整合了各方的利益需求。本位价值反映在人民警察核心价值观中就是"忠诚、为民、公正、廉洁"，体现的是人民警察单向度的利他性的义务。人民警察对于忠诚、为民、公正与廉洁的遵循，其本质就是对于警察本位价值的选择与实践，不仅对于警察群体，也包括警察个体，其警务实践活动都是对于本位价值形成了价值共识之后做出的价值实践，价值认同基础深厚且广泛。人民警察个体的价值追求，其与人民警察群体的价值追求的交集越大、越多，价值选择的冲突与矛盾就越小、越少，也就越有利于个体价值追求的实现。随着人类社会的不断发展，人们对核心价值的认识会日益深入，价值追求也会朝着更加高级、文明、理性的方向发展。社会公众与人民警察对于警察价值及警务实践活动本位价值的认识也会不断深入，价值共识更好更易达成，警务价值实践活动也更加容易开展。

# 第五章　人民警察核心价值观的
　　　　　培育与践行

## 一　人民警察核心价值观培育的机制、
　　　举措与路径

### （一）培育人民警察核心价值观的认同机制

人民警察核心价值观的培育，关键在于价值认同。人民警察群体与人民警察个体认同人民警察核心价值观的价值理念，其价值理想不偏离人民警察核心价值观的核心价值理想，有达成价值共识的基础，其价值选择与人民警察核心价值观倡导的主流价值一致，价值实践能够得到认可和尊重，最终形成稳定的价值认同。这需要完善的价值认同机制来保障，具体包括价值引导机制、价值整合机制、价值实践规范机制。

1. 价值引导机制

价值引导机制，引导主体形成正确的价值理想，并通过合理机制不断地培育和保护其价值理想。人民警察核心价值观，是一种价值观念。信念、信仰和理想是构成价值观念的最基本的思想形态。这三种基本的思想形态总是相互交织、如影随形，你中有我、我中有你。价值理想，应当包括与之相关的信念与信仰。价值引导机制要解决的核心问题是教育引导主体确立正确的自我意识，对于我是谁？我在做什么？我能做什么？我应该做什么？等问题有基本的认识和正确的判断。

第一，追本溯源的理想信念教育。人民警察核心价值观的宣传教育，根本在于人民警察的理想信念教育。习近平同志指出：理想信念是共产党人精神上的"钙"。人民警察如果没有正确的理想信念或理想信念不坚定，就会形成错误的价值理想，在价值判断与价值选择上就会偏离主流价值导向，在精神上就会"缺钙"，在政治上、经济上、道德上和生活上，就会得"软骨病"，就可能导致变质贪婪、堕落腐化等种种问题。理想信念教育是人民警察核心价值观培育的长期任务和永恒课题。从人民警察的阶级属性来说，马克思主义信仰应当是超越于"忠诚、为民、公正、廉洁"的最高信仰。马克思主义基本原理是人民警察核心价值观的理论基础。实际情况是，人民警察的马克思主义信仰状况并不乐观。这与我们的宣传教育有很大关系。我们一直提倡大力宣传党的最新理论成果，可以说，对于最新成果的宣传教育，下了很大功夫。在公安机关，对于人民警察核心价值观的宣传教育，同样是不遗余力，做了很多工作。但是，我们恐怕只解决了应该的问题，没有解决为什么的问题。人民警察应该坚持忠诚、为民、公正、廉洁的核心价值观，但是为什么应该这样做，这样做的根源或本源在哪里？人民警察队伍发源于哪里？归属于哪里？公安民警能够做什么？我们的宣传工作少有涉及。马克思曾说："理论只要说服人，就能掌握群众；而理论只要彻底，就能说服人。所谓彻底，就是抓住事物的根本。①"
马克思主义基本原理是人民警察核心价值观的理论渊源，马
克思主义信仰是人民警察理想信念的核心问题，是树立正确
理想信念的源头活水。马克思主义信仰的宣传教育应当包括
使全体民警认识、了解、懂得马克思主义的深刻内涵，能够
抵制错误思潮的冲击并相信马克思主义的基本原理，能够运
用马克思主义的科学世界观和方法论解决实际问题，能够将
马克思主义确立为个人信仰并始终坚守。

第二，解决问题为导向的思想政治教育。思想政治教育
的瓶颈是实效性。思想政治教育受到的最大质疑也是实效性。
人民警察核心价值观的培育是公安队伍思想政治教育工作的
首要任务。思想政治教育能够真正解决民警面临的种种问题，
是增强其说服力与实效性的关键。深圳警队的做法值得借鉴。
深圳警队通过"大调查""大讨论"，梳理出民警思想中存在
的"九大困惑"，包括选择当民警究竟值不值；警队内部应该
树立什么样的风气；警队里怎样营造和保障讲真话的氛围；
警队应该形成什么样的选人用人导向；民警实质上是为谁执
法、为谁用权；如何处理好管理与服务的关系；在公安机关
到底怎样把民主集中制落到实处；专业化改革后怎样安排警
长和老民警们的工作；民警八小时以外到底应该干些什么。②
通过民警的广泛参与与深入交流，逐一解决民警的思想困惑，
使得民警进一步明确了自己的地位意识、行为意识、能力意

---

① 《马克思恩格斯文集》第 1 卷，人民出版社 2009 年版，第 11 页。
② 张辉：《深圳市公安局人民警察核心价值观教育实践活动六年回望》，载
赵颖、李宏主编《人民警察核心价值观的培育与践行》，中国人民公安大学出版
社 2015 年版，第 234 页。

识与使命意识，确保了人民警察核心价值观宣传教育工作的实效。

　　第三，引领正确价值的典型示范教育。在人民警察核心价值观的价值引导中，既需要理想信念的说服引导，也需要先进典型的示范引领。公安历史中及改革开放之后涌现出来的公安英模和先进个人，用自己的实际行动践行了人民警察核心价值观，诠释了人民警察应当承担的社会责任与国家使命，是正确价值理念与价值理想的人格化和具象化。对于人民警察来说，如何作出自己的价值判断与价值选择，公安英模与先进代表就是最好的学习榜样。首先，积极选树先进典型。对于涌现出的先进模范，要及时发现，并给予表彰奖励，可以突破一年一度的传统表彰机制，将年度表彰、定期表彰、专项表彰、火线表彰等表彰形式相结合，同时坚持表彰奖励向基层单位和一线民警倾斜的原则。其次，扩大先进典型影响力。如浙江省某市某区公安局将民警的表彰证书送到家属单位，送到家庭所在居委会，强化优秀民警的影响力，积极传播正能量，进一步增强获奖民警的职业荣誉感与自豪感。最后，改进宣传方式。增强先进典型的亲和力，突破传统的高大上的宣传模式，从更加能够获得基层民警与普通百姓信任理解的角度开展宣传。如某市局公安微博在2014年年初发布了这样一张照片。一位基层民警在除夕之夜由于值班不能回家，在网上看自己远在他乡的母亲的照片。这样的宣传既充分地体现了基层民警的真切情感又真实地表现出公安工作的辛苦，非常容易打动人，更容易获得百姓的支持与理解。此外，增强对于先进模范的表彰力度。除精神表彰之外，也包括应有的物质奖励，不能让我们的人民警察流汗流血又流泪。

2. 价值整合机制

价值整合机制，协调容易发生矛盾的内在需求与利益诉求，缓和各种价值冲突，合理地保护不同主体的价值理想，扩大主体间作出不同价值选择，但是最终能够达成价值共识的现实基础。任何价值观念，都是现存社会关系或经济利益关系的反映，其实质是客观存在的主客体间的价值关系或价值事实在人们头脑当中的反映。人民警察核心价值观的培育机制中，价值整合机制是核心机制，发挥着承前启后的关键作用。对于价值理想来说，需要价值整合机制保护正确合理的价值理想，如果没有公平正义的现实基础做支撑，已经树立起来的价值理想就如空中楼阁，曲高和寡，最终会在真实严酷的现实面前轰然倒塌。对于价值选择来说，需要价值整合机制协调不同的利益诉求与价值冲突，优化能够达成价值共识的环境。对于价值选择来说，只有达成价值共识，价值选择才有意义，换句话说，只有拥有达成价值共识的可能，价值选择才有实现的可能。达成价值共识的可能性越大，价值理想及价值选择实现的可能性就会有多大。对于价值实践来说，价值整合机制可以引领不同价值主体适时调整自己的价值理想与价值选择，并依据价值整合机制提供的利益协调可能性，对于即将进行的价值实践作出更正，以可能达成最大价值共识的姿态进行自己的价值实践，因为唯有如此，个体的价值实践才更加容易开展，最终的结果才是利益最大化的结果，这对于每一个参与价值实践的理性人来说，都是最优的选择。价值整合机制要解决的核心问题是，如何更好地协调不同主体间的利益诉求，缓和价值冲突，使得不同主体达成价值共识的现实基础最大化。

第一，公安体制改革。"忠诚、为民、公正、廉洁"的人民警察核心价值观可以为公安体制改革提供精神动力、价值导向、思想保障。反之，不断推进的公安体制改革，也可以为人民警察核心价值观的培育与践行提供良好的环境、稳定的平台、现实的基础。人民警察核心价值观的培育工作所遇到的困境，诸如警察群体的本位价值理想与严酷现实的冲突、正确价值导向与最终结果的畸变，主流价值选择与价值选择环境的对抗，警察个体的内在价值定位与外在价值认同的矛盾等，无一不从警务工作所面临的实际困境中产生。不同主体利益诉求的整合，是人民警察核心价值观价值认同的关键。公安体制改革，是调整各方主体利益诉求，优化配置现有资源，解决公安工作现实困难的关键。公安体制改革，包括对于公安机关职能及职权的调整、公安机关内设机构的改革、上下级隶属关系的变更、公安工作决策体制的改变等内容。[①]改革开放以来，我国公安体制不断进行调整与变革，但是依然存在很多问题，如分散作战的公安指挥体制、职能分散的公安部门结构体制、地方为主导的公安领导干部管理体制、以块为主的公安经费管理体制等等[②]，诸如公安机关出现的警力不足、警务职能泛化等种种现实问题，其根源都可以归结为尚未理顺的公安体制问题。如果能够突破体制瓶颈，逐步解决现存问题，警察群体、警察个体及社会公众的利益诉求

---

① 赵炜：《公安机关体制改革论纲》，《中国人民公安大学学报》（社会科学版）2014 年第 6 期。

② 同上。

得到充分整合，人民警察核心价值观的价值认同就会有扎实深厚的现实基础，就会落地生根，发挥实效。在当前中国全面深化改革的浪潮下，公安机关也举起了全面深化公安改革的旗帜。我们期待公安体制改革的深入推进。

第二，公安队伍建设。公安队伍建设的总体目标是"革命化、现代化、正规化、法治化"①。公安队伍建设的基本方针是"政治建警、依法治警、科教兴警、从严治警、从优待警"②。通过公安队伍建设，将人民警察核心价值观对于民警的义务性要求"固化于制"，使得"忠诚、为民、公正、廉洁"较为抽象的价值选择与追求有章可循，并进一步规范广大民警的价值取向和行为方式。通过公安队伍建设，特别是公安队伍法治化建设，确保宪法和法律在公安工作中的权威地位，公安工作依据的法律规章体系得到健全与完善；深入开展执法规范化建设，使"公安机关所有的关系和行为都有明确的法律规定，最大限度地增加法定动作，最大限度地减少非法定动作"③。这就为公安民警的公正执法提供了充分的依据与完善的保障，对于公安民警与社会公众发生的冲突与矛盾，提供了解决问题的法律依据。公安队伍建设中的从优待警，从政治、经济、职业安全保障、职业健康保障等方面实现从优待警，充分发挥制度的导向和约束作用，对于缓解人民警察在价值理想与社会现实之间的困惑与纠结，发挥了很大作用。2016 年 9 月，中共中央办公厅、国务院办公厅印

---

① 赵炜：《新时期公安队伍建设基本问题研究》，《公安教育》2014 年第 11 期。

② 同上。

③ 同上。

发《关于深化公安执法规范化建设的意见》，提出构建完备的执法制度体系、规范的执法办案体系、系统的执法管理体系、实战的执法培训体系、有力的执法保障体系，实现执法队伍专业化、执法行为标准化、执法管理系统化、执法流程信息化，保障执法质量和执法公信力不断提高，全面建设法治公安，努力让人民群众在每一项执法活动、每一起案件办理中都能感受到社会公平正义。公安机关队伍建设，使人民警察核心价值观的培育由软变硬，由虚变实，是人民警察核心价值观价值认同中关键的价值整合机制。

第三，和谐警民关系建设。和谐警民关系建设是协调警察群体与社会公众矛盾与冲突的价值整合机制。改革开放30多年来，我国在政治、经济、文化、社会等领域都取得了长足进步与飞速发展，随之带来的是，经济结构、社会结构等都发生了深刻的变化与巨大的转型。这也导致诸多社会矛盾纷繁复杂，相互交织，发生裂变。有学者将这样的社会状态称为"社会矛盾凸显期"，即原有的社会矛盾尚未完全解决，新型的社会矛盾又层出不穷，共同影响着社会的基本和谐与稳定。公安工作历史中，全心全意为人民服务是公安机关的根本宗旨，群众路线是公安机关的基本工作路线，我们有着非常好的优良传统与历史传承。但是近年来，一些警民关系不和谐的现象开始出现，甚至发生警察与民众之间的暴力对抗，表现为诸如"涉警群体性事件""警民暴力冲突事件""袭警事件""仇警情绪""涉警网络造谣事件"等。这样的事情破坏了公安民警在百姓心中的崇高形象，影响了公安机关执法的公信力，伤害了执法民警的情感，甚至许多基层民警开始畏惧执法，开始顾忌民众情绪，不敢依法执法，不敢秉公执法。警察与民众之间的关系，非常复杂，涉及政治关系、法律关系、社会关系，甚至还有经济利益关系。良好的警民关系可以包括"民主平等的政治关系，互助合作的法律关系，公开透明的公共关系，水乳交融的情感关系"①。但是警民关系建设的最终目标只有一个，就是和谐。和谐，其实质仍然是不同利益诉求或价值关系的整合。和谐，意味着不同价值观念主体可以做到信任、配合、理解与尊重，这样才是达成价值共识的最充分条件。

3. 价值实践规范机制

人民警察核心价值观，来源于鲜活的警务实践活动，也必然要回归到警务实践中，回归到公安民警、社会公众的警务价值关系中，实现价值认同，发挥指导作用。对于人民警察核心价值观本身的价值认同，需要在价值实践中得以完成，这就需要价值实践规范机制强化其正确的价值认同。在现实生活中，公安民警的价值理想、价值选择与价值追求，是以自我内在的不同利益诉求为基本导向的。如果价值理想与价值选择偏离主流价值或本位价值，同时，价值引导机制与价值整合机制没有发挥作用的话，那人们紧随其后的价值追求，表现在具体的价值实践中，也必然是以自身利益为导向的，可能就会与主流价值发生过分地偏差，最终破坏合理的价值关系，造成不良的价值事实。在这样的情况下，需要价值实践规范机制对其价值实践进行约束与规制，纠正其错误的价值选择与价值追求。当发生价值冲突时，受到损失的另一方

---

① 李晓临等：《和谐警民关系建构论——以人本主义心理学为视角》，中国人民公安大学出版社 2014 年版，第 8—9 页。

主体会通过价值实践规范机制得到利益弥补或是情感保护，通过不良价值实践暂时获利的一方主体，价值实践规范机制也会使其付出相应的成本。价值实践规范机制，其作用是规范不同主体的价值实践，这是实现价值认同的最后一道屏障。

第一，制度保障。制度保障，即通过制度的约束和规范作用，强化行为养成，调节价值实践。人们在遵从、践履规则规范的同时，逐渐接受、认同蕴含在这些规则规范中的基本精神，逐步在制度的长期作用下，形成符合规则规范的行为习惯。首先，将人民警察核心价值观的各项要求纳入相关制度。及时修订《公安机关组织管理条例》《人民警察内务条令》《人民警察纪律条令》《基层公安机关思想政治工作规范》《人民警察职业道德规范》等一系列规章制度，使人民警察核心价值观教育实践活动有章可循、有据可依。制定警官手册、民警手册、执法守则等规范文本，把人民警察核心价值观教育内容渗透其中，不断强化民警的忠诚、为民、公正、廉洁意识。① 其次，将人民警察核心价值观培育工作制度化。应当将人民警察核心价值观的培育与践行当作一项重要的长期的工作去抓，形成配套工作制度，对该项工作的教育内容、培训对象、开展时间、具体环节、考核评估等都应该作出详细的规划，制订出切实可行，可供操作的方案。最后，充分发挥现有制度的奖惩作用。人民警察核心价值观的培育工作不是一蹴而就的，更不是进行一次教育就能够产生实效的，而是应当经过反复的实践，并在实践当中得到反复确证才能

---

① 吉林省公安厅政治部、吉林警察学院组编：《人民警察核心价值观学习读本》，中国人民公安大学出版社 2012 年版，第 100 页。

最终形成价值认同的。充分发挥制度机制对民警价值实践的奖惩作用，对于符合人民警察核心价值观的实践行为给予褒扬和鼓励，对于违背人民警察核心价值观的实践行为给予贬抑和惩戒，通过制度使人民警察核心价值观的根本价值理念成为警察群体开展警务实践活动的价值标尺，成为社会公众评价人民警察警务实践活动的价值标尺。

第二，法律约束。人民警察核心价值观属于人民警察职业道德，隶属于道德范畴。法律规范，是由国家制定认可，并由国家强制力保证实施的，具有普遍约束力的社会规范。道德与法律，是两种并行不悖的调解社会行为的手段，有着各自的管辖范围。法律强调他律，人民警察职业道德强调自律。法律在人民警察核心价值观的培育工作中，是与制度相似的，另外一种价值实践规范机制。如2015年8月29日通过的刑法修正案（九）中，增加一款，"暴力袭击正在依法执行职务的人民警察的，依照妨碍公务罪的规定从重处罚"。这在法律上进一步保障了人民警察的合法权益，对于某些暴力袭警行为在一定程度上起到了震慑的作用。2016年12月，公安部网站就《人民警察法》（修订草案稿）公开征求意见。修订草案稿从原有的52条增加至109条，对这部法律进行了较大程度的修订。修订草案稿的指导思想体现了中国特色，凝聚了公安改革创新的最新成果，反映出当前警察体制发展的时代特征，也明确赋予了公安机关与人民警察新的执法权，在警察职业保障方面增添了许多新的亮点。比如，修订草案稿在警察执法权益保障方面增加了许多新内容，其中，首次对"袭警的处理"作出了明确规定。与现行《人民警察法》相比，修订草案稿新增了五种人民警察可使用武器的情形，其中明确规定，人民警察遇到"以暴力、危险方法抗拒、阻碍人民警察依法履行职责或者暴力袭击人民警察，危及人民警察生命安全的"情形，经警告无效的，可以使用武器。再如，在原有"警务保障"基础上，新增了"职业保障"的内容，首次从立法层面突出了对警察权益的保护，有效弥补了过去立法中把警务工作与警察职业保障割裂开来的不足，凸显了法律对警察权益的保护和以人为本的精神。法律通过其特有的指引、评价、教育作用，制裁违法行为，支持合法行为，对人们有着强烈的警戒和示范作用，强化了个体的义务和权利意识，确保道德领域的核心价值观的教育与认同取得实效。

第三，社会建设。人民警察核心价值观的培育是一项系统工程，以社会认同为主导目标的社会建设是重要的价值实践规范机制。个体的价值认同是通过社会认同实现的。社会认同是个体认同的基础。社会认同，是社会成员的共同意识。埃米尔·涂尔干指出："社会成员平均具有的信仰和情感的总和，构成了他们自身明确的生活体系、我们可以称之为集体意识或共同意识。"[1] 社会认同，是社会成员对于共同信仰和情感的分享，是维系稳定的社会共同体的内在凝聚力。[2] 个体的价值理想、价值选择与价值追求，不会凭空想象，骤然形成，而是个体在一定的社会环境与社会实践中，对于社会价值的选择或放弃；追求或偏离。在一个社会认同基础深厚，

---

① ［法］埃米尔·涂尔干：《社会分工论》，渠东译，生活·读书·新知三联书店 2000 年版，第 42 页。

② 汪兴砚：《全球化中的价值认同与价值观冲突》，《哲学研究》2002 年第 11 期。

社会共识广泛的国家，个体的价值追求或价值实践如果偏离社会主流价值追求的话，社会其他成员就会及时纠正其行为，社会舆论、传统习俗及社会成员的内心信念等社会机制就会发挥其相应的价值规范作用。一个国家、一个民族，一个社会要善于培育能够为社会成员共同认可的信仰和情感，这是能够被人们共同认可、共同选择、共同遵守、共同维护的精神家园。这样的精神家园对于公民个体价值观或某一群体核心价值观的培育来说都是最好的生态环境。

## （二）培育人民警察核心价值观的特色举措

公安队伍培育人民警察核心价值观有着独具特色的教育资源，在教育内容、教育手段、教育环境等方面都可以充分利用，并不断创新。

### 1. 革命传统教育

革命传统教育是党与军队进行思想政治教育工作常用的一项教育内容。这项教育内容围绕建党建军的光辉历史，以在新民主主义革命与社会主义革命过程中形成的革命传统和革命精神为主线，采取主题报告、专题讲座、实地参观考察、革命人物访谈、文艺展演、实景再现、亲身体验等丰富的教育手段，使教育对象能够深切地认同革命先辈们在艰苦的环境中所塑造的革命理想、革命精神与革命品质，转化为自己的精神动力与价值追求。在我国，革命传统教育的教育资源非常丰富。这些教育资源发挥着巨大的作用，对于教育对象来说，其感染力是巨大的。公安队伍的革命传统教育也有所开展，但更多地是以中国共产党的革命传统教育为主，就教育资源、教育内容、教育手段来说，能够彰显公安特色的较为系统完善的革命传统教育很少。公安队伍建设发展的历史，是同中国共产党的历史、中国革命的历史、中华人民共和国的历史紧密联系着的。在中国共产党建立之初，就产生了保卫党的安全，保卫工农运动安全的保卫工作。随着革命的开展，诞生了党的保卫组织，并逐步发展为党领导下的各级公安机关。在公安队伍的发展历史中同样也形成了非常丰富的革命优良传统，在公安队伍建设、公安民警教育中，其巨大的更加容易产生共鸣的作用是不容忽视的。回顾公安机关的发展历程，严明的政治纪律被始终强调，其中"忠诚、为民、公正、廉洁"是公安工作与公安队伍一直以来所秉持的核心价值追求。1935 年遵义会议之后，我们吸取了惨痛的经验教训，强调党对公安保卫工作的绝对领导，公安保卫工作要做到对党的绝对忠诚；在革命历史中，我们逐渐形成了公安工作的根本宗旨是全心全意为人民服务，公安工作的根本路线是党委领导下的群众路线；逐渐完善的公安法治与实事求是的调查研究；公安队伍一以贯之的政治纪律是清正廉洁；等等。可以说，"忠诚、为民、公正、廉洁"的核心价值观随着党的发展与公安队伍的壮大不断地被历史选择与沉淀，并逐渐融入公安历史的血脉中，成为公安队伍的优良传统。每一代人民警察要做的事情是传承这样的精神，并将这种精神价值与历史价值内化于心，升华为自己的核心价值观。所以，在人民警察核心价值观的培育工作中，要充分地重视革命传统教育的巨大作用，不断挖掘公安队伍特有的革命教育资源、教育内容，创建公安机关革命传统教育基地，并结合实际开发出适合公安民警需求的教育形式、教育手段，形成系统完整的公安队伍革命传统教育体系。这可以作为一项重大课题深入探究，极具理论意义与实践意义。

2. 英雄模范教育

每个时代，都会有英雄；不同行业，也都会有英雄。公安工作由于其特殊性与危险性，在革命战争年代与和平年代，都有众多的英雄模范人物涌现出来。特别是在和平年代，"国家安危，公安系于一半"，公安队伍成为了我们这个时代死伤最多的一支队伍。2015 年 4 月公安部数据，从 2010 年到 2014 年，公安民警（包括公安现役官兵）共伤亡 22870 人，其中，民警因公牺牲 2129 人，因公负伤 20741 人。① "党的十八以来，因公牺牲民警 2105 人，受伤民警 22977 人；仅 2016 年，因公牺牲民警人数就有 362 人，负伤 4913 人。"② 在和平年代里，公安队伍可以说是"天天有牺牲，时时有流血"。这些或牺牲或负伤的战友们，就是我们身边的英雄模范。英雄模范的教育作用是巨大的，对于教育对象来说，可以起到示范作用，从而教育引导、激励鼓舞受教育者树立正确的理想信念、价值取向。但是也应当看到，随着社会的深刻变革，人们的价值观趋向于多元化发展，对于英雄模范不再像以往那样"追捧"，甚至在历史虚无主义思潮的影响之下，开始恶搞历史上的英雄人物，出现了英雄"被商业化""被喜剧化"的现象，人们对于英雄人物的价值理想与价值选择也不再像

---

① 《全国 4 年 2129 名民警因公牺牲，过半系猝死》，新浪新闻中心 2015 年 4 月 3 日，http://news.sina.com.cn/c/2015 - 04 - 03/063931677784.shtml。

② 《去年民警因公牺牲 362 人：几乎"一天牺牲一个民警"》，新华网 2017 年 4 月 4 日，http://news.xinhuanet.com/2017 - 04/04/c_ 1120747334.htm。

以往那样信任。英雄模范人物是一个社会，一个时代的标杆与旗帜。人们对于英雄模范人物的态度，体现着这个社会与时代的精神追求与基本价值。这个时代需要英雄，渴求英雄。英雄没路，是时代的耻辱。公安系统从来都不缺乏英雄，新中国成立以来的全国公安系统一级英雄模范不胜枚举。这些英雄模范及其光辉事迹是我们宝贵的财富，不应当仅仅停留在瞻仰与怀念之中，而应当让逝去的英雄重获新生。公安系统英雄模范的树立挖掘与宣传教育，对于人民警察核心价值观的培育工作同样发挥着重大作用。

3. 警务实践教育

理论来源于实践，也必然要回归到实践中去检验。理论的重要价值在于可以指导实践。人民警察核心价值观，培育重要，践行更加重要。警务实践教育是具有公安特色的教育活动，具有时效性、真实性、生动性等特点。对于公安民警来说，警务实践是其本职工作，依托警务实践开展相关教育，可以充分避免某些理论的刻意灌输与虚假说教，容易让人接受。很多警务活动本身就是鲜活真实的教育素材，可以充分利用，及时激发民警对该事件的思考，进行正确的价值引导；警务活动本身也是创造警务本位价值的实践活动，民警依章依规依法行事，就是在践行人民警察核心价值观，就是在体现"忠诚、为民、公正、廉洁"的核心价值取向。深圳警队创立了人民警察核心价值观"训练日"培训品牌，其中的一项教育方法，就充分地利用了警务实践活动的教育价值。2012 年，深圳市公安局围绕"重民意警心、强能力责任"主题，组织民警扮演"5·26 飙车案"受害者家属、媒体记者、市民代表和警方发言人；组织民警模拟调解小贩和主妇的买菜纠纷；组织民警对"执法中砸宝马车窗事件"进行讨论；等等。通过对真实的警务实践活动的模拟与研讨，参训民警深刻理解了人民警察核心价值观中所蕴含的执法理念，同时也进一步提高了警务实践执法能力。① 公安机关特有的警务实践教育，对于人民警察核心价值观的培育，对于改进公安民警思想政治教育方法，对于提高民警警务实践能力，都大有益处，是一举多得之事。

### （三）培育人民警察核心价值观的基本路径

公安队伍独具特色的教育内容与措施对于人民警察核心价值观的培育发挥了重大作用。如何能够让这些特色教育资源具有不竭的生命力与巨大的影响力，需要科学规划、合理布局。

1. 保护挖掘历史资源，丰富特色教育内容

"巧妇难为无米之炊。"没有丰富翔实的史料收集，公安队伍的革命历史传统就无法得到很好的沿袭与传承，其在人民警察核心价值观培育工作中的巨大作用也不可能充分发挥。20 世纪 80 年代，公安部牵头成立了公安史料的征集研究部门，对于公安史料的保护挖掘和开发利用发挥了重大作用，公安史研究队伍、研讨会、学术论文、学术著作、各地公安志等一大批不同形式的研究成果纷纷涌现。② 公安历史的系

---

① 张辉：《深圳市公安局人民警察核心价值观教育实践活动六年回望》，载赵颖、李宏主编《人民警察核心价值观的培育与践行》，中国人民公安大学出版社 2015 年版，第 235—236 页。

② 刘君玲、匡萃冶：《对我国公安史研究的回顾与思考》，《中国人民公安大学学报》2004 年第 1 期。

统研究，有着非常重大的理论意义与实践意义，对于公安学学科研究、公安教育教学、公安队伍建设等都可以发挥巨大的基础作用。对于人民警察核心价值观的培育工作，公安历史研究同样可以发挥巨大作用。第一，可以做好各地公安史志、各公安院校校志的重编再版工作，组织专人开展公安史志研究，挖掘在公安历史资源中蕴含的革命精神与核心内容并总结提炼。第二，以科学的体制机制做保障，围绕人民警察核心价值观，做好公安历史文化资源的收集、开发、保护、利用、宣传、教育等系统工作，充分发挥各地公安档案馆、公安史馆、警察博物馆的教育作用。第三，以直观形象的历史资源为依托，开发公安特色鲜明的革命传统教育基地，大力开展公安革命传统教育活动。

2. 开发规范实训教学，创新特色教育方法

基层公安机关人民警察核心价值观培育工作普遍存在简单化、表面化、程序化、形式化倾向。大多数民警对人民警察核心价值观培育工作的方式方法认同度不高，认为存在的突出问题包括"方式方法单一，理论灌输效果不好""针对性和实效性不强""内容枯燥，不易被接受""宣传形式单一，效果不好"等。基层民警对人民警察核心价值观培育工作不感兴趣的主要原因是认为不能解决实际问题。创新人民警察核心价值观培育方法，可以以解决实际问题为导向，开发独具公安特色的实训教育体系。第一，研究实训教育体系的制定依据，包括公安民警思想政治素质形成发展的内在机制；收集信息，发现问题，把握公安民警的思想实际，形象地说就是建立"民警思想问题诊断中心"或"民警思想问题案例库"。第二，制订实训教育方案。依据公安民警思想政治素质

形成发展的内在机制和思想实际，设计可供教育对象选择的可以实际操作的"训练模块"。第三，总结归纳实训教学的有效方式。结合民警思想实际和不同的"训练模块"，整合运用积极有效的教育方式，诸如讨论式、参与式、情景式等形式多样的教育方式，设计出每一个教育方式的规范环节，最大限度地避免公安思想政治教育工作的不科学、不连续，缺乏针对性和指导性等问题。第四，规范人民警察核心价值观实训教育方案的评估考核程序。

3. 沟通联动各方关系，整合特色教育体制

在公安机关，人民警察核心价值观的培育工作主要依托各级政工部门和政工干部开展，虽然做了大量工作，取得了很多成果，但是也存在着一些不容回避的共性问题。主要包括，一是重视公安业务工作，轻视思想政治工作。特别是基层公安工作任务重、压力大、考核多，大多数人认为只要抓好业务工作，就能出成绩，思想政治工作是虚的，面上应付应付过得去就可以。二是政工干部的职能没能充分发挥。基层所队政工领导分管业务工作是普遍存在的现象，有的没有做思想政治工作经验，到底思想政治工作应该做些什么不清楚，有的不愿做、不想做、也不会做思想政治工作。三是政治工作运转机制不完善和缺少规范化与连续性是最突出的问题。政工干部配备不足，政工干部理论水平、文化水平、业务水平偏低，政工干部职责定位不清和任务分工不明确是主要问题。四是政工干部的地位与作用需要进一步凸显。政工干部队伍，特别是科所队教导员对于职级高配的愿望较强，但因某些地方政策所限，大部分政工干部在岗位上已多年，一直没有提拔使用也没有调任，许多人出现消极怠工等不满

情绪。政工干部的思想问题与业务素质得不到重视与解决的话，其所进行的公安思想政治工作的效果会大打折扣，人民警察核心价值观的培育工作也根本不会有任何实效。第一，各级党委要做好人民警察核心价值观培育工作的顶层设计，做好总体规划和方案制订，建立目标明确、职责明晰、激励与保障机制完备的培育体系。第二，各级政工部门要认真思考人民警察核心价值观培育工作的系统性与针对性、理论性与实践性的关系，并从整体建设角度分配各个环节的内容，保证培育与践行的有机衔接。第三，调动纪检监察、警务督察、法制、信访、警察公共关系等部门为补充，参与到定期收集、分析社会公众和民警的意见建议，梳理重点问题，制订中心主题和行动方案等教育实践活动全过程，形成人人参与，齐抓共管的良好局面。第四，落实专职政工干部在评功评先、职务晋升方面的激励机制，使政工干部能够真正投入公安思想政治工作中，在本职岗位建功立业，干出成绩。①

4. 培育打造公安文化，优化特色教育环境

近年来，公安文化建设蓬勃发展。人民警察核心价值观的培育工作是公安文化建设的首要任务，是公安文化建设的铸魂工程。繁荣发展的公安文化，包括具有公安特色的法治文化、英雄文化、廉政文化、警营文化等，这些会进一步推进人民警察核心价值观的培育工作。开展文化育警，也是广大公安机关的普遍做法，包括打造公安精品文化、加强具有

---

① 张辉：《深圳市公安局人民警察核心价值观教育实践活动六年回望》，载赵颖、李宏主编《人民警察核心价值观的培育与践行》，中国人民公安大学出版社 2015 年版，第 233—234 页。

公安特色和地方特色文化的推广、活跃警营文化开展送文化下基层、通过系列报告会推出先进典型、凝练各具特色的公安精神等。这些活动对于人民警察核心价值观的培育工作都发挥了很大作用。第一，大力开展特色鲜明、主题突出的警营文化活动，推进健康向上的所队文化、宿舍文化、社团文化和网络文化建设；重视办公场所自然环境和人文环境建设，为公安民警的良好品质养成构建和谐工作环境。第二，按照出精品、树品牌的要求，着力打造各类公安文化精品；建立健全读书会、报告会、讲座等文化活动制度，开创一批具有浓厚学术文化底蕴并深受公安民警喜爱的公安文化精品活动。第三，结合入警宣誓、入党宣誓等重要事件，认真组织开展爱国主义、民族精神、警察意识等专题教育活动，切实把警察职业教育、人民警察核心价值观教育等贯穿于各类文化和集会活动中。第四，紧紧围绕公安特色，大力扶植公安文艺品牌，积极扩大公安文化影响力，增强社会公众对公安民警的理解与认同，使人民警察核心价值观的培育工作落到实处。

## 二　人民警察核心价值观践行的基本要求[①]

### （一）把握好人民警察核心价值观与"社会主义核心价值观"的关系

人民警察队伍结合自身实际提出了人民警察核心价值观，是对社会主义核心价值观培育与践行战略任务的贯彻落实，

---

① 李宏：《人民警察核心价值观构建思考》，《中共山西省委党校学报》2010 年第 6 期。

也是加强社会主义核心价值观教育的具体表现。人民警察核心价值观是警察群体对于警务实践活动中警务价值关系作出判断、选择与追求的基本观点，具有极其鲜明的群体属性，是特殊群体对于某种特殊实践活动中所形成的独特价值关系的基本观点。人民警察核心价值观与社会主义核心价值观在"价值"内涵上具有一致性，同属于马克思主义"人民主体论"的价值观，在价值主体、本位价值、价值终极追求及价值表现形态上具有同一性，人民警察核心价值观的独特属性可以被上述同一性所涵盖，即人民警察核心价值观是社会主义核心价值观在公安队伍中的特殊表现，两者并无本质上的区别。人民警察核心价值观的践行要以社会主义核心价值观作为最根本的理论基础，结合公安工作实际的同时必须紧紧围绕社会主义核心价值观的基本要求。以社会主义核心价值观为指导，以公安业务实践为落脚点，寻找、总结和提炼社会主义核心价值观中有公安特色的内容；探索、分析和思考公安业务中需要贯彻社会主义核心价值观的部分，求大同存小异，将人民警察核心价值观的践行作为践行社会主义核心价值观的生动表现；将对社会主义核心价值观的遵循作为践行人民警察核心价值观的检验标准。

### （二）把握好核心价值底线和核心价值理想的关系

美国当代法学家富勒将道德规范及伦理划分为"义务的道德和愿望的道德"两个方面。愿望的道德是较高层次的伦理要求，它意味着人的至善的某种境界，有着超越于现实的德行意蕴。义务的道德是一个有秩序的社会必不可少的一些基本原则，人们不会因为履行了义务的道德而受到称赞，但

如果违反它就会受到谴责和惩罚。① 人民警察核心价值观中的
忠诚、为民、公正和廉洁既是义务的道德，是核心价值底线，
同时又是愿望的道德，是核心价值理想。人民警察做到忠诚、
为民、公正和廉洁是当今社会对警察最基本的道德要求，如
果不能履行这些最基本的道德准则，就会受到谴责甚至法律
的惩罚。同时，人民警察做到忠诚、为民、公正和廉洁也是
社会对警察的理想与愿望，是人民警察应当追求的最高价值
标准。它来源于现实又高于现实，是警务工作努力追求的目
标。人民警察核心价值观的践行要处理好核心价值底线和核
心价值理想的关系，明确前者是后者的基础，后者是前者的
延伸；前者是后者的形式，后者是前者的灵魂；前者是后者
的实现手段，后者是前者的最终目标。核心价值底线和核心
价值理想一定要并重，不可片面强调价值底线，也不可片面
强调价值理想。片面强调价值底线会偏离人民警察核心价值
观的最终目的；片面强调价值理想会导致出现高调在实务面
前走调，价值在实利眼前跑题的尴尬处境。

### （三）把握好人民警察核心价值观和人民警察个体价值观的关系

人民警察核心价值观和人民警察个体价值观共同属于人
民警察价值观，两者既对立又统一。在人民警察价值观体系
中，人民警察核心价值观是主导价值观念，是积极、正面的
价值观，对警察群体有一定的影响力和感召力，是被提倡、

---

① 糜海波：《当代警察伦理建设初探》，《重庆科技学院学报》（社会科学
版）2008 年第 4 期。

认可和大力弘扬的。人民警察个体价值观是非主导价值观念，依据警察个体不同而不同，性质不一、优劣有别，只对警察个体行为发生作用，没有可被提倡的重大价值。但是，人民警察个体价值观与人民警察核心价值观不是绝对对立的，相反还有统一的一面。从构成来看，人民警察核心价值观汲取了人民警察个体价值观中最优秀的部分，是个体价值观的凝练和升华，个体价值观是核心价值观的生长土壤，核心价值观不可能脱离个体价值观凭空产生；但核心价值观高于个体价值观，是引导个体价值观发展的旗帜。从实现来看，应当在两者之间保持适度的张力，人民警察个体价值观如若得不到满足和实现，核心价值观就会成为一纸空文，没有任何实际意义；但是个体价值观又存在一定的盲目性和自发性，如果缺乏核心价值观的规范和指导，个体价值观也不会得到社会的认可和尊重，最终也会落空。所以，必须用警察核心价值观引导警察个体价值观，使人民警察在实现个体价值观的同时不偏离核心价值观，在实现核心价值观的同时也实现了个体价值观。

### （四）把握好人民警察核心价值观和警察社会职能定位之间的关系

人民警察核心价值观应当贯穿警务实践始终，增强实践操作性和理论渗透力，切不可束之高阁或仅停留在宣传层面。在警务工作中要强化人民警察核心价值观教育，教育民警树立崇高的价值目标、正确的权力意识、优秀的道德品格和过硬的业务素质。但值得注意的是：过去警察的主要职能是打击犯罪，维护社会治安，而现在仅仅依靠警察控制犯罪已不可能。西方警学界认为：犯罪是一种社会现象，控制犯罪是社会的责任。因此，"任何使社会更加尊重警察并增强警民思想一致的措施，都应给予充分的考虑"。在这种思想指导下，警察的职能和作用发生了变化，工作定位逐渐由以前的"打击犯罪"向"服务社会"转变。"当今西方的警察组织其总体警务活动与犯罪有关的只占20%—30%，而社会服务功能突现，警察责任逐渐发生变化，由承担治安和护法的单一性转向社会服务和公共安全保障的多元性。"① 例如，香港警界所确立的警察核心价值观就是"服务为本，精益求精"。人民警察核心价值观来源于警务实践，是警务实践的根本指导，同时也应当在警务实践中不断发展，要不断丰富内涵，增强理论说服力；不断提升意义，增强实践指引力；不断创新表述方式，增强时代感召力，从而保持人民警察核心价值观旺盛的生命力。

**（五）把握好人民警察核心价值观中政治价值、道德价值和社会价值的关系**

人民警察核心价值观内涵丰富：对中国共产党、国家、人民、法律绝对忠诚是人民警察崇高的政治价值；在本职工作中为民奉献，清白廉洁是人民警察应当坚守的道德价值；维护社会的公平正义是人民警察追求的社会价值。政治价值是核心，是否具备过硬的政治价值是检验人民警察之所以为人民警察的根本标准。人民警察在任何时候都不能对中国共

---

① 叶坚：《论人民警察价值理念》，《江苏公安专科学校学报》2001 年第4 期。

产党、国家、人民和法律有丝毫背离，否则就是人民的敌人。道德价值是灵魂，清白做人、廉洁从警，全心全意为人民服务是公安机关性质和人民警察职业道德最高境界的诠释，是当代警察"社会本位"职能的基本要求。社会价值是人民警察执法的出发点和最终归宿，实现社会的公平正义是人类公认的崇高理想境界，是社会主义和谐社会的重要特征。践行人民警察核心价值观，就是把人民警察的政治价值、道德价值和社会价值有机结合起来，从而强化人民警察的政治责任、道德责任和社会责任。

### （六）把握好警察群体和社会群体对人民警察核心价值观认同感的关系

人民警察核心价值观的践行不仅需要自上而下地确立核心价值观，而且需要自下而上地认同核心价值观；不仅需要增强人民警察的认同感，而且需要增强人民群众的认同感。人民警察核心价值观应当被所有警察接受并认同，发自肺腑并竭力倡导，它必须具备真实性和使命感。人民警察核心价值观也应当被所有社会公众接受并认同，深信不疑并用心捍卫，它必须具备说服力和信任感。增强人民警察对核心价值观的认同感，首先，要求所有警察全体参与。"核心价值观培育成功与否，很大程度上取决于全体警员的共识程度。古语云：'上下同欲者胜。'只有参与决策的人才更有决心贯彻执行决策，只有达成共识才能采取统一的行动。"[①] 其次，加强

---

① 陈娟：《警察形象战略的基石：警察核心价值观》，《政法学刊》2007年第4期。

对警察个体的教育管理，使人民警察核心价值观内化为警察个体价值观。让每一名警察成为核心价值观的实践者和履行者，使自己的言行、决策和信守的核心价值观相一致。最后，通过各个层次、多种形式强化人民警察核心价值观。把核心价值观通过大量的传播媒介和实际行动广泛地宣传，使之生动鲜活起来，易于为全体警察理解、认同和接受。① 增强人民群众对核心价值观的认同感，首先，用人民警察核心价值观打造警察队伍良好形象。在核心价值观的指导下，将警务工作的运作理念、组织文化和活动目标传递出去，提高人民警察组织和个体的知名度和美誉度，使社会公众对人民警察队伍产生认同感。其次，用警察队伍实际行动维护人民警察核心价值观。人民警察核心价值观是警察队伍向人民群众展现的一面旗帜，是"人民公安为人民"的宣言书。"人无信而不立"，每一名公安战士必须用实际行动去维护，让老百姓对人民警察核心价值观产生认同感。

人民警察核心价值观是人民警察最基本的价值判断和共同的理想信念，在推动公安工作和队伍建设方面发挥着重要作用。在全面深化改革大背景下，我们要以社会主义核心价值观和人民警察核心价值观为依据，充分结合公安工作实际，不断丰富、凝练、弘扬人民警察核心价值观，让人民警察核心价值观既具备理论指导性又具备实践操作性，从而进一步提高公安队伍的凝聚力和战斗力。

---

① 陈娟：《警察形象战略的基石：警察核心价值观》，《政法学刊》2007 年第 4 期。

# 附录1 人民警察核心价值观调查问卷

调查时间：2014 年____月

调查地点：____省____市公安局____分局　　A1□

问卷编号：

　　这是一项中国人民公安大学"公安民警价值观及核心价值观"学术研究的匿名调查问卷。衷心感谢您参与并协助我们完成这项工作。为保证调研数据的真实性和可靠性，请您按照自己的实际情况和想法，如实回答每个问题。请注意：如果有个别或部分问题没有回答，将使得整份问卷无效；也不要带走问卷、漏题或相互讨论。请您认真阅读并完成所有问题。我们郑重声明：本项调查材料仅用于科学研究，您所提供的信息我们将绝对保密。

　　请在选择的答案序号下面画"√"；开放式问题请将答案写在横线上。类似 A1□，用于数据统计，填答时可忽视。

　　请注意：问卷正反面都有！

# 一 基本情况

1. 性别

[1] 男　　　　　　　[2] 女　　　　　　　　A2□

2. 您的出生年：＿＿年　　　　　　　　　　　A3□□□□

3. 您所在的警种　　　　　　　　　　　　　　A4□

[1] 刑侦 [2] 经侦 [3] 技侦 [4] 网侦 [5] 法制 [6] 治安民警 [7] 交巡警 [8] 国保 [9] 户籍民警 [10] 涉外民警 [11] 狱警 [12] 边防警 [13] 特警 [14] 缉毒警察 [15] 铁路警察 [16] 森林警察 [17] 民航警察 [18] 海事警察 [19] 其他＿＿＿＿＿

4. 您的警衔　　　　　　　　　　　　　　　　A5□

[1] 初级警衔（警司及警员）[2] 中级警衔（警督）[3] 高级警衔（警监）

5. 您的警龄　　　　　　　　　　　　　　　　A6□

[1] 0—5 年 [2] 6—10 年 [3] 11—15 年 [4] 16—20 年 [5] 21—25 年 [6] 26—30 年 [7] 30 年以上

6. 您受教育的程度　　　　　　　　　　　　　A7□

[1] 初中及以下 [2] 高中/中专 [3] 大专 [4] 本科 [5] 硕士及以上

# 二 职业价值观

1. 您当初选择警察职业的最主要原因：（最多选 3 项）

　　　　　　　　　　　　　　　　　　　B1□□□

［1］警校毕业专业对口［2］社会地位高［3］部队转业安置［4］待遇高，工作条件好［5］公务员工作稳定［6］良好的发展晋升平台［7］热爱公安工作，有为民除害的正义感［8］暂时未找到更加理想的工作［9］子承父业，受家庭影响［10］其他（请注明）＿＿＿＿＿＿＿＿

2. 您对现在工作的总体满意程度　　　　　　　B2□

［1］很满意［2］比较满意［3］一般［4］不太满意［5］很不满意

3. 您认为警察的社会地位　　　　　　　　　　B3□

［1］高［2］比较高［3］一般［4］比较低［5］低

4. 您感觉普通百姓对于警察工作的理解程度　　B4□

［1］非常理解［2］比较理解［3］一般［4］比较不理解［5］很不理解

5. 您的工作成就感　　　　　　　　　　　　　B5□

［1］很高［2］比较高［3］一般［4］比较低［5］没有成就感

6. 您的创造性才能　　　　　　　　　　　　　B6□

［1］可以充分发挥［2］发挥较好［3］一般［4］不太好发挥［5］不能发挥

7. 您对现在从事的工作倦怠程度　　　　　　　B7□

［1］很大［2］比较大［3］一般［4］不太大［5］没有

8. 您的工作责任感　　　　　　　　　　　　　B8□

［1］很大［2］比较大［3］一般［4］不太大［5］没有

9. 您认为警察职业的发展空间　　　　　　　　B9□

［1］很大［2］比较大［3］一般［4］不太大［5］没有

10. 您对"有困难找警察"的说法　　　　　　　B10□

　　［1］很认同［2］比较认同［3］一般［4］不太认同
［5］不认同

　　11. 您对人民警察职业道德　　　　　　　　　　B11□

　　［1］很认同［2］比较认同［3］一般［4］不太认同
［5］不认同

　　12. 您工作的自主性　　　　　　　　　　　　　B12□

　　［1］很大［2］比较大［3］一般［4］不太大［5］没有

　　13. 您对所在单位的办公条件的满意度　　　　　B13□

　　［1］很满意［2］比较满意［3］一般［4］不太满意
［5］很不满意

　　14. 您对所在单位的警用装备的满意度　　　　　B14□

　　［1］很满意［2］比较满意［3］一般［4］不太满意
［5］很不满意

　　15. 您对所在单位的人际关系的满意度　　　　　B15□

　　［1］很满意［2］比较满意［3］一般［4］不太满意
［5］很不满意

　　16. 您对目前工作的福利待遇的满意度　　　　　B16□

　　［1］很满意［2］比较满意［3］一般［4］不太满意［5］
很不满意

　　17. 您认为能够激励您主动工作的主要因素是：（最多选
3 项）　　　　　　　　　　　　　　　　　　　B17□□□

　　［1］个人成长［2］业务成就感［3］工作自主性［4］优
厚的薪酬福利待遇［5］工作环境［6］解决配偶工作或子女
就学［7］对公安职业热爱［8］荣誉感和使命感

　　18. 您认为从事公安工作遇到的最大困难是（最多选
3 项）　　　　　　　　　　　　　　　　　　　B18□□□

[1] 经费投入不足 [2] 警用装备设备限制 [3] 激励机制不科学、不健全 [4] 人才选拔政策不足或难落实 [5] 警民关系不和谐 [6] 津贴过少，生活压力大 [7] 信息化条件不成熟 [8] 群众对公安工作责难太多 [9] 进修深造，外出交流机会少 [10] 考核机制不健全 [11] 承担多种角色，职能划分不明确 [12] 和领导沟通渠道太少 [13] 其他＿＿＿＿

＿＿＿

19. 下列事项您最重视的是（最多选3项）　　B19□□□

[1] 单位硬件设施先进齐全 [2] 工资福利水平 [3] 领导的关心和重视 [4] 入党提干评优 [5] 创造性才能的发挥 [6] 个人的发展机会较多 [7] 工作的自主性 [8] 其他＿＿＿

＿＿＿

# 三　人民警察核心价值观（"忠诚、为民、公正、廉洁"）

1. 您对人民警察核心价值观的认同度　　　　C1□

[1] 很认同 [2] 比较认同 [3] 一般 [4] 不太认同 [5] 很不认同

2. 您对人民警察核心价值观的基本内涵　　　C2□

[1] 很明白 [2] 比较明白 [3] 一般 [4] 不太明白 [5] 很不明白

3. 您认为人民警察核心价值观与公安机关日常工作的关系　　　　　　　　　　　　　　　　　C3□

[1] 很大 [2] 比较大 [3] 一般 [4] 不太大 [5] 没有关系

4. 您认为人民警察核心价值观与公安机关"社会矛盾化解、社会管理创新、公正廉洁执法"三项重点工作的关系

C4□

[1] 很大 [2] 比较大 [3] 一般 [4] 不太大 [5] 没有关系

5. 您认为人民警察核心价值观与公安民警个人职务行为的关系 C5□

[1] 很大 [2] 比较大 [3] 一般 [4] 不太大 [5] 没有关系

6. 您认为个别公安民警违法犯罪行为的主要原因 C6□

[1] 价值观错误 [2] 制度缺陷 [3] 运气太差 [4] 职业诱惑多 [5] 其他_____

7. 您认为错误价值观的主要表现（最多选 3 项）

C7□□□

[1] 官僚主义 [2] 享乐主义 [3] 拜金主义 [4] 个人主义 [5] 形式主义

8. 您所在单位对人民警察核心价值观的宣传力度 C8□

[1] 很大 [2] 比较大 [3] 一般 [4] 不太大 [5] 没有

9. 最常用的宣传方式有哪些（最多选 3 项） C9□□□

[1] 领导讲话 [2] 专家讲座 [3] 警营文化（如宣传栏、宣传标语等）[4] 组织活动 [5] 谈话 [6] 网络 [7] 其他__
_____

10. 您认为人民警察核心价值观对于您个人的价值取向

C10□

[1] 影响很大 [2] 影响比较大 [3] 一般 [4] 不太大 [5] 没有影响

11. 您认为人民警察核心价值观与公安队伍建设的关系

　　　　　　　　　　　　　　　　　　　　　C11□

　　[1] 很大 [2] 比较大 [3] 一般 [4] 不太大 [5] 没有

12. 您认为人民警察核心价值观最有效的培育途径（最多选 3 项）　　　　　　　　　　　C12□□□

　　[1] 灌输教育 [2] 实践养成 [3] 榜样示范 [4] 环境渗透 [5] 活动熏陶 [6] 形象塑造 [7] 制度保障

13. 您对新中国成立以来公安工作历史的熟悉程度　C13□

　　[1] 很熟悉 [2] 比较熟悉 [3] 一般 [4] 不太熟悉
[5] 不熟悉

14. 您对公安文化的理解程度　　　　　　　　　C14□

　　[1] 很理解 [2] 比较理解 [3] 一般 [4] 不太理解
[5] 不理解

15. 您对国外（境外）警察价值观的熟悉程度　　C15□

　　[1] 很熟悉 [2] 比较熟悉 [3] 一般 [4] 不太熟悉
[5] 不熟悉

16. 您对人民警察核心价值观的总体评价

# 附录 2  公安民警理想信念现状调查问卷

调查时间：2014 年____月

调查地点：____省____市公安局____分局　　　　A1□

问卷编号：

衷心感谢您参与并协助我们完成这项工作。为保证调研数据的真实性和可靠性，请您按照自己的实际情况和想法，如实回答每个问题。请注意：如果有个别或部分问题没有回答，将使得整份问卷无效；也不要带走问卷、漏题或相互讨论。请您认真阅读并完成所有问题。我们郑重声明：本项调查材料仅用于科学研究，您所提供的信息我们将绝对保密。

请在选择的答案序号下面画"√"。类似 A1□，用于数据统计，填答时可忽视。

## 一　基本情况

1. 性别

[1] 男　　　　　　[2] 女　　　　　　　　A2□

2. 您的出生年：____年　　　　　　　　A3□□□□

3. 您所在的警种　　　　　　　　　　　　A4□

[1] 刑侦 [2] 经侦 [3] 技侦 [4] 网侦 [5] 法制 [6] 治安民警 [7] 交巡警 [8] 国保 [9] 户籍民警 [10] 涉外民警 [11] 狱警 [12] 边防警 [13] 特警 [14] 缉毒警察 [15] 铁路警察 [16] 森林警察 [17] 民航警察 [18] 海事警察 [19] 其他_____

4. 您的警衔　　　　　　　　　　　　　　A5□

[1] 初级警衔（警司及警员）[2] 中级警衔（警督）[3] 高级警衔（警监）

5. 您的警龄　　　　　　　　　　　　　　A6□

[1] 0—5 年 [2] 6—10 年 [3] 11—15 年 [4] 16—20 年 [5] 21—25 年 [6] 26—30 年 [7] 30 年以上

6. 您受教育的程度　　　　　　　　　　　A7□

[1] 初中及以下 [2] 高中/中专 [3] 大专 [4] 本科 [5] 硕士及以上

# 二　请选出您内心最热切的向往与追求

请在本表中选出 10 项您内心最热切的向往与追求。请把本表各项内容全部看完，然后在答卷纸上圈填。

| | |
|---|---|
| A01. 我希望国家富强人民富裕 | A21. 我希望身体健康 |
| A02. 我希望政治环境更加民主 | A22. 我希望生活平静幸福 |
| A03. 我希望社会更加文明 | A23. 我希望家庭稳定 |
| A04. 我希望社会更加和谐 | A24. 我希望孩子可以得到更好的教育 |
| A05. 我希望人与自然更加和谐 | A25. 我希望有更可靠的社会保障 |
| A06. 我希望社会更加自由 | A26. 我希望有更高水平的医疗卫生服务 |

| | |
|---|---|
| A07. 我希望社会更加平等 | A27. 我希望有更舒适的居住条件 |
| A08. 我希望社会更加公正 | A28. 我希望有更优美的生活环境 |
| A09. 我希望社会法治更加完善 | A29. 我希望更加有尊严 |
| A10. 我希望社会更加诚信 | A30. 我希望我的人生成功 |
| A11. 我希望工作能得到社会尊重 | A31. 我坚信中华民族伟大复兴能够实现 |
| A12. 我希望工作能为我带来更多收入 | A32. 我坚信中国特色社会主义道路 |
| A13. 我希望获得职位上的晋升 | A33. 我坚信中国共产党的领导 |
| A14. 我希望能得到领导的欣赏与认可 | A34. 我坚信马克思主义是科学的 |
| A15. 我希望工作能力能够不断提升 | A35. 我坚信马克思主义具有持久生命力 |
| A16. 我希望工作环境能够改善 | A36. 我坚信共产主义能够实现 |
| A17. 我希望工作时间适当缩短 | A37. 我希望警察更加清正廉洁 |
| A18. 我希望工作压力适当减小 | A38. 我希望警察更加秉公执法 |
| A19. 我希望同事关系更加和谐 | A39. 我希望警察可以全心全意为人民服务 |
| A20. 我希望家属更加理解我的工作 | A40. 我希望警察更加忠于职守 |

# 主要参考文献

## 一　马克思主义经典著作及文献著作类

1. 《马克思恩格斯文集》（第一至十卷），人民出版社 2009 年版。

2. 《马克思恩格斯选集》（第一至四卷），人民出版社 1995 年版。

3. 《毛泽东文集》（第一至八卷），人民出版社 2009 年版。

4. 《毛泽东选集》（第一至四卷），人民出版社 1991 年版。

5. 《毛泽东年谱》（第一至六卷），中央文献出版社 2013 年版。

6. 《建国以来毛泽东文稿》（第 2 册），中央文献出版社 1988 年版。

7. 《邓小平文选》（第一至三卷），人民出版社 1993—1994 年版。

8. 《邓小平思想年编》，中央文献出版社 2011 年版。

9. 《中共中央文件选集》（第 4 册），中共中央党校出版社 1983 年版。

10. 《建国以来重要文献选编》（第 10 册），中央文献出版社 2011 年版。

11. 《十八大以来重要文献选编》（上），中央文献出版社 2014 年版。

12. 《毛泽东公安工作理论》，群众出版社 1993 年版。

13. 《毛泽东、邓小平、江泽民论世界观人生观价值观》，人民出版社 1997 年版。

14. 薄一波：《若干重大决策与事件的回顾》（上、下卷），中共党史出版社 2008 年版。

15. 《罗瑞卿传》，当代中国出版社 2007 年版。

16. 《罗瑞卿论人民公安工作》（1949—1959），群众出版社 1994 年版。

17. 《彭真与公安工作》，群众出版社 2010 年版。

18. 胡乔木：《胡乔木回忆毛泽东》，人民出版社 2014 年版。

19. 《胡乔木谈中共党史》，人民出版社 2015 年版。

20. 《中国人民公安史稿》，警官教育出版社 1997 年版。

21. 《建国以来公安工作大事要览》，群众出版社 2003 年版。

22. 《中国人民解放军政治工作》（保卫工作），解放军出版社 2006 年版。

23. 《十八大报告辅导读本》，人民出版社 2012 年版。

24. 《论群众路线——重要论述摘编》，中央文献出版社 2013 年版。

25. 《党的群众路线教育实践活动学习文件选编》，党建读物出版社 2013 年版。

26. 赵炜、张光：《警察政治学》，中国人民公安大学出版社 2014 年版。

27. 张兆端：《警察哲学——哲学视阈中的警察学原理》（第二版），中国人民公安大学出版社 2010 年版。

28. 赵颖、李宏：《人民警察核心价值观的培育与践行》，中国人民公安大学出版社 2015 年版。

29. 王大伟：《第五次警务革命——十论世界警务大趋势》，中国人民公安大学出版社 2012 年版。

30. 赵颖：《公安机关人民警察核心价值观培育的理论与实践》，中国人民公安大学出版社 2016 年版。

31. 马俊峰：《马克思主义价值理论研究》，北京师范大学出版社 2012 年版。

32. 马俊峰：《价值论的视野》，武汉大学出版社 2008 年版。

33. 王玉樑：《从理论价值哲学到实践价值哲学》，人民出版社 2013 年版。

34. 王玉樑：《价值哲学》，陕西人民出版社 1989 年版。

35. 王玉樑：《21 世纪价值哲学——从自发到自觉》，人民出版社 2006 年版。

36. 王玉樑：《价值哲学新探》，陕西人民出版社 2003 年版。

37. 李德顺：《价值论——一种主体性的研究》，中国人民大学出版社 2013 年版。

38. 李德顺：《价值论》，中国人民大学出版社 1987 年版。

39. 李德顺：《价值论》，中国人民大学出版社 2007 年版。

40. 李德顺：《价值新论》，中国青年出版社 1991 年版。

41. 韩东屏：《人是元价值——人本价值哲学》，华中科技大学出版社 2013 年版。

42. 袁贵仁：《价值观的理论和实践——价值观若干问题的思考》，北京师范大学出版社 2013 年版。

43. 袁贵仁：《价值学引论》，北京师范大学出版社 1991 年版。

44. 袁贵仁：《人的价值问题探索》，北京教育出版社 1995 年版。

45. 袁贵仁：《邓小平价值观研究》，河南人民出版社 1998 年版。

46. 袁贵仁：《马克思主义人学理论研究》，北京师范大学出版社 2012 年版。

47. 刘放桐：《马克思主义与西方哲学的现当代走向》，人民出版社 2002 年版。

48. 罗国杰：《马克思主义价值观研究》，人民出版社 2013 年版。

49. 罗国杰：《中国伦理思想史》（上、下卷），中国人民大学出版社 2008 年版。

50. 张岱年：《文化与哲学》，教育科学出版社 1988 年版。

51. 方旭光：《认同的价值与价值的认同——社会主义核心价值观论》，中国社会科学出版社 2014 年版。

52. 程琳：《公安学通论》，中国人民公安大学出版社 2014 年版。

53. 公安学基础教程编写组：《公安学基础教程》，中国人民公安大学出版社 2012 年版。

54. 尹伟中：《警察伦理学导论》，中国人民公安大学出版社 2008 年版。

55. 徐霞：《中国共产党人政治忠诚观研究》，武汉大学出版社 2014 年版。

56. 曹英：《公安学：基本理论与中国视角》，中国人民公安大学出版社 2015 年版。

57. 罗新璋：《巴黎公社文告集》，上海人民出版社 1978

年版。

58. 刘宇：《人民警察核心价值观概论》，中国人民公安大学出版社 2012 年版。

59. 汪盛玉：《马克思社会公正思想论》，安徽师范大学出版社 2014 年版。

60. 张建明、蔡炎斌、张丽圆：《公安学基础理论》，中国人民公安大学出版社 2007 年版。

61. 李景源：《马克思主义："硬核"及其剥取》，人民出版社 2006 年版。

62. 徐艳玲：《科学社会主义学》，山东大学出版社 2013 年版。

63. 薛俊强：《恩格斯〈社会主义从空想到科学的发展〉研究读本》，中央编译出版社 2013 年版。

64. 杜荣庆、程安辉：《警察廉政概论》，中国人民公安大学出版社 2009 年版。

65. 中国警察学会：《公安史知识问答》，群众出版社 1994 年版。

66. 公安部政治部：《政治理论教程》，群众出版社 2006 年版。

67. 邵景均：《新中国反腐简史》，中共党史出版社 2009 年版。

68. 吴晓霞：《2006—2008 年度公安部部级公安理论研究项目优秀成果选编》，中国人民公安大学出版社 2009 年版。

69. 沈惠章：《公安民警职业安全问题研究》，中国人民公安大学出版社 2013 年版。

70. 李晓临：《和谐警民关系建构论——以人本主义心理学为

视角》，中国人民公安大学出版社 2014 年版。

71. 吉林省公安厅政治部，吉林警察学院：《人民警察核心价值观学习读本》，中国人民公安大学出版社 2012 年版。

72. 李连科：《世界的意义——价值论》，人民出版社 1985 年版。

73. 李连科：《哲学价值论》，中国人民大学出版社 1991 年版。

74. 赵馥洁：《中国传统哲学价值论》，陕西人民出版社 1991 年版。

75. 赵馥洁：《价值的历程——中国传统价值观的历史演变》，中国社会科学出版社 2006 年版。

76. 王克千：《价值是什么——价值哲学引论》，中山大学出版社 1992 年版。

77. 王克千：《价值的探求》，黑龙江教育出版社 1989 年版。

78. 江畅：《现代西方价值理论研究》，陕西师范大学出版社 1992 年版。

79. 江畅：《现代西方价值哲学》，湖北人民出版社 2003 年版。

80. 孙伟平：《事实与价值》，中国社会科学出版社 2000 年版。

81. 孙伟平：《价值哲学方法论》，中国社会科学出版社 2008 年版。

82. 谢晓娟：《社会主义核心价值观研究》，中国社会科学出版社 2012 年版。

83. 季明：《核心价值观概论》，人民日报出版社 2013 年版。

84. 崔志胜：《社会主义核心价值观基本问题研究》，中国社会科学出版社 2014 年版。

85. 卓越、邹之坤：《中国特色社会主义核心价值理念研究》，中国社会科学出版社 2013 年版。

86. 黄凯锋：《价值观研究：国际视野与地方探索》，学林出版社 2013 年版。

87. 郑永扣、潘中伟、寇东亮等：《共产党员理想信念论》，人民出版社 2014 年版。

88. 李小虎、于玉宏、姚万禄等：《马克思、恩格斯政治思想导读》，中国政法大学出版社 2014 年版。

89. 王沪宁：《政治的逻辑——马克思主义政治学原理》，上海人民出版社 2004 年版。

90. 赵苑达：《西方主要公平与正义理论研究》，经济管理出版社 2010 年版。

91. 王广：《正义之后》，江苏人民出版社 2010 年版。

92. 陈传胜：《马克思恩格斯的公平正义观研究》，合肥工业大学出版社 2011 年版。

93. 曹刚：《道德难题与程序正义》，北京大学出版社 2011 年版。

94. 吴沁芳：《伦理困境与和谐诉求——当代社会变迁下的伦理现象透视》，中国社会科学出版社 2012 年版。

95. 湖北大学哲学学院，国际价值哲学学会，湖北省道德与文明研究中心：《价值论与伦理学研究》，新华出版社 2013 年版。

96. 王海明：《新伦理学》，商务印书馆 2001 年版。

97. 刘猛：《警民关系的政治逻辑——基于博弈论的视角》，中国人民公安大学出版社 2014 年版。

98. 耿连海：《警察权益保护》，群众出版社 2004 年版。

99. 高文英：《我国社会转型期的警察权配置问题研究》，群众出版社 2012 年版。

100. 王前勇：《新警务理念探索》，群众出版社 2010 年版。

101. 李文燕、左坚卫：《警察执法与人权保障》，中国人民公安大学出版社 2004 年版。

102. 邓国良：《警察执法前沿理论探析》，中国人民公安大学出版社 2014 年版。

103. 刘克华：《警察伦理道德问题研究》，群众出版社 2008 年版。

104. 杜晋丰：《警察伦理学》，中国人民公安大学出版社 2012 年版。

105. 曹礼海、曹圣扬：《公安文化十五讲》，中国人民公安大学出版社 2014 年版。

106. 郭文丽：《公安文化建设新论》，中国人民公安大学出版社 2011 年版。

107. 肖毅、但彦铮：《警察学》，群众出版社 2010 年版。

108. 周章琪：《公安学基础理论》，中国人民公安大学出版社 2013 年版。

109. 戴文殿：《公安学基础理论研究》，中国人民公安大学出版社 1992 年版。

110. 蔡诚：《公安学概论》，中国人民公安大学出版社 1986 年版。

111. 李忠信：《公安学概论》，中国人民公安大学出版社 1999 年版。

112. 柳晓川：《公安学基础理论教程》，中国人民公安大学出版社 1995 年版。

113. 冯德文：《警察学概论》，中国人民公安大学出版社 2005 年版。

114. 姚华：《公安学若干基本理论问题研究》，中国人民公安大学出版社 2006 年版。

115. 何瑞林：《警学论丛》，中国人民公安大学出版社 2011 年版。

116. 张兆端：《警察文化学》，中国人民公安大学出版社 2002 年版。

117. 张兆端：《中国式警察管理》，中国人民公安大学出版社 2007 年版。

118. 张兆端：《社区警务论——社会治安综合治理的社区化理论与实践》，中国人民公安大学出版社 2003 年版。

119. 张兆端：《警察学原理》，中国人民公安大学出版社 2007 年版。

120. 张兆端：《中国传统文化与现代警察管理》，群众出版社 2011 年版。

121. 韩延龙：《中国近代警察制度》，中国人民公安大学出版社 1993 年版。

122. 孟庆超：《中国警察近代化研究》，中国人民公安大学出版社 2006 年版。

123. 韩延龙、苏亦工：《中国近代警察史》，社会科学文献出版社 2000 年版。

124. 万川：《中国警政史》，中华书局 2006 年版。

125. 公安部宣传局：《全国公安机关思想政治工作优秀案例集》，中国人民公安大学出版社 2014 年版。

126. 公安部宣传局：《公安机关人民警察职业道德规范解读》，中国人民公安大学出版社 2013 年版。

127. 苑英科、张乃芳：《马克思主义与社会科学方法论》，河北大学出版社 2014 年版。

128. 《上海市社会科学界第四届学术年会文集》（2006 年度）（马克思主义研究学科卷），上海人民出版社 2006 年版。

## 二 中文译著类

1. ［日］牧口常三郎：《价值哲学》，马俊峰、江畅译，中国人民大学出版社 1989 年版。

2. ［阿根廷］方迪启：《价值是什么——价值学导论》，黄藿译，台北联经出版事业公司 1986 年版。

3. ［美］约翰·罗尔斯：《正义论》，何怀宏等译，中国社会科学出版社 1988 年版。

4. ［美］马斯洛：《动机与人格》，许金声、程朝翔译，华夏出版社 1987 年版。

5. ［法］埃米尔·涂尔干：《社会分工论》，渠东译，生活·读书·新知三联书店 2000 年版。

6. ［苏］图加林诺夫：《马克思主义中的价值论》，齐友等译，中国人民大学出版社 1989 年版。

7. ［美］J. N. 芬德莱：《价值论伦理学》，刘继译，中国人民大学出版社 1989 年版。

8. ［美］马斯洛：《人类价值新论》，胡万福等译，河北人民出版社 1988 年版。

9. ［美］L. J. 宾克莱：《理想的冲突》，马元德、王太庆等译，商务印书馆 1983 年版。

10. ［美］约翰·罗尔斯：《作为公平的正义——正义新论》，姚大志译，中国社会科学出版社 2011 年版。

11. ［法］孟德斯鸠：《论法的精神》，许明龙译，商务印书馆 2014 年版。

12. ［法］卢梭：《社会契约论》，李平沤译，商务印书馆 2014 年版。

13. ［英］洛克：《政府论》（上、下篇），瞿菊农、叶启芳译，商务印书馆 2014 年版。

14. ［美］塞缪尔·亨廷顿、劳伦斯·哈里森：《文化的重要作用——价值观如何影响人类进步》，程克雄译，新华出版社 2010 年版。

15. ［荷兰］斯宾诺莎：《伦理学》，陈丽霞译，光明日报出版社 2010 年版。

16. ［德］朋霍费尔：《伦理学》胡其鼎译，商务印书馆 2012 年版。

17. ［英］杰里米·边沁：《论道德与立法的原则》，程立显、宇文利译，陕西人民出版社 2009 年版。

# 三　论文类

1. 李健和：《公安学一级学科建设若干思考》，《中国人民公安大学学报》（社会科学版）2010 年第 1 期。

2. 程琳：《以新设公安一级学科为笼头，努力开创公安教育新局面——关于公安一级学科建设与发展的若干思考》，《中国人民公安大学学报》（社会科学版）2011 年第 2 期。

3. 苏法尧：《浅谈人民警察的价值观念》，《山东公安丛刊》1997 年第 3 期。

4. 冯宏玲、王焕楷：《人民警察价值观念简论》，《公安大学学报》1997 年第 5 期。

5. 叶坚：《论人民警察价值理念》，《江苏公安专科学校学报》2001 年第 4 期。

6. 何茹：《当前人民警察价值观情况分析》，《文化论坛》2005 年第 18 期。

7. 袁广林：《论法治视野下我国警察教育价值观》，《政法学刊》2007 年第 5 期。

8. 陈娴：《警察形象战略的基石：警察核心价值观》，《政法学刊》2007 年第 4 期。

9. 杨亚敏、吕慧玲：《论警察院校学生的核心价值观教育》，《云南警官学院学报》2007 年第 3 期。

10. 刘道龙、雷与诚、段寒冰：《创新人才培养模式——构建公安院校大学生核心价值观》，《公安教育》2008 年第 7 期。

11. 张兆端：《警察价值论》，《政法学刊》1994 年第 1 期。

12. 张兆端：《论警察价值》，《中国人民警官大学学报》（哲学社会科学版）1994 年第 3 期。

13. 张兆端：《警察价值新探》，《江西公安专科学校学报》2009 年第 5 期。

14. 毛瑞明：《试论我国警察价值的历史演进》，《江西公安专科学校学报》2010 年第 4 期。

15. 糜海波：《警察伦理价值取向的两个维度》，《湖北警官学院学报》2007 年第 3 期。

16. 郑国华：《论警察职业行为的价值问题》，《广州市公安管理干部学院学报》2002 年第 3 期。

17. 范伟星、姚东升：《多元文化背景下警察价值取向研究》，《公安教育》2014 年第 12 期。

18. 王敏：《当前公安民警价值取向的偏差及矫正》，《湖北警官学院学报》2003 年第 3 期。

19. 葛志山：《"有困难找人民警察"的内涵及其警务价值》，《公安研究》2001 年第 12 期。

20. 姜学儒：《简论人民警察执法行为的价值取向》，《吉林公安高等专科学校学报》2000 年第 3 期。

21. 黎慈、孟卧杰：《警察执法权运作的最佳价值状态及其有效实现》，《吉林公安高等专科学校学报》2006 年第 1 期。

22. 谢曼娜：《论警察执法的价值目标及价值取向》，《经济与社会发展》2007 年第 3 期。

23. 徐继前：《监狱警察价值取向对刑罚之影响》，《法制与社会》2011 年第 26 期。

24. 陈光明：《监狱警察社会价值的理性思考》，《贵州警官职业学院学报》2011 年第 4 期。

25. 裴岩：《论社会转型期警察刑事执法的秩序价值》，《犯罪研究》2009 年第 6 期。

26. 王燕、夏树芳、张建平：《警察职业价值观调查分析》，《江苏警官学院学报》2002 年第 2 期。

27. 张建平、王燕：《警察职业价值观视角下的从警道德》，《江苏警官学院学报》2004 年第 2 期。

28. 黄泽珊：《警察院校大学生价值观调查与职业心理辅导研究》，《云南警官学院学报》2004 年第 3 期。

29. 王松林、王成义：《警察院校学生职业认知与职业价值观研究》，《济南职业学院学报》2007 年第 5 期。

30. 王燕、韩法旺：《警察个性特征与职业价值观相关研究》，《江苏警官学院学报》2007 年第 5 期。

31. 何睿、于洋：《基于公共关系视角的警察职业认同建构——港澳台与内地比较研究》，《吉林公安高等专科学校学报》2008 年第 6 期。

32. 于洋、何睿：《警察职业价值观课程设计研究》，《武汉公安干部学院学报》2009 年第 2 期。

33. 陈华：《警察与警察院校学生职业价值观的对比研究》，《四川警察学院学报》2009 年第 2 期。

34. 杨司：《关于建立人民警察核心价值观的哲学思考》，《公安研究》2009 年第 6 期。

35. 龚正荣：《构建当代中国警察核心价值观论析》，《中国人民公安大学学报》2009 年第 1 期。

36. 李宏：《人民警察核心价值观构建思考》，《中共山西省委党校学报》2010 年第 6 期。

37. 李昆学：《对人民警察核心价值观的思考》，《公安教育》2009 年第 9 期。

38. 田光伟：《市场经济体制下人民警察核心价值观的构建》，《安徽警官职业学院学报》2009 年第 6 期。

39. 王宏宇：《人民警察核心价值观体系的界定》，《公安教育》2009 年第 11 期。

40. 曹礼海：《人民警察核心价值观的提炼与培育》，《公安教育》2009 年第 6 期。

41. 陈立川：《论当代人民警察核心价值观的构建》，《四川警察学院学报》2009 年第 4 期。

42. 尹彦：《浅谈当代人民警察核心价值观的培育机制》，《广西警官高等专科学校学报》2010 年第 6 期。

43. 张准民：《大力培育人民警察核心价值观 努力建设有魂有力有激情的上海公安队伍》，《上海公安高等专科学校学报》2009 年第 5 期。

44. 王辉忠：《正确树立人民警察核心价值观 扎实推进公安思想政治工作》，《公安学刊》2009 年第 6 期。

45. 龙波：《新时期人民警察核心价值观构建方略》，《公安学刊》2009 年第 3 期。

46. 胡永明：《以社会主义核心价值体系为统领培育人民警察核心价值观》，《上海公安高等专科学校学报》2009 年第 4 期。

47. 郎文君：《论警察核心价值观的培育》，《上海公安高等专科学校学报》2009 年第 6 期。

48. 陆东、刘华瑜：《关于培育"人民警察核心价值观"的若干思考》，《上海公安高等专科学校学报》2009 年第 4 期。

49. 刘水清：《论警德价值观的培育与建设》，《湖北公安高等专科学校学报》2000 年第 3 期。

50. 原喜泽：《人民警察核心价值观转化问题探析》，《法制与经济（中旬刊)》2010 年第 3 期。

51. 李晓春：《在"示范标准岗"建设中培育人民警察核心价值观的实践与探索》，《上海公安高等专科学校学报》2011 年第 5 期。

52. 龚正荣、吴仁伟：《新时期公安民警思想政治状况的跟踪调查和思考——兼论人民警察核心价值观的培育》，《公安学刊》2010 年第 4 期。

53. 樊爱霞、王利斌：《人民警察核心价值观问卷调查与分析》，《山西警官高等专科学校学报》2010 年第 4 期。

54. 樊爱霞：《人民警察核心价值观的基本内涵探究》，《山西警官高等专科学校学报》2013 年第 2 期。

55. 黄生鹏：《论人权纳入人民警察核心价值观的依据》，《江苏警官学院学报》2015 年第 3 期。

56. 樊爱霞：《人民警察核心价值观与公安队伍思想政治建设》，《山西警官高等专科学校学报》2012 年第 1 期。

57. 李广仓：《公安文化与人民警察核心价值观辩证关系探析》，《江苏警官学院学报》2015 年第 2 期。

58. 糜海波：《论培育人民警察核心价值观的三个维度》，《湖北警官学院学报》2014 年第 5 期。

59. 徐霞：《论人民警察核心价值观的培育现状及其对策研究》，《湖北师范学院学报》（哲学社会科学版）2013 年第 4 期。

60. 李志春：《公安院校警务化管理中人民警察核心价值观的培养——一个结构功能主义视角》，《四川警察学院学报》2014 年第 2 期。

61. 董宇峰：《新形势下公安院校人民警察核心价值观培育的思考》，《辽宁警专学报》2015 年第 3 期。

62. 刘宇、刘晓洲：《传承延安精神是人民警察核心价值观教育的永恒主题》，《公安教育》2012 年第 10 期。

63. 陈治：《用雷锋精神培育人民警察核心价值观》，《商丘职业技术学院学报》2013 年第 1 期。

64. 袁胜：《加强警营文化建设 弘扬人民警察核心价值观》，

《森林公安》2012 年第 4 期。

65. 王君：《公安院校人民警察核心价值观培养与实践探究》，《辽宁警专学报》2015 年第 2 期。

66. 李昕：《运用中华优秀传统文化培养人民警察核心价值观》，《辽宁警专学报》2015 年第 2 期。

67. 蒋建光、朱东彬：《以主题活动形式开展人民警察核心价值观教育的实践与探索》，《上海公安高等专科学校学报》2015 年第 4 期。

68. 万亮亮：《浅谈人民警察核心价值观教育课程设计——以北京市公安局新警（社会院校毕业生）培训为例》，《北京警察学院学报》2013 年第 1 期。

69. 杨琳：《谈人民警察核心价值观的培育——以辽宁省初任民警（非公安类）培训为例》，《辽宁公安司法管理干部学院学报》2015 年第 2 期。

70. 姜忠：《我国与英美国家警察服务职能的演变及其启示》，《公安研究》2008 年第 4 期。

71. 王小海：《英美与我国警察公共服务职能的历史变迁》，《上海公安高等专科学校学报》2008 年第 1 期。

72. 张兆端：《国外关于警察腐败与反腐败的理论》，《山东公安专科学校学报》2001 年第 2 期。

73. 孙廷彦、雷鸣霞：《国外警察腐败现象及反腐主要对策》，《河北公安警察职业学院学报》2008 年第 4 期。

74. 李宏：《马克思主义视域下的"文化自觉"探微——基于马克思文化哲学思想》，《攀登》2012 年第 6 期。

75. 郑广永：《主体性自觉：哲学发展的一条主线》，《北方论丛》1999 年第 6 期。

76. 张兆端：《社会公共安全教育研究》，《贵州公安干部学院学报》1999 年第 3 期。

77. 张分田、张鸿：《中国古代"民本思想"内涵与外延刍议》，《西北大学学报》（哲学社会科学版）2005 年第 1 期。

78. 胡敏中：《论人本主义》，《北京师范大学学报》（社会科学版）1995 年第 4 期。

79. 高文英：《论警察执法公正》，《中国人民公安大学学报》2003 年第 6 期。

80. 丁玲：《论公安执法的效率与公正》，《广州市公安管理干部学院学报》2009 年第 3 期。

81. 曹玉涛：《论马克思对"社会正义"的批判及其当代意义》，《河南师范大学学报》（哲学社会科学版）2005 年第 3 期。

82. 李玉硕：《恩格斯关于未来社会的方法论——读〈社会主义从空想到科学的发展〉》，《学术交流》1986 年第 6 期。

83. 郭耀武：《浅析抗日战争时期锄奸保卫工作的成功经验》，《军事历史》2012 年第 4 期。

84. 赵炜：《公安机关体制改革论纲》，《中国人民公安大学学报》（社会科学版）2014 年第 6 期。

85. 赵炜：《新时期公安队伍建设基本问题研究》，《公安教育》2014 年第 11 期。

86. 汪兴砚：《全球化中的价值认同与价值观冲突》，《哲学研究》2002 年第 11 期。

87. 刘君玲、匡莘冶：《对我国公安史研究的回顾与思考》，《中国人民公安大学学报》2004 年第 1 期。

88. 糜海波：《当代警察伦理建设初探》，《重庆科技学院学报》（社会科学版）2008 年第 4 期。

89. 曹国柱：《论新时期警察核心价值观的构成与培育》，硕士学位论文，复旦大学，2009 年。

# 四　报纸文章类

1. 徐灿：《"人民警察核心价值观"讨论活动正式启动》，《人民公安报》2009 年 3 月 20 日。

2. 莫水土：《公安机关优良传统暨人民警察核心价值观教育调研座谈会强调积极践行人民警察核心价值观》，《人民公安报》2011 年 12 月 5 日。

3. 《公安部发出通知要求深入开展人民警察核心价值观教育实践活动》，《人民公安报》2012 年 3 月 30 日。

4. 本报特约评论员：《自觉践行人民警察核心价值观，二论学习贯彻全国公安机关反腐倡廉电视电话会议精神》，《人民公安报》2012 年 5 月 9 日。

5. 徐常宾：《新世纪人民警察价值观的生动体现——关于公安部三十项便民利民措施的理论思考》，《人民公安报》2003 年 9 月 16 日。

6. 龚正荣：《新时期人民警察核心价值观表述方式之我见》，《人民公安报》2009 年 11 月 12 日。

7. 毛志斌：《任长霞精神：人民警察核心价值观的当代标本》，《人民公安报》2012 年 4 月 15 日。

## 五 电子文献类

1. 新浪新闻中心：《全国 4 年 2129 名民警因公牺牲，过半系
   猝死》，新浪网，2015 年 4 月 3 日。
2. 新华网：《去年民警因公牺牲 362 人：几乎"一天牺牲一
   个民警"》，新华网，2017 年 4 月 4 日。

## 六 外文著作类

1. Alex Voorhoeve, *Conversations on Ethics*, Oxford University
   Press, 2009.
2. Jacques P. Thiroux & Keith W. Krasemann, *Ethics: Theory and
   Practice*, Pearson Education, 2007.
3. Alison Wakefield, *Selling Security: The private policing of public
   space*, Willan Publishing Limited, 2003.

# 后　记

　　2009 年 3 月，公安部党委在全国公安民警中开展了"人民警察核心价值观"大讨论活动。作为一名公安系统的政治理论工作者，从那时起，我就对这一问题开始了持续的关注与深入的研究。八年来，先后发表及出版《关于人民警察核心价值观几个问题的思考》（公安信息网全文转载 2009 年 6 月），《人民警察核心价值观构建思考》（《中共山西省委党校学报》2010 年第 6 期），《人民警察核心价值观研究综述》（《湖北警官学院学报》2012 年 12 月）《人民警察核心价值观的培育与践行》（中国人民公安大学出版社 2015 年版，副主编），《公安机关人民警察核心价值观培育的理论与实践》（中国人民公安大学出版社 2016 年版，主要撰稿人）等相关著述。我深知，没有实践支撑的理论研究是干瘪苍白的，不能反哺于现实工作的理论成果是空洞无力的，人民警察核心价值观能够真正落地生根，发挥实效，具有不竭的生命力，必须要回归于公安工作并用以指导公安实践。基于这样的认识，也为了收集公安机关人民警察核心价值观培育现状的第一手资料，2014 年暑期，我跟随公安大学马克思主义学院相关课题组，赴山东、浙江、广东三地公安机关开展调研，与基层公安机关政工部门干部代表及民警代表开展面对面的座谈访谈，实地走访 11 家基层公安机关，收集了大量相关文献、统计数据及电子资料。同时，设计了《人民警察核心价值观调查问卷》与《公安民警理想信念现状调查问卷》，在全国公安机关发放。调查问卷发放范围覆盖省公安厅、地市公安局、基层派出所等不同层次，涵盖了特大一线城市、长三角地区、珠三角地区、沿海开放城市、华北内陆城市、西部边疆城市，涉及了所有警种、警龄、警衔的公安民警。我在关注人民警察核心价值观研究的同时，2011 年有幸考取了中共中央党校思想政治教育专业的博士研究生，攻读博士期间，在导师张晓燕教授的指导与帮助下，我对人民警察核心价值观的相关基础理论做了系统梳理，将人民警察核心价值观置于马克思主义价值哲学与马克思主义价值观的理论框架中深入分析，探讨了人民警察核心价值观的核心理论问题。可以说，《人民警察核心价值观基本问题研究》经历了从理论到实践，从实践到理论，再从理论到实践的不断打磨与反复锤炼，是我攻读博士学位的最终成果，也是我多年来对该问题持续关注与深入研究的理论结晶。

有机会对于一个问题持久关注，沉潜下来并不断琢磨，形成虽不算完善但属于自己的理论观点，对于一名从事政治理论研究与教育的工作者来说，是一件"有福"之事。回首过往之路，百感交集，甘苦自知，唯有充满感激之情的浓浓暖意始终涤荡在心头，令人无法忘却的是恩师、同学、同事、亲朋对于自己的信任、鼓励与支持。感谢为书稿的顺利完成给予我极大帮助与指导的所有人。感谢恩师张晓燕教授。张老师关心我的学习，生活与工作，教导我要平衡这三者的关系，鼓励我要坚持到底，不要轻易放弃，激励我要在学术高峰上不断攀登……特别是在我博士论文的选题开题，布局谋篇，修改完善等各个环节中，老师更是倾注了大量心血。师恩难忘，唯有日后更加努力，不辜负老师的殷切期望与谆谆教诲。感谢中国人民公安大学马克思主义学院的各位领导和同事。我是2006年参加工作的，有幸加入这个奋进而光荣的集体，十余年间，在领导与同事的帮助关怀下，我不断地进步与成长，特别是在我攻读博士期间，他们全力支持我、帮助我、鼓励我，体现了学院对于青年教师培养的高度重视。感谢中国人民公安大学公安管理学院杜晋丰教授、詹伟教授、吉林警察学院张兆端教授，三位前辈对书稿的修改与完善都提出了宝贵的意见。感谢北京市公安局森林公安分局张磊一同志，北京市安全局闫谦同志，河北省冀中公安局孙兴龙同志，公安大学研究生院徐伟老师，继续教育学院杨建华老师，公安大学2013级安防专业朱杰鑫同学，廊坊师范学院李春莉老师和王秀芳老师，他们在调查问卷的发放，调研数据的回收与统计工作中给予了我莫大的支持和帮助。在此，深表谢意。感谢中国社会科学出版社编辑刘艳老师，刘老师耐心细致，对本书的出版付出了辛勤的劳动。我更要感谢我的家人，没有家人的无私奉献与默默付出，对于一名学业繁重、事业尚在爬坡、女儿刚刚入托、"身兼数职"的女性来说，我根本无法想象自己能够完成本书。家人深沉的爱，是我不断前行的动力。

　　人民警察核心价值观从提出到今天，不过短短八年，对于该问题的研究还需要进一步深入。在本书的写作过程中，我也查阅了大量文献，尽管我为该问题的研究付出了艰辛的努力，但由于能力有限，难免对一些观点的理解存在偏颇之处。同时由于长期从事理论研究，对于基层公安机关实际做法的理解也有可能存在不妥之处，敬请各位同人和专家学者批评指正，我会以百倍的诚意虚心接受大家提出的各种建议，进一步完善自己对于诸多问题的认识。

本书的出版受北京高校青年英才计划项目资助，同时受到北京市马克思主义与全面依法治国协同创新中心专项资金资助。

李宏

2017 年 1 月 6 日于嘉悦书房